“十三五”国家重点图书

湖北省学术著作出版专项资金
Hubei Special Funds for Academic Publications

海上共同开发国际案例与实践研究丛书／总主编　杨泽伟

大陆架界限委员会建议的性质问题研究

刘亮　著

WUHAN UNIVERSITY PRESS
武汉大学出版社

图书在版编目(CIP)数据

大陆架界限委员会建议的性质问题研究/刘亮著.—武汉:武汉大学出版社,2020.8

海上共同开发国际案例与实践研究丛书/杨泽伟总主编

“十三五”国家重点图书　湖北省学术著作出版专项资金资助项目

ISBN 978-7-307-21381-4

Ⅰ.大…　Ⅱ.刘…　Ⅲ.大陆架—划界—国际法—研究　Ⅳ.D993.5

中国版本图书馆 CIP 数据核字(2019)第 290809 号

责任编辑:张　欣　　　责任校对:汪欣怡　　　版式设计:马　佳

出版发行:**武汉大学出版社**　(430072　武昌　珞珈山)

(电子邮箱:cbs22@ whu.edu.cn　网址:www.wdp.com.cn)

印刷:武汉中远印务有限公司

开本:720×1000　1/16　印张:17.5　字数:252 千字　插页:2

版次:2020 年 8 月第 1 版　　2020 年 8 月第 1 次印刷

ISBN 978-7-307-21381-4　　定价:58.00 元

本书得到了2017年度教育部人文社会科学重点研究基地重大项目“维护中国国家权益的国际法问题研究”(项目编号17JJD820006)、教育部哲学社会科学研究重大课题攻关项目“海上共同开发国际案例与实践研究”的资助，特致谢忱。

总　　序

一般认为，海上共同开发是指两国或两国以上的政府在协议的基础上，共同勘探开发跨界或争议海域的自然资源。例如，德国教授雷纳·拉戈尼(Rainer Lagoni)认为，海上共同开发是建立在协议的基础上，对一块有争议海域的非生物资源进行以开发为目的的国家间经济合作方式。① 日本学者三好正弘(Masahiro Miyoshi)强调："共同开发是一种临时性质的政府间安排，以功能性目的旨在共同勘探和(或)开发领海之外海床的碳氢化合物资源。"②中国学者高之国博士也指出："共同开发是指两个或两个以上的国家达成政府间的协议，其目的是为开发和分配尚未划界的领土争议重叠区的潜在自然资源，而共同行使在此区域内的主权和管辖权。"③

从国际法角度来看，海上共同开发是和平解决国际争端原则的具体化。按照《联合国海洋法公约》第 74 条和第 83 条的规定，在达成划界协议前，"有关各国应基于谅解和合作的精神，尽一切努力作出实际性的临时安排，并在此过渡期间内，不危害或阻碍最后协议的达成。这种安排应不妨碍最后界限的划定"。此外，国际法院在 1969 年"北海大陆架案"(the North Sea Continental Shelf Cases)

---

① 参见 Rainer Lagoni, Oil and Gas Deposits Across National Frontiers, American Journal of International Law, Vol. 73, 1979, p. 215。

② Masahiro Miyoshi, The Joint Development of Offshore Oil and Gas in Relation to Maritime Boundary Delimitation, Maritime Briefing (International Boundaries Research Unit), Vol. 2, No. 5, 1999, p. 3.

③ Zhiguo Gao, The Legal Concept and Aspects of Joint Development in International Law, in Ocean Yearbook, Vol. 13, the University of Chicago Press 1998, p. 112.

的判决中也确认，大陆架划界可通过协议解决，或达不成协议时通过公平划分重叠区域，或通过共同开发的协议解决。① 可见，无论是国际条约还是国际司法实践，都把海上共同开发看做相关海域划界前的一种临时性安排。

自1958年巴林与沙特阿拉伯签订《巴林—沙特阿拉伯边界协定》，实施海上共同开发以来，共同开发跨界或争议海域资源的国家实践已成为一种较为普遍的现象，迄今海上共同开发的国际案例也有近30例。回顾海上共同开发60年左右的发展历程，海上共同开发可以分为以下四个阶段：第一，海上共同开发的产生阶段(1958—1969年)，在波斯湾和西欧一共出现了5例海上共同开发案。第二，海上共同开发的发展阶段(1970—1993年)，一共出现了14例海上共同开发案，涉及26个国家，包括亚洲国家11个，欧洲国家5个，非洲国家7个，美洲国家2个及大洋洲的澳大利亚。第三，海上共同开发的回落阶段(1994—2000年)，只有一例海上共同开发案，即1995年9月英国与阿根廷签订的《关于在西南大西洋近海活动进行合作的联合声明》。第四，海上共同开发的平稳阶段(2001年至今)，进入21世纪以来，海上共同开发活动又渐趋增多，产生了近10例的海上共同开发实践。

就中国而言，中国拥有约1.8万千米的大陆海岸线，海上与8个国家相邻或相向。中国与一些周边海上邻国存在岛屿主权争议和海域划界争端。早在20世纪70年代末，中国政府就提出了“主权属我、搁置争议、共同开发”原则，试图解决中国与周边海上邻国间的岛屿主权和海洋权益争端。然而，30多年过去了，从中国整体的周边海域来看，海上共同开发举步维艰，迄今尚未得到真正实现。

---

① 杰塞普(Jessup)法官在该案的个别意见中也强调，在有争议但尚未划界而又有部分领土重叠的大陆架区域，共同开发的方法更合适。参见 North Sea Continental Shelf Cases (Federal Republic of Germany/Denmark, Federal Republic of Germany/Netherlands), Judgments, I. C. J. Reports 1969, available at http://www.icj-cij.org/docket/files/52/5561.pdf，最后访问日期2017年11月29日。

值得注意的是，2013 年 10 月，中国、文莱两国发表了《中华人民共和国和文莱达鲁萨兰国联合声明》，双方决定进一步深化两国关系，并一致同意支持两国相关企业开展海上共同开发、勘探和开采海上油气资源。紧接着，中国、越南两国发表了《新时期深化中越全面战略合作的联合声明》，双方同意积极研究和商谈共同开发问题，在政府边界谈判代表团框架下成立中越海上共同开发磋商工作组；本着先易后难、循序渐进的原则，稳步推进湾口外海域划界谈判并积极推进该海域的共同开发。① 2014 年 11 月，中国国家主席习近平分别会见前来参加亚太经合组织第 22 次领导人非正式会议的文莱苏丹哈桑纳尔、马来西亚总理纳吉布时也指出："中方愿意同文方加强海上合作，推动南海共同开发尽早取得实质进展"；中、马"双方要推进海上合作和共同开发，促进地区和平、稳定、繁荣"。2015 年 11 月，《中越联合声明》再次强调："双方将稳步推进北部湾湾口外海域划界谈判并积极推进该海域的共同开发，同意加大湾口外海域工作组谈判力度，继续推进海上共同开发磋商工作组工作，加强低敏感领域合作。"可以预见，海上共同开发问题将成为未来中国对外关系的重要内容之一。因此，全面深入研究"海上共同开发国际案例与实践"，无疑具有重要的理论价值与现实意义。

为了进一步推动海上共同开发的国际法理论与实践研究，2013 年 10 月，在武汉大学中国边界与海洋研究院和国际法研究所的鼎力支持下，特别是在武汉大学资深教授胡德坤老师的鼓励和帮助下，我以首席专家的身份，联合国内外 20 多家教研机构和实务部门的专家，成功申报了教育部哲学社会科学研究重大课题攻关项目——"海上共同开发国际案例与实践研究"，并被批准立项。经过几年的悉心研究，我们逐步推出了一些研究成果。"海上共同开发国际案例与实践研究丛书"就是其中之一。

"海上共同开发国际案例与实践研究丛书"的出版，具有以下

① 早在 2005 年 10 月，中国海洋石油总公司和越南石油总公司就在越南河内签署了《关于北部湾油气合作的框架协议》。

学术价值和现实意义。

第一，它将开拓海洋法理论的新视野。传统海洋法研究是以《联合国海洋法公约》中的相关制度为主，而在“和平、发展、合作”的新时代背景下，“中国梦”的实现、中国海洋权益的维护给我们提出了许多新问题。“海上共同开发国际案例与实践研究丛书”从海上共同开发国际案例的分析入手，着眼于海上共同开发在“和平、发展、合作”的时代背景下面临的重大挑战，对海上共同开发的相关法律问题进行深入细致的研究，同时总结归纳出海上共同开发的优势、不足、经验、教训及启示，指出中国与周边海上邻国进行海上共同开发的困境与出路，具有十分重要的现实性和前瞻性。因此，“海上共同开发国际案例与实践研究丛书”可以拓新海洋法理论研究的视野，扩大中国在该领域的国际话语权。

第二，它有利于进一步促进国际法与国内法的互动、多学科的交叉。海上共同开发问题，涉及国际公法、国际私法、国际经济法、国际投资法、国际环境法、民商法以及国际关系、国际政治和外交学等内容。“海上共同开发国际案例与实践研究丛书”对海上共同开发合同进行研究，将扩大特殊国际民商事合同的范畴，丰富国际民商事合同法的内容；对海上共同开发中的投资保护、投资保险等内容的研究，是对特殊领域的国际投资法的完善；对海上共同开发争端解决机制的研究，有利于促进对国际民商事争议解决理论的研究；对海上共同开发优势、局限及其影响因素等方面的总结，将进一步推动国际法与国际关系的相互交融。同时，海上共同开发活动的复杂性和挑战性将促使我们采用以问题为中心、多学科方向共同研究一个问题的理论研究方法，这有利于扩展研究的视角，丰富研究内容和研究方法。

第三，它有助于进一步推动能源安全问题的研究。早在 1993 年中国就成为了石油净进口国，到目前中国石油对外依存度已达到 60%左右。因此，中国学术界一直在关注能源安全问题，这方面的研究成果也比较多。然而，已有的研究成果主要是从能源安全保障的宏观角度出发，涉及能源安全的战略、政策和法律体系的构建等问题，或对能源领域的合作做一些整体研究，并局限于一国领域内资源的合作开发。“海上共同开发国际案例与实践研究丛书”则从微观上对维护能源安全的一个具体措施——海上油气资源共同开发问题进行研究，对海上油气资源共同开发涉及的基本问题、公私法问题、争端解决机制等都进行了详细的论述，有利于进一步发展和完善有关能源安全以及海上石油资源共同开发的理论。

第四，它将为中国与周边邻国进行海上共同开发提供理论支撑。“海上共同开发国际案例与实践研究丛书”在深入研究海上共同开发基本理论问题的基础上，重点剖析已有的海上共同开发的国际案例和协定文本，详细探讨海上共同开发所涉及的第三方权利的处理、共同开发区块的划定、管理模式、税收制度、收益分配、海洋环境保护、管辖权以及争端解决程序等问题，并总结归纳出海上共同开发的优势、局限、经验、教训与启示等。“海上共同开发国际案例与实践研究丛书”的上述研究内容，无疑将为中国与周边邻国进行海上共同开发提供智力支持。同时，探讨海上共同开发周边近海资源的可行性和相关制度，为中国今后对外合作做好理论准备，也是十分必要的。

第五，它将为中国与周边邻国实现海上共同开发的突破提供法律政策建议。“海上共同开发国际案例与实践研究丛书”的出发点是分析国际社会已有的海上共同开发案例和协定文本，落脚点是中国与周边邻国海上共同开发的实践。因此，“海上共同开发国际案例与实践研究丛书”将在研究海上共同开发典型案例和协定文本的基础上，通过回顾中国与周边邻国海上共同开发的有关实践，深刻剖析中国与周边邻国的海上共同开发究竟存在哪些困境，产生这些困境的原因又是什么；最后为中国与周边邻国海上共同开发的突破提供一些具有操作性的法律政策建议。

第六，它将为维护中国岛屿主权和海洋权益提供法律解决参考方案。中国可主张的管辖海域面积约为 300 万平方千米。由于历史和现实的复杂原因，在属于中国主张管辖的 300 万平方千米的海域中，近一半存在争议，海域被分割、岛礁被占领、资源被掠夺的情况较普遍。中国的 8 个海上邻国，对中国的一些岛屿主权和海洋权益均提出不同程度的无理要求。然而，已有的海上共同开发的国际案例均表明，海上共同开发与海域划界存在着密切的关系。因此，“海上共同开发国际案例与实践研究丛书”的研究成果将为中国国家领导人、国家机关、政府部门在制定和实施中国海洋维权措施的过程中、在中国合理解决与邻国海洋权益争端的问题上，提供国际法方面的智讯，从而为中国合理解决岛屿主权和海洋权益争议提供参考方案。

“海上共同开发国际案例与实践研究丛书”的顺利出版，离不开武汉大学出版社的大力支持，特别是策划编辑张欣老师的鼎力相助，在此特致谢忱；同时，也很感谢“2017 年度湖北省学术著作出版专项资金”的资助。此外，“海上共同开发国际案例与实践研究丛书”存在的错讹之处，恳请读者不吝指正。

杨泽伟①

2017 年 11 月 29 日

于武汉大学珞珈山

① 武汉大学“珞珈杰出学者”、二级教授、法学博士、武汉大学国际法研究所(国家高端智库)博士生导师，国家社科基金重大招标项目和教育部哲学社会科学研究重大课题攻关项目首席专家。

目　　录

导　论

一、问题的由来

(一)研究的背景

21世纪以来，争取200海里外大陆架成为沿海国扩展本国海洋权利的重要手段。由于外大陆架丰富的自然资源及提交划界申请所产生的宣示主权效应，各国对于外大陆架申请这一“蓝色圈地运动”越来越重视，投入力度加大。① 在这场利益攸关的运动中，联合国大陆架界限委员会(以下简称“委员会”)以其特有的方式扮演着重要角色。为确定本国200海里外大陆架权利，沿海国千方百计争取委员会建议的支持，委员会及其建议因此在国际上获得了前所未有的重视。自2001年12月20日俄罗斯提交第一份划界案以来，截至2020年6月15日，已有92份提案(含修订案)提交到委员会。② 提案数量之多，递增之快，已远远超出预期。放眼全球，从北端看，俄罗斯、挪威、丹麦、冰岛、加拿大等国家，正在奋力拓展各自连接北极区域的外大陆架，试图利用靠近北极的地理优势，在激烈的北极角逐战中多瓜分一瓢；从南端看，澳大利亚、新西兰、阿根廷等国，不惜触碰南极条约体系，一直没有放弃对南极相关海域大陆架的索求；在地球的其他地方，法国、爱尔兰、西班牙、墨西哥、圭亚那等众多国家也不甘落后，采取稳打稳扎的策

---

① 参见李金蓉、罗婷婷、万芳芳：《200海里外大陆架划界案审议进程及发展趋势研究》，载《国际论坛》2014年第3期，第39页。

② 参见大陆架界限委员会网站：http：//www. un. org/Depts/los/clcs_new/clcs_home. htm，2020年6月15日最后访问。

略，尽力争取本国大陆架权利的最大化。所有这些国家利益和目标的实现，始终离不开委员会这个特殊机构。可以毫不夸张地说，委员会已经成为这场“圈地运动”的中心。

中国是一个陆地大国和海洋大国，大陆架面积相当广阔，但由于海岸相邻或相近国家较多，因此存在复杂的海洋和大陆架划界纠纷。在东海方向，中国与日本、韩国存在大陆架划界争议，其中与日本还存在岛屿争端。2012 年 9 月 10 日，日本野田内阁对中国钓鱼岛实行所谓的“国有化”，给中日关系造成极其恶劣的影响。在维护大陆架权利方面，中国政府转而采取了积极主动的立场，并于 2012 年 12 月 14 日向委员会提交了东海部分海域大陆架划界案。其实，早在 2008 年 11 月 12 日，日本就已提交了涉及其主要岛屿以南和东南地区的 7 个相对独立区块的划界案，尽管该案没有涉及与中国的划界争议，但其所申请的区块事实上对中国、韩国进出西太平洋构成影响，中韩两国就此向委员会表明了自身的立场。韩国紧接中国之后，在 2012 年 12 月 26 日向委员会提交了涉及东海的划界案，中国为此向委员会提出了照会。在南海方向，中国与不少南海周边国家存在岛屿争议。在大陆架划界问题上，菲律宾、印度尼西亚已向委员会提交划界案，但均未涉及南海区域。越南在单独提交划界案的同时，还与马来西亚联合提交了划界案，所提交的划界案均明显涉及有争议的南海区域。中国周边国家的行为表明，东海、南海的大陆架划界争端有愈演愈烈之势，中国未来面临复杂的国际形势和更加严峻的挑战。

(二)研究理由与目的

在上述背景下，之所以选择对委员会建议的性质进行研究，主要基于以下几个方面的原因：

一是委员会建议在《联合国海洋法公约》(以下简称《公约》)外大陆架制度①中占据核心地位。《公约》第 76 条第 8 款规定：“从测

① 注：《海洋法公约》只规定了一个大陆架法律制度，并没有内大陆架法律制度和外大陆架法律制度之分，本书为论述方便，对于《公约》规定的 200 海里外大陆架法律制度，有时简称为“外大陆架制度”。

算领海宽度的基线量起二百海里以外大陆架界限的情报应由沿海国提交根据附件二在公平地区代表制基础上成立的大陆架界限委员会。委员会应就有关划定大陆架外部界限的事项向沿海国提出建议，沿海国在这些建议的基础上划定的大陆架界限应有确定性和拘束力。”根据该款，一国200海里外大陆架权利的获得在法律上至少不能缺少两个因素，一是必须向委员会提交划界案，二是应当以委员会的建议为基础划定大陆架界限。这说明，在沿海国获取外大陆架权利的过程中，委员会的建议起着非常重要的作用。因此，选择委员会建议作为研究的焦点，才能抓住《公约》外大陆架制度的关键点。

二是《公约》对委员会建议在沿海国争取200海里外大陆架权利中扮演的角色没有作出清楚的说明，存在很多未决问题，一旦发生纠纷，各国难以判断和把握。《公约》第76条第8款虽然规定了委员会建议的作出和运用过程，但是对建议的概念、性质以及在法律上的作用没有作出相应的说明和解释。例如，委员会建议具体含义是什么？如何对其定性？建议在沿海国外大陆架划界中是否不可或缺？起次要性还是决定性作用？是否仅仅具有建议性？还是能产生法律约束力？对沿海国200海里外大陆架权利的影响到底如何？如果委员会作出了支持沿海国外大陆架主张的建议，但是沿海国没有划定其外部界限时，各国该如何对待委员会建议？在沿海国根据《公约》附件二第8条的规定拒绝委员会建议的情形下，各国又该如何对待该建议？所有这些问题的解决，最后都有赖于对委员会建议的性质及其效力问题的研究。

三是与200海里外大陆架研究相关的论著都不约而同地提到了委员会的作用及与建议的性质相关的问题。例如，在讨论北极争夺的论著中，有学者就指出，历史上某些国家提出各种权利主张理由，包括扇形原则、邻近理论等，都由于缺乏国际法依据而未获得广泛支持。① 然而现在，《公约》规定的外大陆架制度则成为北极

① 参见胡德坤、邓肖婷：《20世纪初期北极地区领土争端及其解决》，载《武汉大学学报》(人文科学版)2011年第1期，第92页。

附近国家权利主张的重要法律依据。① 还有学者指出，委员会的建议在外大陆架划界中具有重要的地位和作用，但是建议的含义似乎比较模糊。② 美国学者在讨论美国是否应该加入《公约》时，也多次提到委员会建议对美国主张其外大陆架包括在北极地区的大陆架的作用和意义，但建议的属性令人困惑。③ 这些论述一方面证明了委员会建议的性质与效力问题虽然还没有完全明确，但已渐渐浮出水面，成为学术界共同关注的问题，另一方面说明该问题的解决对破解其他外大陆架问题确实具有普遍适用性。当某一问题成为研究许多其他问题的阻碍时，对这个问题进行研究的必要性和重要性就凸显出来了。与这些研究情况相对应的是，国内外对委员会建议性质问题的研究都相当缺乏。虽然很多论著都提到了与本研究课题相关的问题，但是存在没有抓住关键问题、研究深度不够、问题层次不够清晰、缺乏对问题的提炼和系统性视角缺位等诸多方面的问题。这也许与一些学者研究的侧重点有关系，但总体上看，与沿海国对外大陆架权利主张越来越积极相比，这种研究上的缺乏似乎难以适应现实发展的需要。如果能从法理角度入手，探清委员会建议的本质属性，认清其在整个《公约》和大陆架制度中的真正影响和作用，再结合实践对其进行考察，验证这种法理上的推理，那么就能提升对这个关键问题的认识，并用来指导我们的实践。所以，加强对委员会建议尤其是性质问题的研究是相当有必要的。

四是经过一段时间的研究，大家发现委员会建议的名称与其所起的实际作用存在严重矛盾之处，只有对委员会建议的性质进行研究，才能认清和解决其中的问题。因为按照通常理解，建议作为意见的一种，属于劝说性或供参考的范围，不起根本性的影响作用。

---

① 参见贾桂德、石午虹：《对新形势下中国参与北极事务的思考》，载《国际展望》2014 年第 4 期，第 9 页。

② 参见 Ted L. McDorman, The Role of the Commission on the Limits of the Continental Shelf: A Technical Body in a Political World, The International Journal of Marine and Coastal Law, Vol. 17, 2002, p. 319。

③ 参见 Rob Huebert, The Law of the Sea and the Arctic: An Unfulfilled Legacy, Ocean Year Book, Vol. 18, 2004, p. 208。

然而，在《公约》中，委员会的建议已经成为各国外大陆架权利主张得到国际法认可不可缺少的一项内容，更为重要的是，沿海国还需以委员会的建议为基础来划定其大陆架外部界限。《公约》对委员会建议附加了如此重要的价值，以致与其名称“建议”似乎极不相称，这不可避免地让人产生费解之感，催人探其究竟。

五是形势发展的需要。一方面，中国向大陆架界限委员会提交了东海部分海域划界案，有关该案的审议前景、委员会审议划界案的方式和程序、委员会作出建议的过程以及建议可能引起的后果等问题，需要中国学者加强研究。另一方面，委员会正逐个审议各国提交的划界案，有关《公约》条款的解释和适用处在不断发展中，有些地方可能正发生微妙的变化，尤其是委员会建议关系沿海国利益和作为人类共同继承财产的国际海底区域，涉及诸多国际法上的问题，如果不对这种动态过程进行及时跟踪和分析，就可能使我国在国际斗争中处于不利的地位。

希望通过研究，实现以下几个方面的目标：

一是在课题选择上达到指出和提炼关于委员会需要研究的问题的效果，以期抛砖引玉。有的时候，指出问题比解决问题可能更为重要。通过选题，本书指出了在沿海国主张外大陆架权利问题上，国际社会共同需要解决的关键问题，并且，通过提炼出委员会建议的性质这个关键问题，引申出了一系列其他相当重要的问题。例如，委员会建议的效力与沿海国大陆架外部界限效力之间的联系与区别、委员会机制与公约第十五部分的导致有拘束力裁判的强制程序之间的关系、委员会及其建议与某些国际机构及其决定之间的联系与区别等问题。

二是为委员会建议的基础理论研究贡献绵薄之力，为其在法理上存在的一些深层次问题提供一个合理的解释。目前绝大部分学者对委员会建议都是基于应用性的研究，这种研究具有针对性强，紧扣实际问题的优点，但由于视野相对狭窄，讨论范围有限等原因，又存在研究层次浅，高度不够，只能就事论事的缺点。因此当委员会建议的性质问题成为一种普遍性问题时，这种研究的局限性就暴露无遗了。只有从法理角度出发，进行严密的推理和论证，并以实践作为检验的工具，对该问题的研究才可能得到可靠的结论。在当前理论研究相对缺乏的情形下，如能对本课题做深入研究，这在一定程度上可以弥补这方面研究的空白。

三是希望研究成果对实践具有一定的参考作用。本书最终得出了委员会建议不仅仅是一种“建议”，而是国际法上的法律行为，能够产生法律效力的结论。这与委员会建议留给人们的印象形成鲜明对比，毕竟可能有人被其名称所误导，以致没有对其给予足够的重视。该结论的得出，一定程度上可以扭转这种被误导的观念，提示委员会建议在沿海国外大陆架划界中的重要性。另外，在分析委员会建议性质的过程中，本书也指出了委员会在外大陆架划界中所起的实质性作用。这些都有助于沿海国更加重视委员会的建议，从而为其提出划界案提供一种宏观层面的参考。

四是为中国外大陆架权利主张及划界案的分析提供一个比较客观的视角。中国作为沿海国，既有自己的外大陆架主张，也面临他国的外大陆架主张，如何在实践中更好地理解和运用国际法，对维护本国权益具有重要意义。本书主要站在整个国际社会实践和国际法发展的视角，对委员会建议的性质展开研究。研究过程中坚持了实事求是和科学论证的原则，不管最后结论是否有利于中国，但至少可以确保研究视角上的客观性。这种认识上的客观性有助于为中国展现一幅相对真实的国际法图景，尤其是展现委员会及其建议的客观现状，从而确保中国在外大陆架权利问题上，达到一定程度上的“知己知彼”。

二、国内外研究现状

虽然目前国内外还没有专门研究委员会建议的性质的论著，但涉及该问题的论著并不少，很多情况下，只要涉及大陆架界限委员会或者 200 海里外大陆架方面的主题，论者或多或少会提及与此相关的问题。当然，这些论著中，讨论该问题的篇幅通常不是很长，而且大部分研究停留在相对简单和初步涉及的层面，所得出的结论也并不能起到释疑解惑的作用。通读这些论著，令人印象最为深刻的是，虽然每篇论文的主题各有侧重，但委员会角色及其建议的定性或效力问题却反复出现。从这个角度讲，委员会建议的性质问题已经成为国内外学者共同关注的问题。

（一）国内研究现状

从主题相关性程度看，国内研究大体可以分为三类。一是直接论述了委员会建议的性质问题。例如李毅在其论文《论联合国大陆架界限委员会在外大陆架划界中的作用——兼谈中国及周边国家的外大陆架申请》的第五部分专门讨论了建议的性质问题，其中也提到建议的拘束力问题；吴卡在其论文《冲之鸟不应拥有外大陆架——从大陆架界限委员会的职能展开》中，结合委员会对日本以冲之鸟申请外大陆架的评论，提出了委员会审议结果的法律地位问题；吴迪在其论文《北极地区 200 海里外大陆架划界法律问题研究》中提出了建议是否具有终局性约束力问题，其中还讨论了如何判断是否存在这种约束力。这类研究约有 8 篇左右，不一一论述。① 二是间接论述了建议的性质问题。从数量上看，这类论著最多，可以从不同的角度进行归纳。有的从委员会的角度，对委员会的角色、职权、作用、划界原则和方法等作出分析，从中可以大概知道其对建议性质的看法，如方银霞等合写的《大陆架界限委员会审议划界案的原则和方法》；有的站在中国国家利益的立场，分析中国周边国家的外大陆架申请案对中国的影响，论述了建议的约束力问题，如卢芳华的《日本申请外大陆架及其对中国的影响》；有的专门研究其他国家的申请经验，说明了委员会及其建议对沿海国外大陆架权利的影响，如匡增军的《俄罗斯的外大陆架政策评析》；有的从南极或北极角度，探讨了建议的效力及影响因素，如朱瑛、薛桂芳的《大陆架划界对南极条约体系的挑战》。三是与建议的性质问题联系密切。这方面资料没有直接涉及本书主题，但其中的一

① 这类论文还有：吴慧：《“北极争夺战”的国际法分析》，载《国际关系学院学报》2007 年第 5 期，第 41 页；潘军：《联合国大陆架界限委员会评析》，载《长春理工大学学报》（社会科学版）2012 年第 9 期，第 20 页；唐佳：《大陆架界限委员会及其有关问题探讨》，载《中国水运》2011 年第 2 期，第 43 页；吴家鸣：《根据〈联合国海洋法公约〉设立的机构简介》，载《海洋开发与管理》2011 年第 10 期，第 76 页。

些论述对完善和补充本书有重要意义。例如，潘军的《〈联合国海洋法公约〉第76条与大陆架界限委员会〈科学和技术准则〉探析》就对讨论沿海国自然意义上大陆架与法律意义上大陆架以及与委员会建议效力之间的相互关系有较好的提示作用。上述国内研究文献中论文占绝大多数，关于200海里外大陆架的学术专著基本上没有，目前仅看到个别与此相关的著作，如张新军的《权利对抗构造中的争端：东海大陆架法律问题研究》。国内大多学者像傅崐成、高健军等主要把研究重点放在相邻或相向国家间大陆架划界问题上，而较少讨论委员会建议的性质问题。

（二）国外研究现状

总体上看，国外相关研究要多于国内，而且内容更为丰富。

论文方面，从研究路径归纳，国外研究主要有七种路径。一是委员会在外大陆架划界中的权能、地位和作用路径。例如，泰德·麦克道曼在论文《大陆架界限委员会的作用：政治世界中的技术机构》中提出了委员会的角色是大陆架外部界限的合法性确认者的论点。他还认为，委员会在确定大陆架外部界限中的唯一实质性作用是程序性的；安娜·卡夫纳在论文《权能与大陆架界限委员会：决定谁拥有海洋底土》中提出，委员会在与国家的"乒乓过程"中更多是行政机构，作用超出技术审查，承担了法律和技术解释功能，会影响一国大陆架外部界限的最终确定。二是北极外大陆架划界路径。从数量上看，这方面的研究论文比较多，因为欧美一般从实用主义角度出发，对北极利益争夺尤为关注。比如，关于委员会适用《公约》问题，弗拉迪米尔·葛里森的论文《北冰洋大陆架索求：一个评论》指出，委员会履行工作中会遇到各种对《公约》的解释，而如果处理法律问题，成员国可能"被不正当服务"。关于200海里外大陆架自然延伸与法律意义上大陆架相互关系问题，莫妮克·阿兰在其论文《加拿大对北极的索求：外大陆架主张重叠的研究》中提出了法律上大陆架的外部界限是关键的观点。三是外大陆架制度与南极条约体系法律关系路径。学者主要探讨这两种制度是否存在冲突以及如何解决冲突问题。例如，迪莫·科伊夫罗瓦在论文《大陆架的发展挑战了极地制度吗?》中指出，《公约》的发展给极地制度带来了挑战，当越来越多的国家向委员会提交划界案时，其政治法律生态会发生变化。他还指出，由于委员会无权解释划界争端，这可能使争端更加难以解决。又如，亚历克斯·艾菲任克在其论文《南极大陆架：根据〈公约〉第76条需要向委员会提交划界案的隐含意义》中认为，第76条的实质性规定对南极条约体系的稳定性不构成威胁，有许多方法可以确保沿海国根据《公约》第76条的权利。四是《公约》第76条与第三国和非缔约国权利路径。罗伯特·洛克等的论文《需要付出什么代价美国对〈联合国海洋法公约〉的过敏性反应才会随着时间有进展?》提出，从国家政治、军事安全等角度考虑，美国应该加入公约，利用第76条的机制，从内部加强对世界的领导。比约恩·库罗伊的论文《大陆架外部界限的确定：越过边界是非法入侵?》主要讨论一国在另一国大陆架上确定外部界限造成的影响以及委员会的实践问题。五是委员会成立的历史背景路径。亚历克斯·艾菲任克的论文《涉及大陆架定义的海洋法公约第76条：从法律角度进行解释的问题》对第76条的来由进行了检视，得出该条是履行第三次联合国海洋法公约有关国家管辖权限制的含义的职能而设，而不管问题的复杂性和其中所包含的利益问题。六是国际实践考察路径。苏姿提·苏亚雷斯的论文《大陆架界限委员会》介绍了委员会收到提案情况、委员会职能、成员与程序等问题，并对各国提交划界案及委员会审议情况作了考察，最后指出，《公约》对外大陆架制度中沿海国参与程序不足，第三国在其中的作用也非常有限。2002年国际法协会初步报告专门介绍和论述了200海里外大陆架外部界限相关的法律问题，从程序法和实体法两个角度指出了第76条的复杂性，并对澳大利亚、加拿大、美国等国家实践做了分析，其中还提到建议对《公约》成员国有约束力。七是《公约》第76条与导致有拘束力的争端解决机制之间关系路径。安德烈·舍迪在论文《大陆架界限委员会及其对立法的干扰性倾向》中认为，委员会类似一种中立机构，沿海国对获得委员会的建议有法律上的利益，如一国看不到对其权利有利，《公约》第15部分的争端解决机制可能会被提起。以上这些论文文献，有的直接提出了委员会建议的性质问题，有的通过对与委员会或外大陆架相关的研究，间接表明了对该问题的态度、立场和看法。

著作方面，国外专门研究200海里外大陆架的著作似乎也比较少，更不用说专门研究委员会建议性质的专著了。目前可找到的与此问题相关的专著主要有两部，一部是库克的《大陆架界限：科学与法律的交汇》。这本书已被吕文正①等人翻译为中文，其内容主要是在认清大陆架法律含义的基础上，从地质地理学等技术角度，介绍划定大陆架外部界限的科学方法，其中部分内容对判断委员会建议的性质具有一定的参考作用。另一部是米隆·诺德奎斯特、约翰·诺顿和托马斯·海达等人编辑的《大陆架界限的法律和科学方面》。这是一本论文合编而成的书，其中主要是托马斯·海达的论文涉及委员会建议的性质问题。其他学者如亚历克斯·艾菲任克著有《丹麦、德国和荷兰之间的大陆架划界》一书，但与中国学者相似，他们也主要着眼于相邻或相向国家间大陆架划界的法律问题，对200海里外大陆架划界问题论述较少。

三、研究的内容与方法

本书要解决的主要问题是委员会审议沿海国划界案后所作出的建议到底属于什么性质，是仅仅属于一种建议性的建议，还是能够产生法律效力。如果具有法律效力，其生效的对象和条件、影响因素等又如何。因此，委员会建议的性质问题与效力问题不可分割，但又存在先后逻辑关系。解决了性质问题，也就解决了效力问题，效力问题蕴含于性质问题之中。遵循这个主题和逻辑思路，本书研究的主要内容和方法如下：

首先，采取提出问题的方法，在导论中将本书主题引入，说明为什么要研究委员会建议的性质问题。在这部分主要介绍了问题的由来、研究的背景以及国内外的研究现状，重点说明了本书研究的意义所在。

其次，进入全书论证的整体思路，采用四种方法论证委员会建

① 吕文正先生曾任联合国大陆架界限委员会委员，任期为1997年至2019年。

议的性质。这部分包括第一、二、三、四章。第一章立足理论论证，从法理基础角度，探讨了委员会建议的概念和含义，并对前人的研究进行梳理，归纳出了关于委员会建议性质的各种观点，同时对这些观点做了解析。在这一章中，还专门采用规范分析法，指出委员会建议能够产生法律效力具有条约依据。第二章站在历史的视角，全面考察了委员会成立的背景、《公约》立法原意、委员会的咨询职能和建议职能的设定等问题，探明了立法者制定《公约》时在委员会建议性质问题上的真实态度和意图。第三章站在实践的视角，使用案例分析和实践论证的方法，分析了俄罗斯划界案、澳大利亚划界案以及法国、爱尔兰、西班牙、英国四国联合划界案的提交和审议情况，证明委员会建议对沿海国200海里外大陆架权利的实质性影响作用和建议作出后在国际法上所产生的实际法律效果。第四章采用比较的方法，将委员会建议与WTO争端解决机构的建议、行政许可、联合国大会建议、人权事务委员会建议等进行比较，以各自特点为基础，分析其中的异同点，证明委员会建议在性质上无法归入这些类别，具有特殊性。

其三，以前面四章解决委员会建议的性质问题为前提和基础，在第五章进行延伸论证。其中第一节主要探讨委员会建议的生效对象问题，一方面廓清委员会建议的效力与沿海国大陆架外部界限的确定性和拘束力之间的联系与区别，另一方面重点围绕对《公约》缔约国和非缔约国的效力进行论证。第二节主要探讨委员会建议生效的时间，将该时间节点定位为沿海国接受之时。第三节主要探讨影响委员会建议效力的几个例外因素，包括存在划界争议的情形、第三国意见、特定条约等。此外，《公约》第15部分导致有拘束力的争端解决机制与委员会的职能及建议的关系问题也在这部分重点加以解决。

最后，在第六章中将研究的落脚点回归到中国视角。首先回顾中国周边国家主张200海里外大陆架的状况，然后结合本书的研究结论，分析这些主张对中国海洋权益的影响。鉴于中国已向委员会提交东海部分海域划界案，也对委员会对该案的态度可能对中国权利产生的影响进行了分析。由于委员会建议的性质是由《公约》规定和国际实践发展等因素所决定，而不以中国国家利益为转移，因此，本书最后还探讨了中国针对委员会建议的性质问题所应采取的态度和措施，以期最大限度维护中国海洋权益。

第一章　委员会建议性质的法理分析

《公约》第 76 条第 8 款规定："委员会应就有关划定大陆架外部界限的事项向沿海国提出建议，沿海国在这些建议的基础上划定的大陆架界限应有确定性和拘束力。"该款一方面将委员会的建议称为"建议"，另一方面又声称沿海国在这种建议的基础上划定的大陆架界限有确定性和拘束力。那么，既然委员会的建议扮演如此重要的角色，它是否仅仅是一种"建议"而已？又或者是否能够产生法律效力？这就是委员会建议的性质问题。要回答这个问题，首先需要对委员会的建议进行深入的法理分析。

第一节　委员会建议的概念与含义

一、英文"recommendation"的含义与性质

在英文版《公约》中，第 76 条第 8 款在表述委员会建议时使用的是"recommendation"一词。根据 1979 年与《公约》起草时代相近的《布莱克法律词典》第 5 版的解释，该词主要有四个方面的含义：一是指封建法中，将自主地转为封建所有制的方法，具体做法就是自主地的所有者首先放弃该土地，将其交给国王或者领主，以表示效忠，然后作为一种圣俸或封地再从国王或领主那接受回来，由其自己持有，他的继承者也采这种方法表示效忠和受封；二是指一个人向另一个人提出关于第三者的品质、责任、技能等有利报告或理由的一种行为；三是指一种建议，该行为本质上是建议性的，没有约束性效果；四是指推荐信，也就是由一个人证明另一个人拥有良好品质、偿债能力、商业信誉、职业或贸易技能，或者其他值得信

赖、帮助或雇佣的方面，这可能用来为一个人处理事情或者关心一个人，目的是帮助一个人获得信用、得到雇佣，等等。① 这四种含义中，第一种含义指的是封建时代自主地所有者向国王或封建领主表示效忠的方法，是一种特定的用法，与《公约》所处时代不相符，但是该含义中所指的自主地转为封建制的方法，似乎又与第 76 条第 8 款有所关联或者具有某种程度的相似性。因为仔细分析可以发现，沿海国拥有包括 200 海里外的大陆架权利是该国所固有的、内在的主权权利，而沿海国就自己固有权利同意向委员会提交有关 200 海里外大陆架权利主张的资料并根据委员会建议划定其大陆架外部界限的做法，与封建法中自主地所有者将其土地交给国王或领主表忠心然后又领回的方法有点相似。当然，这两种做法的性质完全不一样，前者是以自愿为基础，后者则是一种政治压力下的行为。若从这个角度观察，“recommendation”多少仍存一些演变的痕迹。第二种含义和第四种含义有一个共同点，都涉及三方主体，与第 76 条第 8 款程序中只有委员会和提案国两个主体不符，因此都不应该是《公约》所指的含义。当然，委员会针对沿海国划界案作出建议可能也存在向国际社会这个第三方推介的意思，但毕竟这里的第三方没有正式出现。据此，只剩下第三种含义，也就是指“建议”。这也是中文版《公约》所用的译法。该含义还特别指出，“建议”在本质上是建议性的，而不是约束性的。另一与《公约》谈判结束后同时代的语言性词典《朗文英语语言词典》对“recommendation”的解释是：建议性行为；提出的建议或主张（如一个行为的过程）；劝告或者表达推荐。② 可见，在英文中，这里“recommendation”一词所表达的就是一种建议性的、没有约束力的“建议”的意思，这一点应该没有太大的争议。

---

① 参见 Black's Law Dictionary (fifth edition), West Publishing Company, 1979, pp. 1143-1144。

② 参见 Longman Dictionary of the English Language, Harlow, Essex: Longman, 1984, p. 1238。

二、中文“建议”的含义与性质

根据《公约》最后一条第320条的规定，阿拉伯文、中文、英文、法文、俄文和西班牙文等六种语言文本是具有同等法律效力的。① 因此，也有必要从中文角度探讨委员会建议的具体含义。首先是翻译问题。《牛津现代英汉双解大词典》对“recommendation”的翻译是建议、提议、推荐、介绍。②《英汉大词典》将该词译为：推荐；推荐信；劝告，建议；优点，长处，可取之处。③ 宋雷主编的《英汉法律用语大辞典》的翻译是：建议，推荐，保举，介绍。④ 由此可见，这三大词典对“recommendation”的翻译大体相同，基本上都是推荐、建议的意思。与此相对应，在对《公约》进行翻译时，中文版本《公约》中的“recommendation”就被翻译为“建议”⑤。其次是汉语中“建议”的含义问题。根据《当代汉语词典》的解释，“建议”有两方面含义：一是作为动词，意思是提出自己的主张；二是作为名词，指提出的主张。⑥ 该词典还将“建议”与“提议”的含义做了对比：“建议”适用范围更广，常用于口语，表示对集体、领导或个人提出自己的主张；“提议”则多用于比较庄重的场合，比较郑重地在集体或会议上提出自己的主张。⑦《现代汉语大词典》对“建议”的解释也基本一致，指对事情的处置或兴办提出具体的意见。⑧ 结合《公约》的规定，很明显“建议”在这里是指名词而不

---

① 《联合国海洋法公约》第320条第1款规定，本公约原本应在第305条第2款限制下交存于联合国秘书长，其阿拉伯文、中文、英文、法文、俄文和西班牙文文本具有同等效力。

② 参见《牛津现代英汉双解大词典》，外语教学与研究出版社2013年版，第2148页。

③ 参见《英汉大词典》，上海译文出版社2007年版，第1642页。

④ 参见《英汉法律用语大辞典》，法律出版社2005年版，第963页。

⑤ 《联合国海洋法公约》中文版本，联合国网站中文主页：http://www.un.org/zh/law/sea/los/article6.shtml，2014年4月27日最后访问。

⑥ 参见《当代汉语词典》(双色版)，中华书局2009年版，第724页。

⑦ 参见《当代汉语词典》(双色版)，中华书局2009年版，第724页。

⑧ 参见《现代汉语大词典》，上海辞书出版社2009年版，第683页。

是动词，也就是表示提出的有关主张或意见的意思。此外，从强制性角度看，虽然汉语词典都没有强调“建议”仅是一种建议性意见而不具有强制性，但按照通常意义理解，“建议”与“命令”不同，“命令”有必须接受或一种强制性要求的意思，而日常生活中，某人对于“建议”，可以采纳，也可以不采纳，不存在强制性要求。这种解释与英文中的解释实质上没有多大区别。

三、《公约》中“recommendation”与“advice”的区别使用

根据《公约》附件二第三条的规定，委员会的职务包括两个方面：一是审议沿海国提出的关于扩展到二百海里以外的大陆架外部界限的资料和其他材料，并按照《公约》第 76 条和 1980 年 8 月 29 日第三次联合国海洋法会议通过的谅解性声明提出建议（recommendation）；二是经有关沿海国的请求，在编制前项所述资料时，提供科学和技术咨询意见（advice）。在这里，《公约》对委员会的两项职能分别使用了不同的英文词语：recommendation 和 advice。前者的意思我们已经做了分析，后者“advice”也有必要从英文和中文角度进行解析。1979 年版的《布莱克法律词典》中，“advice”的意思有五种：见解；观点；信息；律师给客户的建议；表达关于未来行为智慧的观点。① 这五种意思中除第三种解释“信息”表述得比较客观或者中立外，其他四种都含有见解、观点或建议的含义在里面，而且“律师给客户的建议”在《公约》的使用中也完全可以用来表达“委员会给沿海国的建议”这样一种含义。最后一种解释与其他含义相差也不是特别大。根据《朗文英语语言词典》的解释，“advice”的意思有：关于一个决定或行为过程的建议（recommendation）；通常指复数形式的交流，如有距离的交流；关于商业交易的官方通知。② 第一种含义中包含有“建议”的意思在

① 参见 Black's Law Dictionary（fifth edition），West Publishing Company，1979，p. 50。

② 参见 Longman Dictionary of the English Language，Harlow，Essex：Longman，1984，p. 23。

里面，而且用了“recommendation”来替代解释，第二和第三种含义放在《公约》中显然没有第一种含义准确，因此，我们可以认为，某种程度上“recommendation”与“advice”的含义存在相通之处。从中文翻译角度看，根据《牛津现代英汉双解大词典》的解释，“advice”的含义包括：劝告、忠告、建议；正式通知；消息。① 很明显，将其翻译为第一类含义比较符合《公约》的条文，而最准确的含义毫无疑问也应当是“建议”。《公约》的中文译文将“advice”翻译成“咨询意见”，这应当是借鉴了类似国际法院提供咨询意见的翻译手法，但不管称呼如何，提供“咨询意见”和提供“建议”事实上不存在本质的区别。鉴于此，我们不得不产生一个疑问，既然《公约》中两个英文“recommendation”和“advice”含义大体相同，相比而言只是前者的推荐或者推介含义更强烈一点，为什么最后翻译成中文的时候要采取不同的表达方式呢？站在立法严肃性角度看，如果二者含义完全相同，那么立法者应当会在《公约》中使用相同的英文词语，所以更合理的解释应当是，由于委员会两个职能并不完全相同，因此使用了不同的词语。第二种职能很明显只是单纯提供一个建议而已，这种建议的性质很明显是建议性的，不具有法律约束力的。而第一种职能则不仅需要委员会提供建议，而且还要将这种建议推荐或者推介出去，起远远超出“建议性的建议”的作用。对于这种建议，是否还能将其定性为“建议性的建议”就有待商榷和考虑了。总之，根据《公约》的用语，委员会针对沿海国划界案作出建议与仅仅为沿海国准备划界案等资料提供咨询意见虽然含义相同，但性质并不一定相同。

通过上述语义解释可知，既然英文和中文对“建议”一词的解释基本一致，认为“建议”是一种建议性的意见，而不是一种约束性或强制要求遵守的意见，那么按照通常意义上的理解，我们就可以认为“建议”对于一个人或者一件事来讲，它仅具有参考性，是一种可有可无的主张或者意见，没有它应当不会影响某个人的决策

① 参见《牛津现代英汉双解大词典》，外语教学与研究出版社 2013 年版，第 33 页。

权或者某件事的成功与否。毕竟，“建议”是没有那么重要的事务。然而，我们就可以据此断定委员会的建议也只是一种建议性意见而没有约束性或强制性么？单纯从字面意思理解，似乎可以这么认为。但是，判断建议的性质除了解其概念和内涵外，还要看建议所处的具体环境，才能得出准确的结论。例如，上文所指“recommendation”在英文中还有特定用法，指封建法中自主地转为封建制的一种方法。如果不顾具体情形，简单将其理解为建议或劝告等含义，那么必然导致语义理解上的错误。另外，从《公约》对委员会两项职能规定及其关键词语上用语的区别，我们也能体会到，两个都可以翻译为“建议”含义的英文单词事实上在性质上并不一定就是一致的，甚至可能存在重大差别。因此，对于委员会针对沿海国划界案作出的建议，目前只能将其简单理解为委员会提出的一种处理事情的主张或意见，至于其法律性质如何，还要根据具体情况进行具体分析。

第二节　关于委员会建议性质的各种观点

因《公约》第 76 条第 8 款规定的复杂性和模糊性所引发的委员会建议的性质问题，已经引起了不少学者的关注和重视，他们对此直接或者间接地发表了看法，只是观点不一。这些观点中既有相似或相近的观点，也有截然相反的观点。通过仔细辨别和认真梳理，可以将这些观点大致归纳为五类。

一、委员会建议确定权利主张的合法性

不少学者认为，委员会建议是对沿海国外大陆架权利主张的确认、认可，或使这种权利主张合法化。持这类观点的学者大多没有直接论述委员会建议的性质问题，但是从其对委员会的相关论述中可以推知对此问题的看法。这类观点中，每个观点在表述上又有所差异，以下是其中一些比较有代表性的观点。

泰德·麦克道曼认为：“委员会在外大陆架划界中起的作用是沿海国权利主张的合法化者（legitimator），这种合法与法律的或政

治的同意不同，不应作为黑与白（合法的与非法的）来理解，而应作为一种介于更大的合法性与较小的合法性之间的范围或幅度来理解。”①仔细剖析该观点，既然泰德·麦克道曼将委员会描述成“合法化”者，而委员会主要是以建议的形式起作用，那么建议在沿海国外大陆架划界中也是扮演了“合法化”的角色。对该观点比较难以理解的是，泰德·麦克道曼对“合法”含义的描述和界定。根据《布莱克法律词典》的解释，“legitimate”一词的含义就是符合法律的规定、使具有法律约束力、赋予法律地位、授权或使合法等方面的意思。② 汉语中，准确地说是在我国法理学中，“合法”通常用来对人的行为进行分析，将人的行为又分为广义和狭义两种，前者指法律所不禁止的一切行为，后者是指社会关系参加者作出的符合法律规定的、对社会有益的或至少是无害的、受到法律保护的行为。③ 无论广义还是狭义的含义，都强调符合法律调整的意义。这些解释与泰德·麦克道曼对“合法”的描述似乎难以直接对应起来。比较合理的解释应该是将泰德·麦克道曼描述的“更大合法性与较小合法性之间的范围或幅度”作为广义的合法概念来理解，因为与狭义的合法相比，广义的合法内涵更广，而且也符合其所要求的不作为“黑与白”的简单理解。不论泰德·麦克道曼对合法如何界定，总体上看，他认可了委员会建议是沿海国外大陆架划界中的“合法化者”，虽然最终他没有对这种“合法性大小的幅度”如何作出交代。

安娜·卡夫纳认为：“在创立了复杂和难懂的划界程式后，《公约》成员国试图创立一个前所未有的机构来履行两个职能：防止宽大陆架国家的过分索求，同时确保这些国家能够完全认识到他

① Ted L. McDorman, The Role of the Commission on the Limits of the Continental Shelf: A Technical Body in a Political World, The International Journal of Marine and Coastal Law, Vol. 17, 2002, p. 319.

② 参见 Black's Law Dictionary (Eighth Edition), West, a Thomson Business, 2004, p. 920。

③ 参见孙国华、朱景文主编：《法理学》（第二版），中国人民大学出版社 2004 年版，第 399 页。

们的权利；以一种独立批准的身份使沿海国提出的界限合法化，从而缓解国家间的争端，为实现这个目的，他们成立了委员会。”①她还认为：“委员会塑造外大陆架界限的权力因其独特的地位而强化，因为它是唯一的审查第76条程式的国际机构。”②“由于委员会的解释作用和影响领土主张的能力，它甚至表现出像‘第76条法庭’。”③“委员会的授权远超出核查提案的技术精确性，它还负责第76条法律和技术条款的解释。”④由此可见，安娜·卡夫纳对委员会在外大陆架划界中的作用和地位评价非常高，将其推向类似法庭的一种位置，并且明确指出了委员会对沿海国外大陆架界限起了“合法化”作用。当然，需要明确的是，安娜·卡夫纳并没有真正认为委员会是一个法庭，因此，建议也不可能是一个司法裁决。他所强调的“合法化”应当主要是从委员会及其建议作用的实际效果的角度得出的结论。

奥尔多·契科普和布鲁斯·马钱德在论述外大陆架主张的程序时认为：“委员会没有监管的权力，当它不同意一国的提案时，它只能向提案国提供建议。”⑤但接着他又话锋一转，认为“事实上

① Anna Cavnar, Accountability and the Commission on the Limits of the Continental Shelf: Deciding Who Owns the Ocean Floor, Cornell International Law Journal, Vol. 42, 2009, p. 401.

② Anna Cavnar, Accountability and the Commission on the Limits of the Continental Shelf: Deciding Who Owns the Ocean Floor, Cornell International Law Journal, Vol. 42, 2009, p. 406.

③ Anna Cavnar, Accountability and the Commission on the Limits of the Continental Shelf: Deciding Who Owns the Ocean Floor, Cornell International Law Journal, Vol. 42, 2009, p. 407.

④ Anna Cavnar, Accountability and the Commission on the Limits of the Continental Shelf: Deciding Who Owns the Ocean Floor, Cornell International Law Journal, Vol. 42, 2009, p. 407.

⑤ Aldo Chircop & Bruce A. Marchand, International Royalty and Continental Shelf Limits: Emerging Issues for the Canadian Offshore, Dalhousie Law Journal, Vol. 26, 2003, p. 282.

《公约》已经授予委员会使外大陆架主张合法的权力”①。如果不仔细区别，这种观点看起来似乎有点自相矛盾。实质上，这种观点指的是委员会没有监管权，但有“合法化”的权力，而这两种权利是有很大差异的。监管权强调的是一种调整、监督或管理的权利，更多情况指的是一种执法权，而这里所指的“合法化”权利，应当仅指使沿海国外大陆架权利主张成为合法而已，其他事项不属于委员会管辖和建议内容的范畴。这种区分有点类似行政法上行政审批权与行政监管权的划分，前者主要负责授权（使权利成为合法），后者主要负责监督行政相对人的行为。

比约恩·库罗伊在论述委员会相关问题时认为“委员会在外大陆边描述和划界中已经处于中心地位”②。他还指出：“值得注意的是，委员会被设计为决定技术问题，这是国际法院或者法庭几乎不可能做的事情，因此，不能排除委员会通过其建议拥有规范功能的方式而获得了关键性的角色，因为毫无疑问，一旦委员会接受了沿海国的权利主张，该主张就获得了合法性的地位。”③很明显，委员会在这里不仅处理了技术问题，而且涉及了法律问题。对此比约恩·库罗伊作出了解释，认为虽然委员会根据《公约》规定应仅仅处理技术问题，不应处理法律问题，但这是一个微妙的任务，因为大陆边的复杂定义已经使一些学者认为《公约》第 76 条以一种科学上有基础、法律上站得住脚、政治上可接受的，很可能是一种混合的方式来定义大陆架的趋势。④

2006 年国际法协会多伦多会议关于外大陆架法律问题的报告

① Aldo Chircop & Bruce A. Marchand, International Royalty and Continental Shelf Limits: Emerging Issues for the Canadian Offshore, Dalhousie Law Journal, Vol. 26, 2003, p. 282.

② Bjorn Kunoy, A New Arctic Conquest: The Arctic Outer Continental Margin, Nordic Journal of International Law, Vol. 76, 2007, p. 467.

③ Bjorn Kunoy, A New Arctic Conquest: The Arctic Outer Continental Margin, Nordic Journal of International Law, Vol. 76, 2007, p. 467.

④ 参见 Bjorn Kunoy, A New Arctic Conquest: The Arctic Outer Continental Margin, Nordic Journal of International Law, Vol. 76, 2007, p. 467。

认为，“委员会拥有独立评估科学和技术方面数据的功能，这意味着它拥有确定沿海国为了证明其满足特定的外大陆架划界条件而提交的科学和技术数据是否符合要求的权力(power)”①。当然，这些权力最终都是通过建议体现出来。这里所指的符合要求，实质上是指要符合《公约》的规定，也就是必须合法。这是从实体性权力讲委员会建议具有评判沿海国权利主张是否符合法律规定的功能。在程序性权力方面，该报告也认为委员会拥有设定其在做数据评估过程中会采用的程序的权力。② 为避免造成委员会权力过大的印象，报告同时还强调，委员会根据第 76 条履行义务的行为不会削弱各成员国解释《公约》的能力。③

持此类观点的学者还有许多。例如，2008 年新西兰国际法年报认为，由于拥有了委员会的建议(指支持其主张的建议)，新西兰大约 170 万平方公里的权利得到了确认。④ 罗博·赫伯特认为：“沿海国需要将其划定的界限提交到委员会以便得到确认。”⑤弗拉迪米尔·葛里森谨慎描述了委员会的作用，认为它根据第 76 条的规定，对沿海国所提交的外大陆架界限的准确性进行确认。⑥ 这里没有明确提到对权利进行确认，但事实上所谓界限的准确性确认，实质上也成为对权利的确认。

① Members of the Committee, Committee on Legal Issues of the Outer Continental Shelf, International Law Association Reports, Vol. 72, 2006, p. 228.

② 参见 Members of the Committee, Committee on Legal Issues of the Outer Continental Shelf, International Law Association Reports, Vol. 72, 2006, p. 228。

③ 参见 Members of the Committee, Committee on Legal Issues of the Outer Continental Shelf, International Law Association Reports, Vol. 72, 2006, p. 228。

④ 参见 Joanna Mossop, Law of the Sea and Fisheries, New Zealand Yearbook of International Law, Vol. 6, 2008, p. 324。

⑤ Rob Huebert, The Law of the Sea and the Arctic: An Unfulfilled Legacy, Ocean Governance, Vol. 18, 2004, p. 208.

⑥ 参见 Vladimir Golitsyn, Continental Shelf Claims in the Arctic Ocean: A Commentary, The International Journal of Marine and Coastal Law, Vol. 24, 2009, p. 407。

二、委员会建议具有准司法性质或者类似准司法的性质

与上面这些学者仅承认委员会建议能使沿海国权利主张成为合法而对委员会建议性质这个问题表态谨慎不同，另一些学者认为建议所拥有的这种“合法化”的作用已经说明其具备了准司法或者类似准司法功能的性质。这一观点主要是从《公约》本身的规定和泰德·麦克道曼关于委员会建议是沿海国外大陆架权利主张的“合法化者”中引申或推论出来的，代表者是唐纳德·罗思韦尔和苏里亚·苏贝蒂。

唐纳德·罗思韦尔认为：“《公约》第76条第8款简明的规定创立了一个准司法程序(quasi-judicial process)。”①对此，他从两个方面出发给出了比较具体的理由。一方面认为：“在沿海国提交划界案和委员会反过来对沿海国作出建议方面，‘建议’这个术语的使用是有重要意义的，与该词意思所表明的那样，尽管沿海国需要向委员会提交有关大陆架外部界限的数据，但沿海国在划定其200海里外大陆架外部界限时并没有接受委员会观点的强制性义务。”②另一方面又认为：“这与《公约》第76条第8款最后一句是相矛盾或者相对抗的，因为该句规定，沿海国根据这些建议所确定的大陆架界限具有确定性和拘束力。”③由此他得出结论：“存在一个很明显的例外，即尽管沿海国不需要完全接受委员会的建议，但在确定

① Donald R. Rothwell, Issues and Strategies for Outer Continental Shelf Claims, The International Journal of Marine and Coastal Law, Vol. 23, 2008, p. 188.

② Donald R. Rothwell, Issues and Strategies for Outer Continental Shelf Claims, The International Journal of Marine and Coastal Law, Vol. 23, 2008, p. 188.

③ Donald R. Rothwell, Issues and Strategies for Outer Continental Shelf Claims, The International Journal of Marine and Coastal Law, Vol. 23, 2008, p. 188.

其外大陆架界限时至少必须参考委员会的工作。”①对唐纳德·罗思韦尔的观点的简单归纳就是，沿海国没有接受委员会建议的强制性义务，但若想其大陆架外部界限有确定性和约束力，就必须参考委员会建议，因此，是接受委员会建议而使其大陆架外部界限有拘束力，还是不接受建议而不顾其大陆架外部界限的拘束力，沿海国有选择的权利，这就是建议具有的所谓的“准司法性”。

苏里亚·苏贝蒂的观点与唐纳德·罗思韦尔的观点有所不同。他在研究委员会处理沿海国200海里外海洋主张的提案中出现的问题和前景时，对委员会本身的性质做了探讨，认为大陆架界限委员会既不是一个司法机构，也不是一个纯粹的行政机构。② 那么，委员会是否是准司法机构呢？对此他的观点是：“委员会与准司法机构相似不多，因为这个机构的成员中没有一个人有法律背景，尽管委员会的一些功能与那些司法机构是相似的。”③在一番权衡对比后，他最后得出的结论是：“看来委员会的地位是介于一个准司法机构和一个行政机构之间。”④那么，据此推理，委员会建议的性质也是介于准司法性和行政性之间。对于这种观点，如果认为委员会并非司法机构和行政机构比较容易理解的话，那么以该机构个体成

① Donald R. Rothwell, Issues and Strategies for Outer Continental Shelf Claims, The International Journal of Marine and Coastal Law, Vol. 23, 2008, p. 188.

② 参见 Surya P. Subedi, Problems and Prospects for the Commission on the Limits of the Continental Shelf in Dealing with Submissions by Coastal States in Relation to the Ocean Territory Beyond 200 Nautical Miles, The International Journal of Marine and Coastal Law, Vol. 26, 2011, p. 430。

③ Surya P. Subedi, Problems and Prospects for the Commission on the Limits of the Continental Shelf in Dealing with Submissions by Coastal States in Relation to the Ocean Territory Beyond 200 Nautical Miles, The International Journal of Marine and Coastal Law, Vol. 26, 2011, p. 430.

④ Surya P. Subedi, Problems and Prospects for the Commission on the Limits of the Continental Shelf in Dealing with Submissions by Coastal States in Relation to the Ocean Territory Beyond 200 Nautical Miles, The International Journal of Marine and Coastal Law, Vol. 26, 2011, p. 430.

员中没有人有法律背景为由从而否认其准司法性就有点勉强了，毕竟机构成员是否具有法律背景不是判断该机构是否为准司法机构的决定性标准。至于委员会性质的行政性方面，苏里亚·苏贝蒂没有直接解释，应该是指委员会根据《公约》规定或授权所承担的审议沿海国为主张其外大陆架所提交的划界案并作出建议的一种义务或职责，这其中还包括这种审议程序或流程中只有委员会和申请国两个主体，从而与拥有三方主体的司法程序区别开来。

三、委员会建议具有或者能产生法律效力

这里所归纳的委员会建议具有法律效力的观点一般是从学者的直接论述中得出来的。因为关于委员会建议性质的观点多而繁杂，间接地推论其他学者的观点可能会带来观点归纳不科学的后果。在认为委员会建议具有法律效力的观点中，有的仅承认建议具有一定的法律效力或者有条件地承认这种效力，有的则比较全面地肯定了建议的法律效力。

海伦娜·查纳在论述委员会及其程序时谈到："尽管《公约》规定委员会建议是'终局性的和有约束力的'，但最终还是需要提案国来划定自己的边界线，这一点有必要予以坚持。"①根据该观点，《公约》已经规定了委员会的建议具有约束力，沿海国只是在最后划定其边界而已，而且沿海国划定其边界的行为似乎不对委员会建议的约束力问题构成影响，在其中也没有起什么作用。由于事实上《公约》第76条规定的是沿海国在委员会建议基础上划定的外部界限具有"终局性和约束力"，而没有直接规定委员会建议是终局性的和有约束力的，因此，可能不能排除海伦娜·查纳将这二者混为一谈，当然也可能是他确实认为《公约》事实上就是这么规定的，或者产生了这么一种效果。

安吉勒·史密斯在论述确定海洋边界的工具时指出："委员会

① Helena Traner, Resolving Arctic Sovereignty from a Scandinavian Perspective, Case Western Reserve Journal of International Law, Vol. 44, 2011, p. 505.

决定一国专属经济区外大陆架外部界限管辖权主张的合法性或有效性。”①“根据《公约》授权，委员会是一个国际性机构，针对沿海国的请求，作出确定该国大陆架界限的建议。”②通过在术语上表述为‘建议’的意见，委员会的建议对提交请求的国家是‘终局性和有约束力的’。”③这种观点是一种相对完整的表述和概括。首先，安吉勒·史密斯肯定了委员会能使一国外大陆架权利成为合法，并且在其中起决定性作用。其次，他认为委员会这种确定合法性或有效性的权力来源于《公约》的授权是有充分的法律依据的。第三，他直接指出委员会建议具有法律效力。当然，建议在这里主要指向的对象是提交请求的国家，至于对其他国家效力如何，Smith 没有作出说明。安吉勒·史密斯在这里还特别强调，委员会是通过建议中所包含的意见来起作用。

彼得·雷普利认为：“委员会建议本质上是一种没有约束力的科学和技术性建议。”④“委员会建议对提案国没有约束力，但如果在建议的基础上确定其大陆架的外部界限，那么该建议就变成终局性和有约束力。”⑤可见，彼得·雷普利承认委员会建议能产生约束力，但是这种约束力的获得事实上取决于沿海国对委员会建议的态

① Angelle C. Smith, Frozen Assets: Ownership of Arctic Mineral Rights must be Resolved to Prevent the Really Cold War, The George Washington International Law Review, Vol. 41, 2010, p. 662.

② Angelle C. Smith, Frozen Assets: Ownership of Arctic Mineral Rights must be Resolved to Prevent the Really Cold War, The George Washington International Law Review, Vol. 41, 2010, p. 662.

③ Angelle C. Smith, Frozen Assets: Ownership of Arctic Mineral Rights must be Resolved to Prevent the Really Cold War, The George Washington International Law Review, Vol. 41, 2010, p. 662.

④ Peter Ripley, Unlocking Oil and Gas Reserves in the Arctic Ocean: Is there a Conventional Solution to Delimitation of the Maritime Boundaries?, Journal of Energy and Natural Resources Law, Vol. 29, 2011, p. 268.

⑤ Peter Ripley, Unlocking Oil and Gas Reserves in the Arctic Ocean: Is there a Conventional Solution to Delimitation of the Maritime Boundaries?, Journal of Energy and Natural Resources Law, Vol. 29, 2011, p. 268.

度和划界行为。如果沿海国同意该建议并在此基础上划定了外大陆架的外部界限，那么委员会建议从一种没有约束力的建议变成有约束力的建议；如果沿海国不同意委员会建议，那么该建议就没有约束力。依这种观点，委员会的建议在性质上其实是中性的，只是在条件具备时，才会产生法律效力。

布瑞恩·斯皮尔曼结合俄罗斯大陆架界限的扩张问题对《公约》第76条第8款做了研究。他认为："尽管委员会的权力表现为纯粹的咨询性或劝告性，而且可能仅对官方的提案作出回应，但第76条第8款规定一个国家应该选择遵守委员会的建议，这种界限因此变成'终局性的和有约束力的'。"①在讨论委员会与提案国间意见的变化互动时，他又指出："如果建议不影响其他国家边界利益，该建议可能变得有约束力。"②"一项提案中的潜在的偏见可能有效地损害委员会任何建议的约束性质。"③解读这些论断可知，布瑞恩·斯皮尔曼认为从表面上看委员会的建议是咨询性或劝告性的，但《公约》实质上是要求沿海国尽量遵守该建议，建议在性质上是可以产生约束力的，但是需要满足一定的条件，如国家要选择遵守该建议、建议内容不影响其他国家的利益、尽量不包含潜在的偏见性影响等。简言之，该观点其实就是有条件地承认委员会建议能产生法律约束力。

莫莉·沃森在研究北极地区国际争端的解决方法时认为："通过将《公约》确定为管理性的法律，北极国家将会受到由委员会所作出的决定(建议)的约束，而且没有其他选择，例如根据习惯法

① Brian Spielman, An Evaluation of Russia's Impending Claim for Continental Shelf Expansion: Why Rule 5 Will Shelve Russia's Submission, Emory International Law Review, Vol. 23, 2009, p. 317.

② Brian Spielman, An Evaluation of Russia's Impending Claim for Continental Shelf Expansion: Why Rule 5 Will Shelve Russia's Submission, Emory International Law Review, Vol. 23, 2009, p. 317.

③ Brian Spielman, An Evaluation of Russia's Impending Claim for Continental Shelf Expansion: Why Rule 5 Will Shelve Russia's Submission, Emory International Law Review, Vol. 23, 2009, p. 317.

不受这种约束。"①在论述国家间争端的解决时，他进一步指出："一个国家的主张受制于其他国家的相反的主张，而且虽然委员会的建议是有约束力的，但该机构没有权力去强制执行它们。"②这说明，莫莉·沃森一方面承认委员会建议具有约束力，另一方面又认为委员会没有强制执行建议的权力。但是这一点对国际法来说丝毫不奇怪，因为国际法主要依靠国家的自觉遵守，而且迄今为止，没有多少国际机构有对国家强制执行国际法的权利。

李毅是中国学者中直接而且明确提出委员会建议的性质问题的人。他在研究委员会在外大陆架划界中的作用时，专门提出这个问题并单列出一部分对该问题予以讨论，指出委员会的建议在性质上究竟如何界定可能是容易引起争议的问题。③ 接着他直接表明了自己的看法，认为"对于《海洋法公约》的缔约国而言，大陆架界限委员会的建议具有一定的法律效力，但这种建议似乎又不能简单地等同于司法判决"④。此观点需要从三个方面理解。一是委员会建议仅对缔约国有效。二是建议仅具有"一定"的法律效力。李毅之所以这么表述，主要是因为沿海国可以不同意委员会的建议，使该程序或过程无休止地进行下去。三是李毅明确指出："建议既非一个司法式的判决，又非一个纯粹的参考意见。"⑤对于建议为什么具有法律效力，李毅似乎也没有给出特别的理由，仅引述了《公约》第

① Molly Watson, An Arctic Treaty: A Solution to the International Dispute over the Polar Region, Ocean and Coastal Law Journal, Vol. 14, 2009, p. 329.

② Molly Watson, An Arctic Treaty: A Solution to the International Dispute over the Polar Region, Ocean and Coastal Law Journal, Vol. 14, 2009, p. 329.

③ 参见李毅：《论联合国大陆架界限委员会在外大陆架划界中的作用——兼谈中国及周边国家的外大陆架申请》，载《南洋问题研究》2010 年第 2 期，第 5 页。

④ 李毅：《论联合国大陆架界限委员会在外大陆架划界中的作用——兼谈中国及周边国家的外大陆架申请》，载《南洋问题研究》2010 年第 2 期，第 5 页。

⑤ 李毅：《论联合国大陆架界限委员会在外大陆架划界中的作用——兼谈中国及周边国家的外大陆架申请》，载《南洋问题研究》2010 年第 2 期，第 1 页。

76 条第 8 款的规定。但与之前指出的问题一样，该规定其实只直接规定了在建议基础上划定的大陆架外部界限的约束力问题，因此，事实上李毅也没有区分建议的约束力和界限的约束力问题。

吴迪在对北极地区 200 海里外大陆架划界法律问题研究时提出："但是建议是否具有'终局性约束力'，取决于国家实际上是否遵守了委员会建议。"①他还认为："选择遵守《公约》及委员会建议可能更符合相关国家的长远利益。目前相关国家实践并没有否定建议的'终局性约束力'。"②据此，委员会建议作出后，并不必然产生终局性约束力，只有在国家选择遵守的条件下，才能有效。而且，建议所具有的终局性约束力的关键不是来源于《公约》如何规定，而是国家实践。这很明显是一种实践主义的观点，具有理论上的不确定性。因为虽然实践中确实还没有哪一个国家直接否定建议的"终局性约束力"，但是由于《公约》明确规定了沿海国可以不同意委员会的建议，因此不能排除实践中出现一国认为建议不符合其利益而否定建议约束力的情况。对于这一点，吴迪自己也说："未来是否有国家提出不同意见，有待于国际实践的进一步检验。"③

潘军在研究委员会时认为："委员会已由最初一个咨询性的技术机构，演化为一个被西方学者称为集技术、法律及政治为一身的'混合体'。"④从技术上看，它是"审核者"；从法律上看，它是外部界限"合法性"的"决定者"；从政治上看，它是沿海国"角逐"的"政治舞台"。⑤ 值得注意的是，这里提出的"合法性"的"决定者"

① 吴迪：《北极地区 200 海里外大陆架划界法律问题研究》，载《极地研究》2011 年第 3 期，第 220 页。

② 吴迪：《北极地区 200 海里外大陆架划界法律问题研究》，载《极地研究》2011 年第 3 期，第 220 页。

③ 吴迪：《北极地区 200 海里外大陆架划界法律问题研究》，载《极地研究》2011 年第 3 期，第 220 页。

④ 潘军：《联合国大陆架界限委员会评析》，载《长春理工大学学报》（社会科学版）2012 年第 9 期，第 19 页。

⑤ 参见潘军：《联合国大陆架界限委员会评析》，载《长春理工大学学报》（社会科学版）2012 年第 9 期，第 19~20 页。

的观点，与第一大类观点仅提出建议确认沿海国外大陆架权利主张合法更进了一大步，因为潘军还明确指出："这种'建议'具有相当的权威性和强制性。因此，该委员会的职权远远超出一个一般性的咨询性技术机构所能被赋予的权力。"①这里所谓的"强制性"，实际上就是指具有法律上的强制约束力。当然，在他看来，委员会建议具有强制性同样是附条件的，那就是沿海国在建议的基础上划定了其 200 海里外大陆架的外部界限。孟详春、韩成标在研究 200 海里外大陆架法律制度与中国问题时表达了与潘军相似的观点。②

四、否认委员会建议的法律效力

持这种观点的学者大多认为，委员会的建议仅仅是"建议性的"，只起到建议性作用，而不具有法律上的约束力。至于委员会建议为什么只具有建议性，学者们主要给出了三种理由：

一是委员会的职能决定了委员会的建议只具有建议性。例如，吴卡在论述日本冲之鸟不应拥有外大陆架时就认为："委员会对所谓冲之鸟外大陆架审议的结果只具有建议性。"③在详细列举了《公约》规定的委员会的职能后，他指出："委员会不能直接确定大陆架的外部界限，大陆架的外部界限最终只能由沿海国自己确定，委员会的职能是辅助性的。"④而且，他还解释了委员会只承担辅助性职能的原因，认为这是由国际海洋划界的性质和委员会自身的性质决定的。⑤ 如果从最终划定沿海国大陆架界限的角度讲，这种表述

---

① 潘军：《联合国大陆架界限委员会评析》，载《长春理工大学学报》(社会科学版)2012 年第 9 期，第 20 页。

② 参见孟详春、韩成标：《200 海里以外大陆架法律制度与中国》，载《河北法学》2012 年第 5 期，第 5~6 页。

③ 吴卡：《冲之鸟不应拥有外大陆架——从大陆架界限委员会的职能展开》，载《大连海事大学学报》(社会科学版)2013 年第 2 期，第 37 页。

④ 吴卡：《冲之鸟不应拥有外大陆架——从大陆架界限委员会的职能展开》，载《大连海事大学学报》(社会科学版)2013 年第 2 期，第 38 页。

⑤ 参见吴卡：《冲之鸟不应拥有外大陆架——从大陆架界限委员会的职能展开》，载《大连海事大学学报》(社会科学版)2013 年第 2 期，第 38 页。

虽然不准确，但也有一定道理，毕竟划界问题确实是由沿海国自主启动和最后完成的。但是，这种观点不仅认为委员会建议不具有法律效力，甚至认为，假如委员会对日本冲之鸟外大陆架申请作出了肯定的建议，日本根据该建议确定的大陆架外部界限只对日本有终局性和约束力，对中国等国家没有法律效力。① 也就是说，该观点最后也否认了沿海国根据委员会建议基础划定的外部界限在国际法上对其他缔约国的法律效力，这实际上等于完全否定了这种界限的法律效力。

二是沿海国对大陆架上资源的权利是一种固有的主权权利，委员会建议具有法律效力与该理论相矛盾。例如，戴维·科尔森在研究相邻国家间外大陆架的划界问题时认为："为与沿海国对大陆架上资源拥有固有主权权利这一理论保持一致，委员会的作用被描述为仅仅是建议性的；沿海国自己在这些建议的基础上确定界限。"② 该观点的主要意思是，既然沿海国对大陆架上的主权权利是一种固有的内在的权利，那么这种权利就是沿海国本身所拥有的，不需要其他方面的确认或者授权。如果承认委员会建议具有法律效力，就相当于承认沿海国对外大陆架的权利来源于建议，如此一来，就与固有权利理论产生了冲突。因此，委员会只能起建议性作用，而建议也就仅仅是建议性的。这种观点是否正确是一个值得深入研究的问题。应当注意的是，虽然戴维·科尔森认为委员会所起的作用仅是建议性的，但他依然将委员会描述成监督《公约》第 76 条运用的"警察"(policeman)③。

---

① 参见吴卡：《冲之鸟不应拥有外大陆架——从大陆架界限委员会的职能展开》，载《大连海事大学学报》(社会科学版)2013 年第 2 期，第 37～38 页。

② David A. Colson, The Delimitation of the Outer Continental Shelf between Neighboring States, The American Journal of International Law, Vol. 97, 2003, p. 93.

③ 参见 David A. Colson, The Delimitation of the Outer Continental Shelf between Neighboring States, The American Journal of International Law, Vol. 97, 2003, p. 93。

三是《公约》只明确规定了沿海国外大陆架界限的确定性和拘束力，没有规定委员会建议具有法律效力。例如，尼尔森法官在研究如何解决因外大陆架主张冲突产生的争议时指出：“必须声明的是，委员会建议本身不具有法律强制力，沿海国在建议的基础上划定的外部界限才具有确定性和约束力。”①其他人在研究国际海洋法法庭对200海里以外大陆架划界争端的管辖权问题时也表达了与尼尔森法官完全一致的观点，比如，认为委员会本身并不划定外部界限，建议本身也没有法律效力，有法律效力的是沿海国按照委员会建议所确定的200海里以外大陆架外部界限。这种观点的特点是将委员会建议的法律效力与沿海国所划定的大陆架外部界限的法律效力做了区分，认为二者并非“一体”。当然，同样坚持了对条约的严格解释原则，认为如果《公约》没有明确规定，委员会建议就没有法律效力。

五、委员会建议是与司法判决或仲裁裁决无关的技术性意见

以委员会机构的性质和其在外大陆架划界中所扮演的角色或者所处的立场为视角，一些学者认为，委员会的建议不是司法判决或者仲裁裁决，而仅仅是一种技术性意见。这种观点实质上也是否认委员会建议具有法律效力，但与强调建议仅仅具有“建议性”观点的角度不同，它更侧重强调建议主要发挥技术性功能。当然，学者们对委员会及其建议发挥这种功能的立场或者偏向略有差别。

科里乌·斯科菲尔德和安迪·阿里安娜认为：“委员会表现出来的更多是提案国的伙伴角色，帮助这些国家确认在外大陆架上的

① L. D. M. Nelson, The Settlement of Disputes Arising from Conflicting Outer Continental Shelf Claims, The International Journal of Marine and Coastal Law, Vol. 24, 2009, p. 419.

最大主权权利，而不是作为‘猎场看守人’或‘国际海底的守卫者’。”①根据这两位学者的观点，委员会不是法律机构，也不对沿海国提案进行裁决，而是具有技术能力去评估沿海国外大陆架划界是否满足《公约》第 76 条规定。② 在这里，委员会及其建议的法律性遭到否定，成为纯粹的技术评估机构，甚至被描绘成沿海国的“伙伴”，是它们权利主张的帮助者，而不是敌对者或者防卫者。因此，从利益衡量角度讲，这里建议的技术性功能立场或作用更加偏向沿海国而非国际海底区域或国际社会。

津琴科在探讨委员会工作中出现的问题时提到：“委员会本质上对将一个国家的海岸引向大陆架外部界限不感兴趣，它的唯一功能是根据《公约》规定，以其科学方面的能力帮助沿海国和国际社会确定外部界限。”③很明显，该观点认为委员会在划界方面持不偏不倚的立场，而且强调委员会唯一的作用只是科学方面，因此建议毫无疑问仅仅是一种科学性的意见而已。安德烈・舍迪对委员会所持立场与津琴科相同，他在研究委员会工作中出现的问题时认为，委员会是一个技术性机构，用处是评估沿海国打算设定的大陆架的外部界限。④ “委员会还是一个中立性的机构。”⑤虽然安德烈・舍迪也认为，“沿海国可

① Clive Schofield & I Made Andi Arsana, Beyond the Limits?: Outer Continental Shelf Opportunities and Challenges in East and Southeast Asia, Contemporary Southeast Asia, Vol. 31, 2009, p. 33.

② 参见 Clive Schofield & I Made Andi Arsana, Beyond the Limits?: Outer Continental Shelf Opportunities and Challenges in East and Southeast Asia, Contemporary Southeast Asia, Vol. 31, 2009, p. 33。

③ A. A. Zinchenko, Emerging Issues in the Work of the Commission on the Limits of the Continental Shelf, in: M. H. Nordquist, J. Notton Moor and T. H. Heidar (eds.) Legal and Scientific Aspects of Continental Shelf Limits, Martinus Nijhoff, 2004, pp. 225-226.

④ 参见 Andrew Serdy, The Commission on the Limits of the Continental Shelf and its Disturbing Propensity to Legislate, The International Journal of Marine and Coastal Law, Vol. 26, 2011, p. 360。

⑤ Andrew Serdy, The Commission on the Limits of the Continental Shelf and its Disturbing Propensity to Legislate, The International Journal of Marine and Coastal Law, Vol. 26, 2011, p. 383.

以从委员会建议中获取立法上的利益"①，但这并不影响委员会所持立场的中立性。唐纳德·罗思韦尔也一直坚持委员会建议只是一种技术性意见，他认为："委员会已在其程序规则中清楚地表明它不会卷入政治和法律争端中。迄今为止，委员会一直严格坚持自己作为科学和技术机构的角色，尽管其建议对外大陆架权利主张的合法性有重大的意义。"②这里所指的建议对权利主张的合法性有重大意义与前述建议使权利主张成为合法或具有"合法化"作用的观点不同，前者只是作为一种技术性意见对权利主张可能造成的影响，意见在此过程中仅起参考作用，而后者则是建议本身直接产生的法律作用或效果。

在认同委员会建议是一种技术性意见的同时，国内一些学者倾向于将建议定位为对沿海国权利主张的"管控"或者"限制"，具有维护国际社会整体利益的偏向。例如，薛桂芳、王冠钰认为："委员会并非司法性质的仲裁机构，不具有解决划界争议的职能，是《公约》的执行者，根据沿海国提交的科技数据，参照由委员会制定的关于各会员国划定大陆架外部界限的《科学与技术指导方针》，避免建立起夸大不实的大陆架外部边界。"③该观点中存在一个假设性前提，即国家通常倾向于使自身利益最大化，因此委员会及其建议的作用就是防止国家过度主张其外大陆架权利。这种说法是有道理的，因为实践中每一个国家都在尽最大能力追求和维护自身利益，这是国家的一种本能。朱瑛等在研究南极地区大陆架划界引发的法律制度碰撞中，对委员会建议在法律方面的作用评价比较低，认为委员会作为一个由地质学家、地球物理学家和水文学家等组成

① Andrew Serdy, The Commission on the Limits of the Continental Shelf and its Disturbing Propensity to Legislate, The International Journal of Marine and Coastal Law, Vol. 26, 2011, p. 379.

② Donald Rothwell, The Arctic in International Affairs: Time for a New Regime? Brown Journal of World Affairs, Vol. 15, 2008, p. 245.

③ 薛桂芳、王冠钰：《澳大利亚外大陆架划界初探》，载《中国海洋大学学报》(社会科学版)2009年第6期，第23~24页。

的科学团队，仅仅给予各国大陆架划界的科学和技术指导，法律制度上的冲突不是其考虑的范畴。① 在这里，作者对委员会及其建议的作用不但用了“仅仅”一词，还用了“指导”二字，所谓“指导”，当然是一种不具有强制力的参考意见而已。

可见，关于委员会建议的性质问题，国际法学界似乎并不存在一种占主导地位或者统治地位的观点。对委员会建议性质的认识之所以存在巨大差异，主要原因应该是学者们看问题的角度不同所致。有的学者简单从名称角度出发，有的看到了委员会建议在沿海国外大陆架划界中扮演特殊角色，还有的看到了委员会是技术性机构的特点，等等。各有侧重点。而且，很多学者是结合所研究的具体问题才发表了关于委员会建议的性质的观点的，因此在研究方法和视角上具有一定的局限性，尤其是难免受其所研究的问题的视角的影响。要科学准确把握委员会建议的性质，应当进行全面、系统、专门的分析和研究。

第三节 委员会作出建议的行为分析

对委员会作出建议的行为进行分析，是判断委员会建议性质的一个切入点。根据国际法上法律行为的定义，如果委员会作出建议的行为属于国际法上的法律行为，那么委员会的建议就不是“建议性的”建议，而是能够产生法律效力的建议。

一、判断委员会建议性质的切入点——行为

人类行为的研究是一个学科或理论体系建立和发展的基础，迄今为止，人类已形成多个学科关于人类行为的重要研究成果。② 对人的行为的研究显然有多个维度，如社会学、经济学、伦理学、生

① 参见朱瑛、薛桂芳、李金蓉：《南极地区大陆架划界引发的法律制度碰撞》，载《极地研究》2011 年第 4 期，第 320 页。

② 参见黄陵东：《人类行为解读：韦伯与哈贝马斯的社会行动理论》，载《福建论坛》(人文社会科学版)2003 年第 4 期，第 58~65 页。

物学等。从法学研究的角度看，法是调整人们行为的规范。① 行为在法律中起极为关键的作用。“美国学者弗里德曼就认为，我们一直花费很多时间研究法律规则及其结构……在任何法律系统中，决定性的因素是行为，规则不过是一堆词句，结构也不过是被遗忘和缺乏生命的空架子。除非我们将注意力放在被称为法律行为的问题上，否则就无法理解任何法律系统，包括我们自己的法律系统在内。”②马克思也精辟地指出：“对于法律来说，除了我的行为以外，我是根本不存在的，我根本不是法律的对象。”③因此，对人的行为的研究也是法律科学建立和发展的基础，是法学研究的基本出发点。站在国际法研究的角度，判断委员会建议的性质，应当遵循法学研究的基本思路，从对“人”的行为——委员会的行为的研究入手，去探寻建议的法律性质。

在对委员会的行为进行分析前，有必要对行为本身做一番分析。根据汉语词典的解释，行为是指受思想支配而表现出来的活动。④ 照此含义，行为的特征可以从内部和外部进行解析。从内部看，行为要受一定的目的、欲望、意识、意志等的支配。正因为如此，我们常说，思想是行动的先导。从外部看，行为要以一定的方式表现出来，让人们得以知晓和理解，如语言、文字、动作等。行为科学理论将这种内外特征称为“行为的两重性”，并在此基础上做了进一步发展，认为行为的结构包括三大体系，即动机体系、行动体系和结果体系。⑤ 由于行为在社会生活中的不可或缺性，以行为科学理论为基础，出现了一个法学流派——行为法学。按照法行

---

① 参见沈宗灵主编：《法学基础理论》，北京大学出版社 1994 年版，第 32 页。

② 张文显著：《法哲学范畴研究》，中国政法大学出版社 2001 年版，第 60 页。

③ 《马克思恩格斯全集》(第一卷)，人民出版社 1956 年版，第 16~17 页。

④ 参见《当代汉语词典》，中华书局 2009 年版，第 1612 页。

⑤ 参见杨吉：《论法学研究的行为转向》，载《求索》2005 年第 9 期，第 58~61 页。

为的观点，在研究法律运作过程中坚持把人的法需要、法动机、法心理和法行为、法行为原则与结果、合法行为模式的设定与选择、个体行为、群体行为、职务行为的法律激励与调控、违法犯罪行为的改造与矫正、法律资源的配置与取舍以及法治目标的行为导向等，当做考察法学和法制建设问题的入门向导，进而获得对法的一般理论和法运动过程的新认识。①

委员会作为由不同国家的委员组成的集体，根据《公约》第76条、《大陆架界限委员会议事规则》(以下简称《议事规则》)、《大陆架界限委员会科学和技术准则》(以下简称《科学和技术准则》)等的规定，如果从其作出的各种举止行动看，包括接收划界案、成立小组委员会、审议划界案、作出建议、成立附属机构、提供咨询意见等一系列行为；如果从其职能看，实际上就是作出建议和提供咨询意见两种行为。按照行为科学理论，无论是其接收沿海国提交的划界案，成立7人专门小组审议划界案，还是以书面方式作出建议的行为，实际上都是在集体思想支配下表现出来的一种群体行为。从内部看，这些行为主要受集体意志、意识、目的的控制；从外部看，这些行为表现为各种举动。另外，由于委员会的行为是在国际法的框架下进行的，其行为又具有了国际性。当然，进行法学研究时，并不是对委员会所有的行为做一一分析，而是选择最关键、最有意义、最具有概括性的某一行为进行专门研究。毫无疑问，根据《公约》第76条第8款，委员会所有这些行为中，作出建议的行为是最有影响意义的行为，除提供咨询意见外，其他行为都是为该行为的进行做准备。

二、国际法上法律行为的概念和构成要件

“法律行为理论从私法领域进入法理学领域后，法律行为就演变为法理学上的概念，成为各法学领域的法律行为的总称。”②国际

① 参见杨吉：《论法学研究的行为转向》，载《求索》2005年第9期，第58~61页。

② 周镇想主编：《法学大辞典》，团结出版社1994年版，第913页。

法作为法学中的一个部门，该理论当然同样适用。实际上，与行政法等部门法中法律行为理论存在不少争议相比，国际法由于主体之间尤其是国家之间的平等性，其所营造的环境更加类似于私法或自治领域，劳特派特在其著作《国际法的私法渊源和类比》中早就表达了这样的观点。因此，国际法对法理学中法律行为理论的接纳应当更为顺利和自然。有学者就认为："从法律的统一性的角度来讲，国际法上的法律行为和国内法中的法律行为有着本质的相同……从根本上说，这是国际社会中各国主权平等和市民社会中私法主体地位平等之间的相似性造成的。"①

(一)国际法上法律行为的概念

直接提出国际法上法律行为的概念并且下定义的论著似乎并不多，但是很多国际法学者研究了国际法上的单方行为，从中我们可以窥见国际法上法律行为概念的基本内容。所谓国际法上的单方行为，也可称单方国际法律行为、单边或者单方法律行为(国际法上)。日本国际法学会编的《国际法辞典》认为："单方法律行为指某一国际法主体对另一国际法主体单方面作出的行为。"②该词典将单方法律行为分为广义和狭义两种，并且认为："国际法主体单方面的意思表示，总是希望它所希望的后果，也会对法律关系带来一定影响，这就是严格意义上的单方法律行为。"③苏联克利缅科等编的《国际法辞典》认为："单方行为是指国际法主体单方面采取的并具有法律意义的行为。"④该词典特别强调行为的意思表示，认为法律上的单方面行为只能是一个国家的同产生法律后果相联系的意思表示，即具有法律事实意义的意思表示。王铁崖主编的《中华法学

---

① 周忠海、张卫华：《试论国家单方法律行为的若干基本问题》，载《河南省政法管理干部学院学报》2007年第6期，第105页。

② 日本国际法学会编：《国际法辞典》，世界知识出版社1985年版，第601页。

③ 日本国际法学会编：《国际法辞典》，世界知识出版社1985年版，第601页。

④ [苏]克利缅科等编：《国际法辞典》，中国人民大学出版社1987年版，第214页。

大辞典·国际法卷》指出："国际单方法律行为即国家单独作出的具有一定法律效果的行为。"①李浩培也提出了国际法上单边法律行为的定义。他认为："在国际法上，单边法律行为是指仅仅一个或者几个国际法主体作为一方意欲产生法律效果而作出的，且国际法依其意欲赋予法律效果的意思表示。"②该定义相当全面和精确。周忠海、张卫华也专门研究了国家单方法律行为的概念，将该行为定义为国家意图单方引起国际法上的后果的行为。③ 菲德罗斯是国外著作中少有的直接提出国际法上法律行为概念的学者。他将该行为分为单方的法律行为和多方的法律行为。但是他也只是给出了单方的法律行为的定义。他认为："按照一般国际法，通过一个个别国家的意思表示，也可以发生它所意欲的法律上的结果。这样的意思表示，人们称为单方的法律行为。"④国内学者中，目前似乎只有慕亚平给出了国际法上法律行为的定义。他指出："国际法上的行为是由国际法主体实施的能够引起法律后果发生的事实。"⑤

仔细分析上述定义可知，国际法上单方法律行为的定义与国际法上法律行为的定义相比，无非就是多了单方性这个特点，去掉这个特点，其实就是国际法上法律行为的定义。而且，以上定义实质上都是大同小异。综合这些定义的共同要素，我们可以概括地说，国际法上的法律行为就是国际法主体实施的，意图引起国际法律后果的行为。

（二）国际法上法律行为的构成要件

国际法上法律行为的构成要件，与其概念一样，也可从学者对

① 王铁崖主编：《中华法学大辞典·国际法卷》，中国检察出版社 1996 年版，第 179 页。

② 李浩培著：《国际法概念和渊源》，贵州人民出版社 1994 年版，第 117 页。

③ 参见周忠海、张卫华：《试论国家单方法律行为的若干基本问题》，载《河南省政法管理干部学院学报》2007 年第 6 期，第 103 页。

④ ［奥］阿·菲德罗斯等著，李浩培译：《国际法》（上册），商务印书馆 1981 年版，第 193 页。

⑤ 慕亚平著：《国际法原理》，人民法院出版社 2005 年版，第 143 页。

单方国际法律行为构成要件的研究中推知。对于这个问题，日本国际法学会编的《国际法辞典》从意思表示、主体、行为效果三方面对单方国际法律行为作了比较详细的解释，可以认为是其构成要件。① 周忠海等人在对国家单方法律行为下定义时，从主体、单方性、行为的意图与后果、行为的明确性和公开性、行为的方式五大方面做了分析，最后得出前三个要素为必备要素。② 慕亚平将国际法上法律行为作为种概念，放在国际法律事实的属概念中进行分析，认为后者是能够引起国际法律关系产生、变更和消灭的客观情况，从而认为国际法上法律行为是国际法律事实的一种。③ 他还认为，国际法律事实多种多样，行为事实是国际法中最主要的法律事实，该事实与自然事实（也就是“事件”）相区别之处是与人的意志有关。可见，慕亚平也认为主体性、意志性和法律后果是国际法上法律行为的构成要件。另外，从学者们给出的单方国际法律行为或国际法上法律行为的概念也可知，这三个要素基本包含在概念中。学者们给出的概念中，李浩培提出的要素似乎要多出一个，即国际法依其意欲赋予法律效果。他在这里强调的是行为的法律性，也就是根据法律该行为具有法律效果。这一要素其实没必要单独提出，因为某一国际法上的法律行为是否具有法律效果，当然是根据国际法来决定的，因此只需强调行为能产生法律后果就可以了。所以，概括来讲，国际法上法律行为的构成要素就是以下三种要素：

1. 行为方具有相应的国际行为能力

国际行为能力是指国际法主体能够通过自己的行为取得国际法上权利和承担相应义务的能力。国际法上法律行为一般由国际法主体实施，国际性是该行为主体与其他国内法律行为主体的重要区别。国家、国际组织和个人都可能成为国际法上法律行为的主体。

---

① 参见日本国际法学会编：《国际法辞典》，世界知识出版社 1985 年版，第 601~602 页。

② 参见周忠海、张卫华：《试论国家单方法律行为的若干基本问题》，载《河南省政法管理干部学院学报》2007 年第 6 期，第 99~103 页。

③ 参见慕亚平著：《国际法原理》，人民法院出版社 2005 年版，第 142~143 页。

在论述单方行为的主体时，日本国际法学会编的《国际法辞典》就指出："这种单方法律行为的主体，应是国家、像联合国那样被承认具有一定独立性的国际组织或个人。"①通常情况下，国家是最完整意义上的国际法主体，因而也具备最完整的国际行为能力。国际组织由于其权利能力和行为能力是其成员国通过协议赋予的，因此行为能力的范围比较有限。个人则可能在特定的情形下才成为国际法上法律行为的主体。另外，在某些情况下，具有一定代表意义的民族解放组织或者被承认的武装叛乱团体，由于保护其管辖下的人民也可能成为有限的国际法律行为主体。

2. 行为方具有希望其行为产生法律后果的意思表示

这里的意思表示其实就是意志性，也就是说，行为方具有要求其行为产生法律后果的意图，并且向对方表达了这种意图。在国际法上的法律行为中，主体的意图应是意欲"引起国际法上的后果"②。正如慕亚平教授对行为和事件所做的区分那样，虽然二者都能引起法律关系的产生、变更或者消灭，但是行为体现了人的意志性，而事件则是一种自然现象，不需要意志性因素。根据意志性因素是单方面还是双方面，国际法上的法律行为可以分为单方法律行为和双方或多方法律行为，前者如放弃、承认，后者如协议或条约。由于国际法上法律关系的变更原则上是依据协议，因此单方法律行为在国际法中是极其有限的。③ 有的学者还强调意思表示的真实性，非真实的意思表示所产生的行为不必然有效。例如，基于强迫作出的行为就是无效的国际法律行为。由于真实性是一切法律行为的有效要件，这里讲的意志性应当是包含了真实性在其中，因此不单独提出作为国际法上法律行为的一大要件。

3. 行为能引起国际法律后果

---

① 日本国际法学会编：《国际法辞典》，世界知识出版社1985年版，第601页。

② 周忠海、张卫华：《试论国家单方法律行为的若干基本问题》，载《河南省政法管理干部学院学报》2007年第6期，第101页。

③ 参见周忠海、张卫华：《试论国家单方法律行为的若干基本问题》，载《河南省政法管理干部学院学报》2007年第6期，第99~103页。

所谓引起国际法律后果，是指行为能引起国际法律关系的产生、变更和消灭，能引起国际法主体之间权利或义务关系的变动。不能引起国际法律后果的行为即使由国际法主体作出也不能称为国际法上的法律行为。行为所引起的国际法律后果是多种多样的，那么如何判定这种法律后果？这里要借用一般法律行为关于法律后果的理论。国际法上法律行为的后果同样可能是有形的，也可能是无形的，可能是造成一种状态的存在，也可能造成某种瞬间的结果，核心点是要看国际法主体间的法律关系是否变动。对于单方法律行为，该行为一经作出即生效，产生相应的法律后果。例如，对新国家或新政府的承认，承认者一经作出该行为，就对其自身产生了承认被承认者主体身份或资格的一种义务。双方或多方法律行为中，需要各方意思表示达成一致方能产生法律后果。例如，签订双边或多边条约后，各方都根据条约享有相应的权利或承担相应的义务。

三、委员会作出建议是一种国际法上的法律行为

委员会建议是不是一种国际法上的法律行为，应当从国际法上法律行为的构成要件逐一进行分析，方能确定。

（一）委员会建议可归因的主体

委员会可归因的主体问题，在这里主要是指委员会作出的建议是归因于委员会本身还是归因于联合国的问题，毕竟委员会的全称是“联合国大陆架界限委员会”。如果委员会本身具有国际法主体资格，那么作出建议的主体当然是委员会，如果委员会本身不具有国际法主体资格，那么是否要归因于联合国？又或者作为一种特殊的情形对待？这是一个需要探讨的问题。解决这个问题的前提是确定委员会是否具有国际法主体资格或者具有相当的地位。

1. 委员会拥有比较完整的组织架构和议事体系

为确立委员会的职能和地位，《公约》专门用附件二对其作出规定。委员会正式成立后，经缔约国同意，又相继制定了《委员会议事规则》和《科学和技术准则》，进一步细化了《公约》的规定，使委员会拥有了比较完整的组织架构和详细的议事程序。在人员组成方面，根据《公约》附件二第 2 条的规定，委员会由 21 名委员组

成，这些委员是地质学、地球物理学或水文学方面的专家，由《公约》缔约国从其国民中选举产生，选举时应妥为顾及确保公平地区代表制的必要，委员应以个人身份任职。该条详细规定了委员的初选和选举方式，并且规定，委员会的委员任期为五年，可以连选连任。在职能方面，根据附件二第三条的规定有两方面，一方面是委员会应审议沿海国提交的扩展到二百海里以外的大陆架的外部界限的资料和其他材料，并作出建议；另一方面是根据沿海国的请求，在编制第一方面所提的资料时，提供科学和技术咨询意见。在议事程序方面，根据附件二第五条和第六条的规定，委员会应当成立一个由七名委员组成的小组委员会，小组委员会在审议沿海国的划界案后所提出的建议，应交由委员会进行审议，委员会以出席并参加表决的委员三分之二多数核准。在经费方面，根据附件二第2条第5段的规定，委员在执行委员会职务期间的费用由提出该委员候选人的缔约国承担，委员会审议沿海国划界案的相关费用则由提出该划界案的国家承担，委员会秘书处则由联合国秘书长提供。《公约》附件二条文不多，但基本勾勒了委员会组织架构的全貌。《委员会议事规则》和《科学和技术准则》出来后，有关委员会委员的选举、委员回避、建议的表决、资料保密要求、数据测量方法等都得到了充分的完善。可以说，现在的委员会已经是一个架构齐全、运转流畅、功能正常的机构了。

2. 影响委员会国际法主体资格地位的几个问题

虽然委员会有一个相对完整的组织架构，但是与一般国际组织相比，其本身是否具有国际法主体资格仍然存在不少争议和疑问。例如，安德鲁·塞尔迪就认为委员会缺少国际法律人格。① 而安娜·卡夫纳则认为："委员会作为独立的机构，通过一部分来源于主权权利的授权，代表国家利益行事。"②委员会国际法律人格问题

---

① 参见 Andrew Serdy, The Commission on the Limits of the Continental Shelf and its Disturbing Propensity to Legislate, The International Journal of Marine and Coastal Law, Vol. 26, 2011, p. 356。

② Anna Cavnar, Accountability and the Commission on the Limits of the Continental Shelf: Deciding Who Owns the Ocean Floor, Cornell International Law Journal, Vol. 42, 2009, p. 415.

争议的产生，一方面是由于《公约》本身没有对此作出明确规定，另一方面是由于委员会与一般国际组织的机构相比，确实仍然存在一些问题。

首先是组成人员问题。与很多国际组织的组成人员是专职人员相比，委员会并不要求其委员是专职的，很多委员在其所属国家内仍然担任其他职务，因此有学者认为，这难以确保委员专心为委员会工作。委员会的委员是否属于联合国工作人员也是一个问题，其成员过去甚至抱怨不能进入联合国总部参加全体会议，除非与由导游带领游览这栋大厦的游客一起排队近一个小时才能进入。① 虽然《公约》附件二第 2 条第一段要求委员以个人身份任职，但其本身却是由缔约国选出来的，委员能否独立履行职责因此受到一些质疑。

其次是经费问题。根据《公约》附件二第五段的规定，委员会似乎没有任何自己的经费，其经费分为三个部分：委员工作的费用和报酬；沿海国因提交划界案引起的委员会消耗费用；秘书处的费用。第一块经费由委员所属的缔约国提供，第二块费用由提出划界案的沿海国自己提供，最后一块费用实质上由联合国秘书处提供。学者对第一块费用批评最多。苏亚雷斯就指出："委员会成员的工作费用和报酬，与委员会的负担来说，是一个非常尖锐的问题。"② 确实，第一块经费中，委员工作报酬的有无和多少以及因工作而产生的费用的报销都要受提名国的影响，如此一来，委员履行职责的积极性和独立性难免受到影响。这个问题已经引起委员会的重视。在 2000 年 10 月的第 55 届会议上，联合国大会就赞成《公约》缔约国会议提出的建立一个自愿的信托基金的提议。③

① 参见 2005 年大陆架界限委员会文件，CLCS/48，第 15 页，大陆架界限委员会网站：http：//daccess-dds-ny. un. org/doc/UNDOC/GEN/N05/540/74/PDF/N0554074. pdf？OpenElement。

② Suzette V. Suarez，Commission on the Limits of the Continental Shelf，Max Planck UNYB，Vol. 14，2010，p. 138.

③ 参见 2000 年联合国大会文件，A/RES/55/7，第 20 页，联合国网站：http：//www. un. org/zh/documents/view_doc. asp？symbol = A/RES/55/7。

再次是秘书处运作问题。大多数国际组织通常都拥有自己的秘书处，而委员会没有自己的秘书处。根据《公约》附件二第五段的规定，委员会的秘书处由联合国秘书处提供。联合国秘书处负责为委员会提供服务的部门实质上是法律事务厅的海洋事务和海洋法司。该司核心职能介绍第(d)项规定：向大陆架界限委员会提供实质性服务、技术援助和设施，以便委员会审查沿海国就划定其大陆架外部界限的问题提交的报告。① 委员会不建立自己的秘书处的原因可能是为了节约人员和经费。

以上是委员会的组成机构存在的一些问题，有些方面可能使委员会工作的效能和独立性受到一定程度的影响，但不构成实质性影响，因此不能据此就认定委员会不具有国际法主体资格。对于这个问题，还需要从国际法主体本身出发进行考察。

3. 委员会就其职能范围内的行为发挥类似国际法主体的作用

所谓国际法主体，又称国际法律人格者或国际人格者，是指被赋予国际法律人格而有能力承担国际法上的权利和义务的实体。② 国际法学界对国际法主体构成要件的观点有所差别。梁西认为，国际法主体必须具备独立参加国际法律关系的能力、直接承担国际法上的义务的能力和直接享受国际法上权利的能力三方面要件。③ 杨泽伟则将这三个要件中的后面两个要件合并为一个要件，认为必须具备能直接参加国际法律关系和能直接承担国际法上的权利和义务两个条件。④ 王铁崖认为，国际法主体必须具备独立参与国际关系的能力、直接承受国际法上权利和义务的能力以及具有独立进行国

---

① 参见联合国网站关于联合国秘书处法律事务厅海洋事务和海洋法司的介绍，http://www.un.org/zh/aboutun/structure/ola/ocean.shtml，2014 年 5 月 25 日最后访问。

② 参见杨泽伟著：《国际法》(第二版)，高等教育出版社 2012 年版，第 46 页。

③ 参见梁西主编：《国际法》，武汉大学出版社 2003 年版，第 53 页。

④ 参见杨泽伟著：《国际法》(第二版)，高等教育出版社 2012 年版，第 46~47 页。

际求偿的能力三大要件。① 邵津认为，国际法主体必须具备享受国际权利和承担国际义务的能力、参加国际关系活动的能力和是“实体”三方面要件。② 国际求偿能力实际上是包含在权利能力和义务能力中的，“实体”则是行为体的基本构成要素，国际关系活动不可能是由虚拟体作为主体，也没必要再提，所以这里采纳第一种观点，对委员会是否具备国际法主体资格进行分析。

委员会不是国家，所以只能从类似国际组织的角度分析其国际法主体资格地位。首先，目前还没有充分的证据证明委员会具有普遍参加国际法律关系的能力。国际组织作为国际法主体，其参加国际法律关系的能力表现在两个方面，一是在一定范围内有独立参与国际法律关系的能力，二是在其职权范围内具有国际上的权利能力和行为能力。③ 委员会具有根据《公约》规定履行职责的能力，这可以从两个方面得到证明。一方面是条约的明文规定。委员会是根据《公约》第 76 条第 8 款和附件二成立的机构，其职权范围早就规定在上述条文中，即审议沿海国提交的有关划定其 200 海里外大陆架外部界限的划界案并提出建议和为这些国家就 200 海里外划界案有关资料准备提供科学和技术咨询意见。另一方面是委员会的实践。自 1997 年委员会成立至 2015 年 3 月 11 日，委员会已经召开 36 届会议④，先后完成了制定《议事规则》和《科学和技术准则》、选举委员、确定培训课程大纲、筹备自愿信托基金等一系列事项，使自身成功运转起来。自 2001 年收到俄罗斯提交的第一份划界案至 2020 年 6 月 15 日，委员会已经接收到 92 份划界案（含修订案），并且在独立审议的基础上作出了 35 份建议（含对修订案作出的建议）。⑤可见，委员会在职能范围内参加国际关系的

① 参见王铁崖主编：《国际法》，法律出版社 1995 年版，第 46 页。

② 参见邵津主编：《国际法》，北京大学出版社、高等教育出版社 2000 年版，第 8~9 页。

③ 参见梁西主编：《国际法》，武汉大学出版社 2003 年版，第 57 页。

④ 参见大陆架界限委员会网站主页：http：//www. un. org/Depts/los/clcs_new/clcs_home. htm，2015 年 3 月 11 日最后访问。

⑤ 参见大陆架界限委员会网站主页：http：//www. un. org/Depts/los/clcs_new/clcs_home. htm，2015 年 3 月 11 日最后访问。

能力是没有问题的。然而，这并不代表委员会就具有独立参加国际关系的能力。独立参加国际关系的能力应该表现在一个国际组织除履行本身职能外，还应当具有超越该职能范围参与必要的国际法律关系的活动能力。例如，在执行联合国职务时遭受损害的赔偿案中，国际法院就论证了联合国具有为其服务的人员和其本身受到损害进行国际求偿的能力。委员会是否具有类似能力，目前还没有足够的证据证明。

4. 联合国不应作为委员会建议归因的主体

虽然委员会的全称是"联合国大陆架界限委员会"，并且委员会的秘书处由联合国秘书处提供，但并不能因此就将建议的主体归因为联合国。一是冠以"联合国"这个名称并不代表作出建议的主体就是联合国。实质上，联合国是一个规模庞大的系统，其内部结构极其复杂，既有完全隶属于联合国的大会、安理会、秘书处、托管理事会等不具有国际法主体资格的机构，又有国际劳工组织、世界卫生组织、国际电信联盟等具有国际法主体资格的专门机构，还有国际法院、前南斯拉夫国际刑事法庭、卢旺达问题国际刑事法庭等具有国际法主体资格的司法机构。二是联合国为委员会提供秘书处不能代表"建议"就由联合国作出，提供秘书处应当主要是基于经费节约、经济方便等因素。三是《公约》的成员国与联合国的成员国并不完全一致，而委员会是根据《公约》成立的专门机构，将委员会作出的建议归因于联合国显然不符合逻辑。虽然有时候联合国大会可以支持或同意《公约》缔约国会议提出的一些建议，如为委员会运转成立自愿基金委员会，但是这是联合国大会行使支持和鼓励各国依国际法解决问题的职能而已，同时联大的决议一般没有法律约束力，通常只是一种政治上的支持。

因此，作出建议的主体最终应当归于委员会本身，而不是联合国。虽然没有确切证据证明委员会的国际法主体资格，但其在职能范围内的国际权力能力和行为能力是应当得到肯定的。所以，如果仅限于从职能范围来看的话，委员会实际上具有类似于或者相当于国际法主体的资格或地位的。

（二）委员会作出建议过程中的意思表示要素

委员会作出建议时，是否具有引起国际法律关系产生、变更和消灭的意图，并且将这种意图以某种形式表达出来，是判断委员会意思表示要素的两个重要标准。

如何判断这种意图，可以从几个方面阐明。首先，《公约》成立委员会的原因和目的是什么？回答该问题依然离不开《公约》第76条第8款和附件二的规定。第8款规定：“从测算领海宽度的基线量起200海里以外大陆架界限的情报应由沿海国提交根据附件二在公平地区代表制基础上成立的大陆架界限委员会。委员会应就有关划定大陆架外部界限的事项向沿海国提出建议，沿海国在这些建议的基础上划定的大陆架界限应有确定性和拘束力。”该段有两句，至少包含了《公约》三个层面的意图。一是要求沿海国向委员会提交测算其200海里外大陆架界限的情报。这对沿海国来说是一种提交的义务，对委员会来说，则是一种接收的义务，说明《公约》要求委员会掌握沿海国200海里外大陆架界限的基本情况。第二层意图则比第一层递进一步，要求委员会在掌握沿海国情报的基础上，对沿海国划定大陆架外部界限的事项提出建议。这里《公约》既没有明确授予委员会确定沿海国外大陆架界限的司法裁判权，也没有明确授予该问题的决定权，只是明确规定了建议权，当然这种建议权同时也是一种义务。第三层意图则“暴露”了委员会的最终和真实意图。该意图放在第8款的最后一句话中，规定沿海国在建议基础上划定的大陆架界限有确定性和拘束力。从这里可以看出，《公约》既要求沿海国在建议的基础上划定大陆架界限，还希望使沿海国的大陆架界限具有确定性和拘束力。《公约》附件二的一些条款也可以比较直观地了解成立委员会的原因和目的。附件二第3条规定了委员会的两个职能：审议沿海国提交的扩展到200海里外的大陆架界限的资料和其他材料并作出建议的职能；提供科学和技术咨询意见的职能。这说明《公约》要求委员会为沿海国划定外大陆架界限做某种程度的把关。附件第7条规定，沿海国应依第76条第8款的规定并按照适当国家程序划定大陆架的外部界限。这说明为沿海国划定大陆架外部界限是成立委员会的目的之一。所以,《公约》成立委员会主要有两方面目的或意图,一是确认沿海国200海里外大陆架权利主张是否合法,二是为沿海国划定具有确定性和拘束力的外大陆架界限提供基础。

其次,委员会本身作出这种建议时,是否明知自己的行为能引起法律后果?委员会就其职能而言已经具备相当于国际法主体的资格或地位,因此其认知能力不存在疑问,关键的问题是,委员会是否认为其本身的行为会引起法律后果。这一点可以从委员会履行职能的行为推论出来。由于委员会是根据《公约》规定设立,根据上述对《公约》成立委员会目的或意图的论证可知,委员会是《公约》用来对沿海国划定200海里外大陆架界限进行把关的一种"工具"、"方法"或"手段",而且很明显这种"把关"行为会影响沿海国外大陆架界限的确定性和拘束力,影响沿海国外大陆架的权利。委员会明知其履职行为会引起一定的法律后果而为之,说明委员会是具有这方面意图的。

最后,委员会不但具有这种意图,还将这种意图以一定的形式表达了出来。这里的表达形式就是以书面的形式回应沿海国提交划界案的行为,其中书面建议就是这些形式中的一种。① 之所以说建议只是其中的一种表达方式,是因为对于沿海国提交划界案的行为,委员会并不一定就会作出相应的建议,有些国家的划界案如不符合《公约》规定的审议条件,可能根本就不会进入委员会的实质性审议程序。沿海国提交的划界案只有符合一定的条件,委员会才可能作出建议。

(三)委员会作出建议的行为满足一定条件后能引起国际法律后果

委员会的建议能否引起国际法律后果,是指委员会作出的建议

① 《公约》附件二第6条第3款规定:"委员会的建议应以书面递交提出划界案的沿海国和联合国秘书长。"

能否引起国际法律关系的产生、变更和消灭，能否引起国际法上有关权利或义务发生变动。解决这个问题，正确认识委员会与沿海国之间的相互关系非常重要。根据《公约》规定的大陆架制度，尤其是关于确定沿海国200海里外大陆架界限的有关规定，沿海国如主张外大陆架权利，需向委员会提交关于200海里外大陆架划界案，委员会审议该划界案并作出全部或者部分确认的建议后，沿海国才可能获得相应的外大陆架权利。在这个过程中，委员会是根据《公约》规定的职能行事，而不是像国与国之间那样，平等进行协商，因此，委员会与沿海国之间在外大陆架问题上的关系类似一种行政主体与行政相对人之间的关系，或者类似一些国际组织与其成员国之间的关系。那么，在这种关系下，一般来讲，委员会的建议在作出后就应当能引起国际法律后果，因为行政主体依法作出的行政行为或者国际组织依据职能作出的决议通常在作出后即能产生法律效力。然而，委员会与沿海国之间又不完全属于上述两种关系，因为根据《公约》第76条第8款的规定，委员会的建议作出后，如果肯定了沿海国的全部或者部分权利主张，也不必然就可以产生国际法律后果，因为沿海国拥有不同意委员会建议的权利。除非沿海国接受了委员会的建议，受委员会建议的约束，才能形成新的权利义务关系，从而引起国际法律后果。这种新的关系就是沿海国本身要依照委员会的建议确定其外大陆架权利的范围，这既是一种权利，也是一种义务。如果委员会在建议中没有支持沿海国的权利主张，那么根据正常推理，由于没有沿海国会对此种建议表示接受，这种建议当然也就不会产生法律效力。不过应当注意的是，沿海国为获取外大陆架权利，就其划界案可以不同意委员会的一个或者多个建议，但最终必然接受关于该划界案的某个建议。这是沿海国获取外大陆架权利不得不作出的选择，哪怕这种选择最后依然并不令沿海国满意。委员会这种凭借自身职能使沿海国最终必然接受其某个建议的能力，就是委员会建议能够产生法律效力、引起国际法律后果的根本原因。通过上述分析可知，委员会作出建议的行为能够产生国际法律后果，但是也必须满足一定的条件方有可能。另外，由于委员会与沿海国在外大陆架制度中的相互关系并不属于协商或者缔约之类的关系，因此，委员会作出建议的行为既不属于单方国际法律行为，也不属于单纯的行政行为。

综上，依托法学研究的基本方法，站在法律行为的角度，对委员会作出建议的行为进行分析后可知，虽然没有充分的证据表明委员会具备完全的国际法主体资格，但其在职能范围内的国际权力能力和国际行为能力是毋庸置疑的，已经具有类似于或者相当于国际法主体资格的地位，因而其作出建议的行为虽不完全符合国际法上法律行为的构成要件，但能够引起国际法律关系的变动，产生相应的法律效力，而不仅仅是一种“建议性的”行为。

第四节　委员会建议性质的规范分析

研究委员会建议的性质问题，首先应该对《公约》相关条款进行分析。因为如果能从条约的具体条款中寻找到关于委员会建议性质的具体规定，那么有关委员会建议的性质就应该是具有条约依据从而有说服力的。当然，要准确理解这些条款的规定，就需要对《公约》进行精确和合理的解释。虽然《公约》并没有直接规定委员会建议能够产生法律效力，但是在许多方面对委员会及其建议做了详细的规定，从这些规定中我们可以尝试探明委员会建议的性质。另外，在解释《公约》时，应当根据《维也纳条约法公约》第 31 条第 1 款①的规定进行。

一、《公约》在程序法上赋予了委员会建议产生法律效力的必然性

“虽然传统国际法上一般没有实体法和程序法的区分，但当代国际法中的程序法律制度已有较大的发展”②。国际法中的程序法

① 《维也纳条约法公约》第 31 条第 1 款规定：“条约应依其用语按其上下文并参照条约之目的及宗旨所具有之通常意义，善意解释之。”

② 江国青：《略论国际法实施机制与程序法制度的发展》，载《法学评论》2004 年第 1 期，第 86~90 页。

是主要用来促进国际法的实施的，根据《公约》成立的委员会其实就是程序法内容的一部分，因此委员会的建议早就被纳入到程序法中了。对此，国际法委员会的一篇报告给予了肯定，认为根据该条成立的委员会的工作的初衷是澄清拥有大陆架权利和为确定其外部界限的实体法与程序法规则之间的关系。① 那么，委员会的建议如何在程序法上引起沿海国大陆架权利发生变动呢？其实，《公约》第 76 条第 8 款已经对此作出了虽非直接但却比较明确的规定。这个程序包括两个方面：一是该款前半句要求沿海国应将 200 海里外大陆架划界的信息提交委员会，这是一个程序；二是该款的后半句要求沿海国应当在委员会建议的基础上划定大陆架外部界限，这也是一个程序。除此两点含义外，还规定了履行这两项程序的后果，即沿海国在委员会建议的基础上划定的大陆架外部界限有终局性和约束力。这个后果反过来解释就是，没有履行这两个程序则该界限没有终局性和约束力，沿海国就不能获得相应的外大陆架权利。也就是说，沿海国若想最终真正拥有 200 海里外的大陆架权利，必须使其 200 海里外大陆架的外部界限获得终局性和约束力，但是无论如何，这种终局性和约束力的获得，离不开一个前提，那就是沿海国划定其 200 海里外大陆架外部界限时，必须以委员会的建议作为划界基础。只有以委员会建议为基础划定的大陆架外部界限，才可能产生终局性和约束力，才能确定沿海国最后真正拥有 200 海里外的大陆架权利。这说明，向委员会提交划界案并获得委员会的建议，是沿海国实现 200 海里外大陆架权利的必经环节和必要程序。如果没有这个环节或程序，沿海国就无法实现其权利。《公约》通过这种程序上的必经性把委员会的建议放在了非常重要的"基础性"的位置，成为沿海国获得 200 海里外大陆架权利必过的一道"坎"，从而使委员会的建议在程序上具备了约束沿海国的能力。因为沿海国以委员会的建议为基础划定大陆架的外部界限就必须先接受委员会的建议并受其约束。根据《公约》第 76 条和附件二制定

① 参见 Members of the Committee，Committee on Legal Issues of the Outer Continental Shelf，International Law Association Reports，Vol. 70，2002，p. 745。

的《委员会议事规则》和《科学和技术准则》，则大大完善了委员会的工作程序，实质上也是从程序法角度进一步强化了建议在沿海国200海里外大陆架划界中的法律作用和生效能力。正因为如此，泰德·麦克道曼指出："委员会将其自身的角色地位描述为起程序性作用，主张国不将信息提交给委员会是对《公约》义务的违反，这样可能导致确立的任何外部界限在其他国家看来是缺少合法性的。"①

有人可能会怀疑委员会的建议在程序法上产生法律效力的必然性，认为沿海国可以选择不受其约束。从《公约》附件二第8条规定看，沿海国确实拥有这样的选择权。然而，在理论和实践中，否认这种必然性是行不通的。因为200海里外大陆架权利对任何一个国家来说都是一种具有重要意义的国家利益，而民族国家从来都把维护国家利益最大化放在至高地位，从来都具有逐利性特点，没有哪一个国家会轻易放弃这种利益，也没有哪一个国家的政府敢于轻易放弃这种利益。一个国家既然可能拥有外大陆架权利，通常就只能选择去争取这种权利，而一旦确认拥有这种权利，最终就必须接受委员会的某个建议。再者，如果一个国家选择放弃这种利益，该国一般也不会去争取委员会的建议，也就不会有委员会建议的约束力问题。还有，即便一个国家获得了委员会的建议后又选择放弃，那么也就没有满足委员会建议生效的条件，因而不能否认委员会的建议能够产生法律效力这个命题。总之，沿海国若要争取划定外大陆架界限的权利，必然要接受委员会建议的约束，这就是委员会建议在程序法上产生法律效力的必然性。

二、《公约》在实体法上赋予了委员会建议产生法律效力的能力

如果说委员会建议从程序法方面是以其本身的"有无"来影响沿海国200海里外大陆架权利的话，那么在实体法方面则是以本身

① Ted L. McDorman, The Role of the Commission on the Limits of the Continental Shelf: A Technical Body in a Political World, The International Journal of Marine and Coastal Law, Vol. 17, 2002, p. 320.

的“内容”来影响这种权利。这种影响的法律依据同样在《公约》第76条第8款中，与程序相对应，也可以划分为两个方面。一是委员会审议沿海国划界案并作出建议的过程是实质“审查”和做实际性决定。建议产生之前，委员会需要从技术角度对沿海国提交的划界案进行审议，判断其为主张外大陆架权利而提交的证明资料是否足够丰富、证明力是否够强、划界的方法是否科学合理、定点的选择是否准确等，最后作出总体评估。这个审议过程，就是委员会对沿海国划界案及其大陆架权利主张做实质性把关的过程。委员会如果完全同意沿海国的划界案，就会作出支持沿海国的建议；如果部分同意，就可能对同意部分作出支持的建议，不同意的部分或者认为证明资料不够的部分，则可能作出不同意的建议或者要求提交补充资料的建议；如果完全不同意沿海国划界案，也可能作出不同意或者要求沿海国提交补充资料的建议。二是沿海国根据《公约》的要求在委员会建议的基础上确定其大陆架外部界限的行为是最终实质性影响其外大陆架权利的行为。针对委员会作出的建议沿海国可能采取不同的态度：对于委员会完全同意其主张的建议，沿海国当然可以以此为基础，划定其大陆架的外部界限，获得相应的外大陆架权利；对部分支持的建议，沿海国只能获得部分外大陆架权利；对于没有得到任何肯定的建议，由于沿海国的权利主张完全没有得到支持，因此无法据此获得外大陆架权利。由此可见，委员会的建议在产生的过程中和作为基础性作用确定沿海国外大陆架权利过程中，都会直接影响到沿海国外大陆架权利的大小和有无。换言之，委员会的建议能够从实体法上影响沿海国的外大陆架权利。

三、沿海国的同意是委员会建议生效的必要条件

虽然委员会建议具有从程序法和实体法两个方面产生法律效力的能力，但是这种能力满足一定的条件后方能得到发挥，这个条件就是必须得到沿海国的同意。没有沿海国的同意，委员会的建议最终无法产生法律效力。因此，从某种意义上可以说，委员会的建议是一种附条件生效的国际法律行为。委员会的建议之所以必须得到沿海国的同意，主要基于三个理由。一是《公约》第76条第8款实

际上赋予了沿海国是否接受委员会建议的选择权。该款最后规定沿海国在委员会建议的基础上划定的大陆架外部界限应有确定性和约束力，其中使用的“主语”是沿海国，也就是说，沿海国有权自主决定是否接受委员会的建议并在此基础上划定大陆架外部界限。二是《公约》附件二第8条①直接且明确赋予了沿海国拥有不同意委员会建议的权利。该条反过来说明，委员会的建议产生法律效力必须是在沿海国同意的情形下方能实现。三是《公约》虽然赋予了委员会在确定沿海国外大陆架中的极大权力，但也希望给沿海国一定的回旋余地。当沿海国面对不利于自身利益的委员会建议时，可以通过不同意或者不接受的方式，为争取自身利益再次创造机会。沿海国这种不同意的权利与司法程序中的上诉权或者行政复议中的复议权有相似的地方，就是都能导致有关机构再次启动同一事项的处理程序，某种程度上也可以视为一种救济性权利。

当然，尽管委员会的建议产生法律效力需要满足沿海国同意这个必要条件，但也应当注意到，从获取外大陆架权利这个长远目标看，沿海国同意委员会的建议具有一种必然性和最终性，除非该国放弃其权利，但这种可能性微乎其微。从《公约》规定的初衷或者意图看，沿海国不同意委员会的建议，只是因为委员会的建议没有满足其所追求的外大陆架权利或者利益。沿海国暂时不同意委员会的某次建议，是为了最终实现更大或者更多的外大陆架权利，使委员会作出对其更有利的建议。沿海国最终仍然不能摆脱“为了获取外大陆架权利，必须同意或者接受委员会的建议”这个“魔咒”。这就是委员会建议最终能够产生法律效力的根本所在。

四、沿海国在确定200海里外大陆架权利中的作用有限

有人可能认为，沿海国外大陆架权利的最终确定是以沿海国划定其大陆架外部界限来决定的。这种说法混淆了权利确定与外部界限确定之间的关系，过分夸大了沿海国“划界”对权利的影响

---

① 《海洋法公约》附件二第8条规定：“在沿海国不同意委员会建议的情形下，沿海国应于合理期间内向委员会提出订正的或新的划界案。”

作用，而忽略委员会建议的基础性作用。委员会的建议奠定外大陆架的权利基础或者划界基础，会对沿海国权益产生实质性影响，具有确认沿海国权利的法律作用。沿海国划界仅仅是使大陆架外部界限获得法律上的终局性和拘束力，对沿海国权益的影响主要体现在程序性方面，因为沿海国在其中所起的作用就是根据本国有关法律程序划定一条大陆架的外部界限而已，而这条外部界限的范围已经被委员会的建议所限定并作为划界基础。由此可见，虽然从条文表面上看，沿海国依照《公约》第 76 条第 8 款拥有 200 海里外大陆架外部界限的最后划定权，但本质上该权利必须以委员会的建议为前提和基础，因而受到了委员会建议的极大限制。名义上是最终划定权，实际上沦为一种对委员会建议所形成的权利现状的接受权或者确认权。而且，这种接受或确认权基本上是程序意义或者象征意义上的权利，如确定外大陆架界限的划定时间、确定本国对外大陆架界限的立法及其方式等一些非关键性的权利。因此，决定沿海国 200 海里外大陆架面积有无和大小的实质性权力依然由委员会所拥有，无论沿海国提出何种划界案，最后都必须得到委员会的认可，委员会及其作出的建议始终是引起国际法上外大陆架权利产生、变更或消灭的真正作用者。除根据地理条件积极寻找有利于支持其外大陆架权利的证据外，沿海国更多意义上只是一种对本身外大陆架权利状况的被动接受者。

五、沿海国纯粹的“反复提交行为”不影响委员会的实质性权力

《公约》附件二第 8 条虽然规定了沿海国拥有不同意委员会建议的权利，但并没有规定这种权利如何行使、行使的次数以及行使的范围。根据这种推理，很多学者认为，沿海国可以通过无限次数的不同意和提交行为，反复与委员会进行博弈，这种反复的过程被比喻为“乒乓过程”。也正因为这一点，不少学者认为，委员会在确定沿海国外大陆架权利方面显得能力不足，或者认为确定沿海国外大陆架的权利并不由委员会掌握而由沿海国自身拥有。例如，泰

德·麦克道曼认为："委员会在面对沿海国确定其大陆架外部界限的作用时具有不确定性。"①他还认为："委员会和提案国之间的关系或过程被他们的支持者想象成'作为一种狭隘的乒乓程序'——国家提案、委员会建议、国家再次提交划界案、委员会建议等——随着提案国善意进行，委员会最终实现相应的一致性。"②然后，他指出，值得注意的是，在这种"乒乓程序"中，没有法律的终点。基于以上认识，泰德·麦克道曼认为："有一点可以肯定，就是沿海国而不是委员会拥有设定国家大陆架外部界限的法律权能。"③比约恩·库罗伊与泰德·麦克道曼不同，他高度肯定委员会在外大陆架划界中的中心作用，但也认为"沿海国可以不同意委员会建议，从而导致反复提交划界案的过程像一个'乒乓游戏'"④。安娜·卡夫纳认为"乒乓过程"在委员会和沿海国之间创造了一种对话机制，这种机制被认为会导致对第 76 条意思的确定性理解和清晰的海底边界。⑤ 据此，他认为委员会虽然在确定沿海国外大陆架界限中拥有"权力"，但对解释第 76 条意思和要求国家准确地遵守方面没有最终的"权威"。⑥

---

① Ted L. McDorman, The Role of the Commission on the Limits of the Continental Shelf: A Technical Body in a Political World, The International Journal of Marine and Coastal Law, Vol. 17, 2002, p. 306.

② Ted L. McDorman, The Role of the Commission on the Limits of the Continental Shelf: A Technical Body in a Political World, The International Journal of Marine and Coastal Law, Vol. 17, 2002, p. 306.

③ Ted L. McDorman, The Role of the Commission on the Limits of the Continental Shelf: A Technical Body in a Political World, The International Journal of Marine and Coastal Law, Vol. 17, 2002, p. 306.

④ Bjorn kunoy, A New Arctic Couquest: The Arctic Outer Continental Margin, Nordic Journal of International Law, Vol. 76, 2007, pp. 467-468.

⑤ 参见 Anna Cavnar, Accountability and the Commission on the Limits of the Continental Shelf: Deciding Who Owns the Ocean Floor, Cornell International Law Journal, Vol. 42, 2009, p. 407。

⑥ 参见 Anna Cavnar, Accountability and the Commission on the Limits of the Continental Shelf: Deciding Who Owns the Ocean Floor, Cornell International Law Journal, Vol. 42, 2009, p. 407。

"乒乓过程"是否真的成立？这是个非常值得商榷的问题。第一，《公约》并没有专门规定沿海国拥有同意或采纳委员会建议的权利，而是以第 76 条第 8 款的表述形式，当然地期望或者要求沿海国在委员会建议的基础上划定其大陆架外部界限，而且规定按这种方式划定的界限会有终局性和约束力。这实质上是希望沿海国同意委员会建议并以此为基础划界，当然，只是希望而已，而不是强制性规定。第二，不可否认的是，沿海国确实拥有不同意委员会建议的权利，这种权利行使的后果很明显可以阻止委员会的建议产生法律效力，从而否定其作为划界的基础。《公约》给予委员会这种权利，可以使沿海国有机会追求自己期望的权利，也可以促进委员会作出的建议更加科学和准确。第三，虽然沿海国可以不同意委员会的建议，但是这种不同意只能是暂时的。尽管没有次数的限制，但由于《公约》规定沿海国在不同意的情形下，要继续向委员会提交订正的或新的划界案，所以，沿海国如要划定其大陆架外部界限，最后仍然必须以委员会的建议作为基础。第四，如果仅仅从技术这个狭隘的角度看，沿海国确实可以无限次地不同意委员会建议，反复做提交行为，这个过程看起来确实会像"乒乓过程"，但是如果从整体意义上理解第 76 条第 8 款，即可知该条实质上是《公约》设定的沿海国为争取其外大陆架权利的条款。也就是说，该条的整个过程本质上是沿海国以争取外大陆架权利为最终目标的过程，在这个过程中，向委员会提交划界案并获得其支持的建议，是沿海国的真正目的。如果沿海国反复行使不同意的权利，造成"乒乓过程"，使这一过程无法律结果，那么最后形成的法律状态就是沿海国没有实现其目的，无法真正拥有主张的外大陆架。第五，"乒乓过程"并不能绝对影响或改变委员会的决策。沿海国如果基于拖延或其他原因，采取向委员会反复提交划界案的方式，并不能当然改变委员会最终作出的建议。除非有充足的主张理由或新的证据资料，否则委员会不会轻易改变决定。正如克里斯琴·赖克特所言，"委员会的最后决定很大程度上取决于沿海国提供的证据，通过这些证据证明科学数据的重要性，等等”①。

可见，对沿海国反复行使不同意委员会建议的权利要从不同角度进行客观分析。如果符合一定条件，例如沿海国发现新的科学数据，那么“乒乓过程”确实有利于沿海国最大限度维护其权利主张，也有利于委员会作出更加准确的建议。如果沿海国基于拖延等其他原因，那么“乒乓过程”实际上是没有意义的，因为沿海国纯粹的反复提交行为并不能改变委员会的决策及其作出的建议，最终沿海国也无法实现划定其大陆架外部界限的目标。

第五节 自然延伸原则不影响委员会建议的性质

虽然委员会建议在沿海国外大陆架划界中起实质性作用，沿海国外大陆架权利的有无和大小实际上由委员会所掌控，但是，根据《公约》第 76 条第 1 款对大陆架定义的规定，沿海国的大陆架包括其领海以外依其陆地领土的全部自然延伸，扩展到大陆边外缘的海底区域的海床和底土。也就是说，沿海国对大陆架的权利并不取决于任何有效或者象征性的占领。② 因此，从权利来源角度讲，沿海国对大陆架上的主权权利是固有的。③ 不少学者据此认为，自然延伸原则是确定大陆架外部界限的主要依据。④ 由此，一方面，委员会的建议在沿海国获取外大陆架权利过程中起“基础性”作用；另一方面，自然延伸原则也是沿海国大陆架权利包括 200 海里外大陆架权利的基础。那么二者在大陆架制度中的各自地位如何？是否存

① Christian Reichert, Determination of the Outer Continental Shelf Limits and the Role of the Commission on the Limits of the Continental Shelf, The International Journal of Marine and Coastal Law, Vol. 24, 2009, p. 394.

② 《公约》第 77 条第 3 款规定：“沿海国对大陆架的权利并不取决于有效或象征的占领或任何明文公告。”

③ 参见冯洁菡：《大陆架的权利基础：自然延伸与距离标准》，载《法学论坛》2010 年第 5 期，第 25 页。

④ 参见陈正容：《〈联合国海洋法公约〉有关大陆架划界的几个原则问题》，载《外交学院学报》1988 年第 1 期，第 83 页。

在相互矛盾之处？它们之间的关系如何？自然延伸原则是否会影响委员会建议产生法律效力的能力？

一、自然延伸原则——沿海国大陆架权利的客观依据

“所有沿海国对从其领海基线量起200海里内的海洋和大陆架拥有固有权利。”①这一权利来源的基础就是自然延伸原则。所谓“自然延伸”一词，原是地理、地质学上的术语，用来描述大陆架地理状况、地质构造的自然实际情况。② 但在大陆架由一个地理、地质学上的概念演变成一个法律概念时，“自然延伸”也随之被用以为论证大陆架法律制度的一项重要原则。③ 一般认为，大陆架制度的渊源是美国总统杜鲁门于1945年9月28日宣布的关于大陆架的底土和海床的自然资源政策，即《杜鲁门公告》。④ 该公告认为，大陆架可以认为是沿海国家的陆地延伸，因而自然地属于沿海国家；处于公海下但毗连美国海岸的大陆架的底土和海床的自然资源属于美国，受美国的管辖和控制，是合理的、公正的。1958年《大陆架公约》第一次给法律意义上的大陆架下了定义，其中用了“邻接海岸”的表述，同时规定了水深或开发深度的宽度范围限制标准。1969年国际法院北海大陆架划界案中，介绍了“自然延伸”这个概念，肯定了其法律意义。随着科技的发展以及发达国家的技术优势明显，引起一些国家对公平拥有大陆架的忧虑。基于此，以马耳他为代表的发展中国家提出了修改大陆架制度的建议，这成为第三次联合国海洋法会议的主要议题之一。《公约》其实延续了《大陆架公约》中关于大陆架定义的部分内容，明确了大陆架是沿海国陆

---

① Bjorn Kunoy, A New Arctic Conquest: The Arctic Outer Continental Margin, Nordic Journal of International Law, Vol. 76, 2007, p. 466.

② 参见陈正容：《〈联合国海洋法公约〉有关大陆架划界的几个原则问题》，载《外交学院学报》1988年第1期，第83页。

③ 参见陈正容：《〈联合国海洋法公约〉有关大陆架划界的几个原则问题》，载《外交学院学报》1988年第1期，第83页。

④ 参见金永明：《联合国海洋法公约组织机构特质研究》，载《东方法学》2011年第1期，第27页。

地领土的自然延伸，同时确立了200海里的距离标准。但是，《公约》并未单独设立大陆架外部界限制度，而将其规定在大陆架制度内。① 有学者认为，在200海里以内时，距离标准是辅助标准，自然延伸原则与距离标准是主次关系。② 根据《公约》第76条第2、4、5、6款等的规定，当一国大陆架按照自然延伸原则超过200海里时，《公约》在两个方面做了限制性规定，一为350海里标准，一为2500米等深线以外100海里标准。至此，大陆架制度终于在国际公约中得到确定。从大陆架制度发展的历程看，可以得出几个结论：一是"自然延伸"概念是以客观地理环境为基础的，沿海国对大陆架权利之所以被称为固有权利，是因为自然环境所决定；二是自然延伸和距离两项标准始终伴随大陆架的产生和发展；三是自然延伸适用于整个大陆架制度，无论是否超过200海里；四是自然延伸被认为是主要标准，尽管不是唯一标准，是沿海国对大陆架法律权利的基础。③ 因此，自然延伸原则其实是以客观地理环境为理由提炼出来并得以发展的，在《公约》将其纳入其中后，成为建立整个大陆架法律制度的基础。④该原则由于以自然地理环境为依据，因而实质上只是一种大陆架权利的客观标准和依据。

二、委员会建议——沿海国外大陆架权利的主观依据

如前说述，根据《公约》第76条第8款，委员会的建议在确定沿海国外大陆架权利中起基础性作用，没有委员会的建议沿海国就无法获取外大陆架权利。因此，委员会的建议事实上也是沿海国获

---

① 参见金永明：《联合国海洋法公约组织机构特质研究》，载《东方法学》2011年第1期，第27页。

② 参见金永明：《联合国海洋法公约组织机构特质研究》，载《东方法学》2011年第1期，第27页。

③ 参见Ted L. McDorman，The Continental Shelf Beyond 200 NM：Law and Politics in the Arctic Ocean，Journal of Transnational Law and Policy，Vol. 18，2009，p. 163。

④ 参见陈正容：《〈联合国海洋法公约〉有关大陆架划界的几个原则问题》，载《外交学院学报》1988年第1期，第83页。

取外大陆架权利的依据。不过，由于这种建议与自然延伸原则所依据的客观地理环境不一样，它是通过一个主体——委员会根据《公约》的规定经过一系列主观意识活动作出的，因而我们可以称之为沿海国获取外大陆架权利在法律上的主观依据。委员会建议的主观性主要体现在两个方面：一是从技术上审议沿海国划界案，判断沿海国大陆架自然延伸是否超过 200 海里，如果超过 200 海里，其外部界限应当在哪里；二是在从事第一项技术性审议的过程中，由于涉及《公约》条款的适用，委员会在建议中不可避免要以自己的方式对《公约》进行理解和运用，有的情形下甚至无法回避对《公约》进行解释。

在法律解释方面，尽管对委员会在其中的作用存有一些争议，但大多数学者认为，委员会的作用不限于仅仅作出建议，还发挥了解释《公约》第 76 条的功能。认为委员会不能解释法律的主要理由是：《公约》没有赋予委员会解释法律的权能；组成委员会的委员都是地质学、地理学和水文学等科学技术方面的专家，没有一个法律专家，因而不具有解释法律的能力。这种观点有一定道理，尤其是指出了委员会中缺少法律专家的不足。但是，在履行建议职能的过程中，很难想象委员会不解释法律，也很难想象委员会作出建议的影响仅仅限于建议本身。因为，委员会虽然不是法庭性质的机构，但毕竟是《公约》规定的处理沿海国外大陆架权利的专门机构。尽管这种机构以科学技术方面的审查和建议为主，但一旦科学概念被纳入到法律中，科学与法律就难以绝对区分了。正如有的学者所言，“虽然条约中很多术语来源于科学，但一旦成为条约的一部分，对其解释和适用就应该遵循条约的一般国际法原则，况且《公约》关于大陆架诸多术语的解释和地质地貌学意义上的解释并不完全一致，这本身就是一个复杂的法律问题，是注定无法脱离于法律的”①。“事实上，委员会最重要的作用之一就是必须解释或运用

① 方银霞、李家彪、黎明碧、唐勇、尹洁：《大陆架界限委员会审议划界案的原则和方法——委员会建议摘要案例分析》，载《海洋学研究》2013 年第 2 期，第 8 页。

《公约》相关条款，这是一项基本的法律任务。”①“没有对《公约》的法律解释，委员会很难完成任务”②。“委员会的作用超出了审议划界案的技术精确性，它要负责解释第76条的法律和技术条款”③。正因为委员会一方面缺乏法律专家，另一方面又需要解释和运用法律，因此安娜·卡夫纳提出创设一个法律咨询办公室来解决这些问题。总之，无论委员会是否具有解释法律的能力，为履行其职能，委员会不可避免会对相关规定具有一定程度的解释权。④

三、自然延伸原则与委员会建议的关系

自然延伸原则是整个大陆架制度的法律基础，委员会建议也是沿海国外大陆架权利主张的法律依据，二者之间的关系到底如何？既然前者具有客观性，后者具有主观性，那么二者应当是相辅相成、缺一不可的关系。因为沿海国外大陆架权利的获得，既需要有自然延伸原则作为法律基础，也需要有委员会建议作为权利依据。没有自然延伸原则，沿海国200海里外大陆架权利就失去了根据。没有委员会支持或肯定的建议，沿海国也不可能获得相应的外大陆架权利。自然延伸原则只是规定沿海国应当具备的客观或者基本条件，仅有自然延伸作为依据，不一定能获得外大陆架权利。与此相对应，委员会建议并不是凭空作出的，而是依照法律规定，对沿海国陆地领土自然延伸是否超过200海里以及超过的距离进行审议后

① Bjorn Kunoy, Establishment of the Outer Limits of the Continental Shelf: Is Crossing Boundaries Trespassing? The International Journal of Marine and Coastal Law, Vol. 26, 2011, p. 326.

② Bjorn Kunoy, Establishment of the Outer Limits of the Continental Shelf: Is Crossing Boundaries Trespassing? The International Journal of Marine and Coastal Law, Vol. 26, 2011, p. 326.

③ Anna Cavnar, Accountability and the Commission on the Limits of the Continental Shelf: Deciding Who Owns the Ocean Floor, Cornell International Law Journal, Vol. 42, 2009, p. 407.

④ 参见方银霞、李家彪、黎明碧、唐勇、尹洁：《大陆架界限委员会审议划界案的原则和方法——委员会建议摘要案例分析》，载《海洋学研究》2013年第2期，第2页。

作出的。所以，自然延伸原则与委员会建议都是沿海国大陆架权利的法律依据，只是它们的权利属性不一致。前者依存于地理环境，属于客观标准；后者依存于委员会，属于对客观标准进行主观判断后产生的一种权利依据。由于客观权利依赖于主观判断来实现，因此两者并不在同一层面起作用。

由此可见，自然延伸原则作为沿海国大陆架权利的客观标准，并不会影响委员会的建议作为沿海国获取外大陆架权利的依据。相反，委员会的建议恰恰是根据自然延伸这个标准判断沿海国是否拥有外大陆架权利的一种集中体现，它们之间不存在矛盾之处。因此，自然延伸原则不会影响委员会建议产生法律效力的能力，当然也就不会影响委员会建议的性质。

本章小结

在英文和中文中，“建议”一词原本只是建议性而不具有法律约束力的一种提议或主张，将该词的含义套用于解释委员会建议的性质并不适合。国际法学界虽然已有不少学者论及了委员会建议的性质问题，但是这些观点差异巨大，甚至自相矛盾。站在法学研究的角度，研究委员会建议的性质，可以从公约相关条款入手。从条约解释的角度出发，对《公约》进行逻辑分析后可知，在沿海国获取外大陆架权利问题上，《公约》同时赋予了委员会建议在程序法上的必要性和实体法上对这种权利有无和大小的决定性影响或作用，从而使委员会的建议具备了产生法律效力的能力，而并不是一种可有可无的“建议”。因为没有这种建议，沿海国就不可能获取相应的外大陆架权利。另外，沿海国虽然拥有不同意委员会建议的权利，可以暂时阻止委员会建议产生法律效力，但并不代表委员会建议在性质上就只是建议性的，沿海国仍然需要在合理期限内向委员会提交划界案，以获得委员会确认其权利主张的建议。《公约》虽然没有限定沿海国不同意委员会建议的次数，但在没有足够证据的情形下，沿海国纯粹的“反复提交行为”并不能对委员会决策构成实质性影响。还有，作为大陆架概念发展之初的自然延伸原则虽然是整个大陆架法律制度的基础，但委员会建议具有法律效力的性质和作为划界基础的地位并不因此受到影响，因为两者并不在同一个法律层面起作用。

第二章　委员会建议性质的历史考察

从历史的视角看，大陆架的发展经历了概念产生、制度形成和规则完善三个阶段，每一个阶段都与委员会及其建议的性质问题存在千丝万缕的联系。第一阶段从1934年到1958年，是大陆架法律概念的产生时期，为后来成立国际机构评估大陆架界限埋下了伏笔。第二阶段从1958年到1982年，是大陆架法律制度的形成时期，第三次联合国海洋法会议的召开和国际社会利益平衡的动因最终推动了委员会的成立，并使其建议具有了不那么显而易见的法律效力。第三阶段是1982年以后，委员会为履行《公约》而进行的"立法行为"，从程序和实体两个层面细化了《公约》规定，为委员会建议的法律效力从条文规定走向现实做了充分的准备。

第一节　大陆架概念蕴含了委员会及其建议产生的可能性(1958年前)

一般认为，1945年《杜鲁门声明》的发表使大陆架概念开始具有了国际法内涵。① 然而，1945年以前，大陆架概念的一些内容其实就已经在一些国家的国内法中孕育和发展了。由于大陆架问题本身内在的国际性，这种孕育和发展似乎一开始就与国内法格格不入。《杜鲁门声明》发表后，大陆架问题才找到了自己存在的空间。随着时间的推移，大陆架概念的定义问题显得越来越重要。1958年《大陆架公约》的通过，第一次在国际社会勾勒了大陆架的法律

① 参见 Douglas C. Hodgson, The Tuniso-Libyan Continental Shelf Case, Case of West Research Journal of International Law, Vol. 16, 1984, p. 1。

概念，但是没有解决大陆架的核心问题——宽度或者界限问题。这一问题具有不可回避性，不能通过单个国家解决，必须依靠国际社会的相互合作，因而超越了国家自行解决的范畴，这也为委员会及其建议的产生提供了可能。

一、大陆架“萌芽”之初即具有了潜在的国际性

大陆架概念的“萌芽”最早起始于一些国家对大陆架上渔业资源利益的关注，20 世纪 30 年代后，主要发展为对大陆架上自然资源的关注。在这个过程中，一国在大陆架上的权利始终联系着其他国家的利益，大陆架概念从一开始就具有溢出一国国内的效应。

(一)建立在渔业资源利益基础上的大陆架概念

“作为重要的商业性沿海渔业的基本依据和界限，大陆架首次出现于 20 世纪开始的时候。”①当时，较小的渔业国家对外国远航巡航舰船在其海岸造成的压力以及传统 3 海里排他性渔业区的狭窄变得越来越不满意。这些事实，再加上大陆架在物理上与沿海国的毗连性，都鼓励沿海国期望对大陆架上的鱼类物种拥有排他性权利。因此，大陆架最早是通过间接用来支持渔业方面权利主张而出现在国际事务中的。

1910 年，葡萄牙禁止蒸汽船只在离 100 米等深线大陆架内或离海岸 3 海里以内的地方巡航。② 它关注的是狭窄的葡萄牙大陆架上渔业资源的消失问题。因为当时认为，大陆架是小鱼出生和成长的地方，100 米等深线外才是供应成年鱼的地方。该法令标志着官方将大陆架引入国家实践中。“尽管可以推测葡萄牙毫无疑问也期望适用于外国船只，但是这个法令只能限制葡萄牙的船只，当然也没有任何记录显示葡萄牙试图使它在国际上有效”③。这个时候的

---

① Edwin J. Cosford, The Continental Shelf 1910-1945, McGill Law Journal, Vol. 4, 1957-1958, p. 246.

② 参见 Edwin J. Cosford, The Continental Shelf 1910-1945, McGill Law Journal, Vol. 4, 1957-1958, p. 246。

③ Edwin J. Cosford, The Continental Shelf 1910-1945, McGill Law Journal, Vol. 4, 1957-1958, p. 247.

大陆架当然明显不能提供有效的管辖权来对抗外国，因此，大陆架第一次出现仅具有有限的国内作用，但同时也隐藏了与外国打交道的可能性和在国际上进行协调的一种内在需求。

1918 年，后来成为西班牙渔业部长的奥东·布恩强调将领海上权利扩展到全部大陆架上的必要性。① 他所主张的权利基础与 1910 年葡萄牙法令相似，只不过与葡萄牙法令在大陆架上关注保护渔业资源利益相比，其主张更进一步，要求获得排他性经济优势。

最早将大陆架应用于渔业或者间接使用的是葡萄牙和西班牙，后来这种使用主要转移到拉美。“1916 年至 1918 年间，阿根廷法官史坨伲和苏亚雷斯就强调大陆架对主要的商业性渔业的重要性，并且建议邻近国家主张对大陆架上海洋的管辖权，以获得对这些渔业资源的控制”。②“‘阿根廷学派’在这些事情上的思想是重要的，很大程度上帮助一系列拉美国家创立了为渔业目的而间接使用大陆架的支持态度，就像阿根廷在 1946 年主张对邻近大陆架上面的海洋主权一样。”③拉美国家，如阿根廷，对大陆架提出主张的同时，也包含了允许邻国提出同样主张的权利，这说明他们已经意识到这种权利的潜在国际性特征。

“第二次在国家实践中使用大陆架这个词，是在 1916 年 9 月 29 日的俄国声明中，其中提到‘西伯利亚大陆架平原’一词，俄国主张他们的领土扩展到这里。1924 年 11 月 4 日苏俄重申了这种主张，认为一些岛屿构成了‘西伯利亚大陆架高原’的北部延续。但

---

① 参见 Edwin J. Cosford，The Continental Shelf 1910-1945，McGill Law Journal，Vol. 4，1957-1958，p. 247。

② Storni，S. R.，Intereses argentinos en el mar，Buenos Aires（1916），p. 38；and Suarez，J. L.，Diplomacia Universitaria Americana，Buenos Aires（1918），pp. 155-158. See also Gidel，op. cit.，III，pp. 130-131.

③ Edwin J. Cosford，The Continental Shelf 1910-1945，McGill Law Journal，Vol. 4，1957-1958，p. 248.

是，后来的苏联用‘扇形’理论取代了上述提法。”①俄国在这里使用“大陆架”的概念，与前面国家使用的目的不同，是作为领土主张提出来的。但尽管如此，1916 年俄国声明也表明是通知同盟国和友好国家的，这同样说明“大陆架”概念一提出就具有国际性特征。

早期对大陆架的持续关注主要集中在渔业和大陆架的关系问题上。葡萄牙海军将领阿米达·伊卡在 1921 年写道：“然而，现在所承认的领水的外部界限，与该界限上所能发现的可食用的鱼群种类的最大深度并不符合。对于可食用鱼来说，最大的障碍是大陆架陡然加深的地方，超过这个界限，就发现不了它们了。”②他呼吁将管辖权扩展至大陆架的边缘，因为通过这种方式，每一个国家都能确保鱼类的保护。显然，阿米达·伊卡在提出扩大葡萄牙管辖权至大陆架边缘时，也没有仅仅顾及本国利益，而是认为每一个国家都应该这么做，这又一次体现了大陆架的国际性。果不其然，后来的一些国际会议中也再次强调了这种观点，如 1951 年第一次美洲西班牙和葡萄牙语地区国际法会议。

(二)建立在自然资源利益基础上的大陆架概念

大约在 1930 年的时候，各国对大陆架的关注开始转向了大陆架上的自然资源，而非渔业资源，这成为大陆架概念发展的一个重要转折点。“1930 年，古巴法官米格尔·鲁拉斯博士可能是最早发表研究潜藏在海床和大陆架底土上自然资源问题的人。他预见到了大陆架上发现石油的可能性，并且试图通过依据邻近国家地理上的联系证明这种主张的合理性”③。

关于大陆架上自然资源问题，美国国内的关注对大陆架的发展可谓最有影响力。1918 年的时候，美国公民向州立部门询问了一

① Lakhtine V. L. , Rights over the Arctic, American Journal of International Law, Vol. 24, 1930, p. 709.

② Edwin J. Cosford, The Continental Shelf 1910-1945, McGill Law Journal, Vol. 4, 1957-1958, p. 250.

③ Edwin J. Cosford, The Continental Shelf 1910-1945, McGill Law Journal, Vol. 4, 1957-1958, p. 252.

个问题，即离墨西哥湾海岸 40 公里地方获得的石油权利是属于财产性权利还是租赁性权利从而受到美国的保护。州立部门的回复是，美国无权管辖领水外邻接海岸的墨西哥湾的海底区域。① 1930 年代，靠近加州海岸的水下区域出现了石油和天然气利益，加州声称其是离海岸 3 英里外水下土地的所有人，有权将这些地方的石油和天然气权利出租给私人公司，由此开启了美国联邦政府和几个沿海州之间的司法性立法斗争。② 为了解决这个问题，美国联邦政府采取了一项行动，即先后在美国最高法院控告加州及后来的路易斯安娜州和德克萨斯州。最后，美国最高法院认为，这三个州在水下土地上没有权利或者财产性利益，联邦政府对这些地方拥有完全的统治权。③ 在诉加州一案中，布莱克法官认为，这些地方由联邦管辖的一个理由是："海域和大陆架管辖关系国家安全等方面利益，涉及美国与其他国家的关系问题。"④他还认为，国家利益、责任和与此相对应的权利应当是一致的。在诉路易斯安娜州一案中，道格拉斯法官也认为："海洋是一个国家而不是一个州的事情，国家利益、责任包含在其中，涉及与其他国家的关系，涉及战争与和平的问题。"⑤这其中所说的海洋问题，当然也包括海洋下的土地，也就是大陆架问题。如果说前两个案件没有完全清楚说明州与联邦政府关于大陆架上的关系问题，那么法院在诉德州一案中，就把这个问题说得清楚了。法院认为，德州与加州和路易斯安娜州不同的情形

---

① 参见 Edwin J. Cosford, The Continental Shelf 1910-1945, McGill Law Journal, Vol. 4, 1957-1958, p. 253。

② 参见 Oliver L. Stone, United States Legislation Relation to the Continental Shelf-with Especial Reference to the Exploitation of Oil and Gas Resources, International and Comparative Law Quarterly, Vol. 17, 1968, p. 104。

③ 参见 Oliver L. Stone, United States Legislation Relation to the Continental Shelf-with Especial Reference to the Exploitation of Oil and Gas Resources, International and Comparative Law Quarterly, Vol. 17, 1968, p. 104。

④ H. Wade Maclauchlan, Newfoundland's Continental Shelf: the Jurisdictional Issue, U. N. B. Law Journal, Vol. 30, 1981. p. 108.

⑤ H. Wade Maclauchlan, Newfoundland's Continental Shelf: the Jurisdictional Issue, U. N. B. Law Journal, Vol. 30, 1981. p. 108.

是，在美国各州还是联盟时期，德州就已经是一个独立的共和国，此时德州拥有和后来的联邦政府一样的对海域水下土地的权利，但是当德州并入联邦后，它的这种权利就没有了。① 同时，根据州与州之间平等的原则，德州所拥有的权利应该和其他州一样。美国联邦政府和州之间在大陆架上管辖权的争夺表明，大陆架的管辖权问题一开始就是一个国家整体层面的问题，因为它关涉国家与国家之间的问题，这应该是由大陆架本身的地理特点所决定的。

类似美国这种地方政府与中央或联邦政府争夺大陆架上管辖权的国家还有澳大利亚和加拿大，只是这两个国家产生这样的问题比美国要晚。在澳大利亚，1975年所有六个州都加入到了挑战联邦立法中，因为联邦要求对领海、海床和大陆架拥有主权联邦管辖权，结果法院一致认为联邦对大陆架拥有主权。其中，穆菲法官在给出的理由中，不是分析历史情况，而是分析了联邦政府在对外事务上的权利问题。他认为："尽管1901年以前各州是独立的，但进入联邦后它们就已经失去了领海和其他属于国际人格的权利。"②在1963年的时候，加拿大新斯科舍省上诉法院的五人法官面对一个问题，即自治市是否能对浅水区界线外水下的地方征税。结果，法院的大多数法官认为，自治市没有在其管辖界线外征税的权利。③总结起来，对于类似的问题，加拿大法院不是从法律技术、历史途径来解释，而是对联邦管辖权给出了两个非常宽泛的政策性评价：一是联邦国家是为加拿大的和平、秩序和良好治理立法；二是涉及外部事务方面的权利。④

由此可见，无论是建立在渔业利益基础上的大陆架概念，还是

---

① 参见 H. Wade Maclauchlan, Newfoundland's Continental Shelf: the Jurisdictional Issue, U. N. B. Law Journal, Vol. 30, 1981. pp. 109-110。

② H. Wade Maclauchlan, Newfoundland's Continental Shelf: the Jurisdictional Issue, U. N. B. Law Journal, Vol. 30, 1981. p. 102.

③ 参见 H. Wade Maclauchlan, Newfoundland's Continental Shelf: the Jurisdic-tional Issue, U. N. B. Law Journal, Vol. 30, 1981. p. 114。

④ 参见 H. Wade Maclauchlan, Newfoundland's Continental Shelf: the Jurisdic-tional Issue, U. N. B. Law Journal, Vol. 30, 1981. p. 116。

后来发展为建立在自然资源利益基础上的大陆架概念，在涉及一国自身权利的同时，也关涉到其他国家的权利。因此，大陆架问题从一开始就具有国际性特点，会涉及其他国家的利益，解决它必须从国际角度出发，而不能依靠单个国家自身解决。

二、《杜鲁门声明》奠定了大陆架概念的国际法基础

鉴于美国国内州和联邦政府之间管辖权之争，再加上在大陆架上发现了石油等重要资源，为维护美国利益，1945 年 9 月 28 日，美国总统杜鲁门颁布了著名的 2667 号声明，详细阐述了大陆架的法律概念。声明的主要内容是："大陆架是沿海国陆地领土的一种延伸，因而自然地属于这个国家。美国政府认为公海下邻接美国海岸的大陆架上底土和海床的自然资源应该属于美国，由其管辖和控制。"①《杜鲁门声明》没有对"大陆架"这个词下定义，它只是白宫的临时性声明，表明该词指的是邻接海岸的包括 100 米(600 英尺)等深线内的底土。② 虽然该声明没有明确定义大陆架概念，但是国际法学界普遍认为，《杜鲁门声明》的发表，第一次将大陆架概念引入了国际法之中。例如，埃德温·科斯福特就认为，将大陆架正式引入国际事务中的是 1945 年 9 月 28 日的《杜鲁门声明》。③ 英国外国局法律顾问成员弗朗西斯·沃尔特也认为，虽然美国这种单方面声明不能为自己产生新的权利或国际法规则，但提供了产生这种权利和规则的种子。④

---

① Oliver L. Stone, United States Legislation Relation to the Continental Shelf-with Especial Reference to the Exploitation of Oil and Gas Resources, International and Comparative Law Quarterly, Vol. 17, 1968, p. 107.

② 参见 Oliver L. Stone, United States Legislation Relation to the Continental Shelf-with Especial Reference to the Exploitation of Oil and Gas Resources, International and Comparative Law Quarterly, Vol. 17, 1968, p. 107。

③ 参见 Edwin J. Cosford, The Continental Shelf 1910-1945, McGill Law Journal, Vol. 4, 1957-1958, p. 245。

④ 参见 Francis Vallat, The Continental Shelf, The Britain Year Book of International Law, Vol. 23, 1946, p. 237。

《杜鲁门声明》之所以对大陆架概念进入国际法领域具有重大影响，主要有四个方面的原因。一是该声明首次明确将国家主权的概念与大陆架联系起来了，因为声明中认为大陆架属于沿海国管辖和控制之下。声明的发表将直接影响与国际法相关的其他权利，如大陆架底土和海床上自然资源的利益、公海自由原则、领海的宽度问题、沿海国在渔业方面的特殊权利等，都将被摆到台面上来，因为在实践中，这些事情本身就是相互联系的。① 二是声明是向国际社会作出的，具有向国际社会宣示的意义。1945 年以前，一些国家国内颁布了关于大陆架管理方面的一些法令，但是这些法令仅具有国内意义，而且，虽然希望也能适用于外国船舶，但并没有将这种意愿表现出来。例如，前面所提到葡萄牙 1910 年关于禁止舰船在 100 米等深线内大陆架上覆水域巡航的法令。声明向国际社会作出还表明，有关大陆架的问题属于国际事务，沿海国在大陆架上的权利需要得到其他国家的尊重，这直接涉及国际法问题。三是声明发表后不久，就得到了国际社会许多国家的响应。紧随美国之后，大约有 24 个国家发表了与美国类似的对大陆架主张权利的声明。② 例如，墨西哥在 1945 年 10 月 29 日颁布了有关大陆架的总统声明，声明中主张邻接其海岸线的所有的大陆平原和大陆架以及这两者之上的自然资源。③ 在 1949 年 2 月 25 日，墨西哥还有一个为公共石油机构在石油资源中所能得到的财产而设计的宪法性修正案，该修正案重申沿海国有权开发大陆架底土上的石油资源。④ 阿根廷其实在 1944 年就已经颁布 1386 号法令，该法令期望对阿根廷大陆架上的自然资源有一个专门立法，但是更加详细的 14708 号法令在

① 参见 Edwin J. Cosford, The Continental Shelf 1910-1945, McGill Law Journal, Vol. 4, 1957-1958, p. 245。

② 参见 Edwin J. Cosford, The Continental Shelf 1910-1945, McGill Law Journal, Vol. 4, 1957-1958, p. 245。

③ 参见 M. L. Jewett, The Evolution of the Legal Regime of the Continental Shelf, The Canadian Yearbook of International Law, Vol. 22, 1984, p. 159。

④ 参见 M. L. Jewett, The Evolution of the Legal Regime of the Continental Shelf, The Canadian Yearbook of International Law, Vol. 22, 1984, p. 160。

1946年10月11日才颁布，该法令中提到了美国和墨西哥的声明。① 巴拿马、智利、秘鲁、哥斯达黎加、尼加拉瓜、危地马拉、巴哈马、牙买加等其他美洲国家随后也都颁布了各种形式的法令或声明。② 四是声明内容虽然没有为大陆架下定义，但基本勾勒了大陆架法律概念的雏形，为后来各国达成大陆架权利共识和在国际公约中定义大陆架概念奠定了基础。首先，声明描述了大陆架的位置是属于沿海国陆地领土自然延伸部分，这为讨论大陆架的权利性质和宽度问题埋下了伏笔。其次，声明认为沿海国对大陆架的权利主要是管辖和控制权，这种提法将沿海国对大陆架的权利提升到主权权利的高度。最后，声明指出沿海国的目标是大陆架上的自然资源，这为沿海国主张大陆架上何种权利指明了方向。

总之，《杜鲁门声明》对大陆架概念和内容的阐述及其向国际社会阐述的形式，对大陆架的诞生具有开创性意义，因而普遍认为该声明第一次将大陆架概念引入了国际法之中。而正因为大陆架概念成为国际法的一部分，国际社会才有可能将之纳入国际机构进行管理。

三、1958年《大陆架公约》没有解决大陆架外部界限问题

“大陆架原则产生的最大的不确定性可能就是缺乏精确的边界。”③1945年《杜鲁门声明》发表后，大陆架问题的主要焦点已经从原来的沿海国是否应该拥有大陆架问题和大陆架上到底是渔业资源利益还是自然资源的开发利益问题，转移到大陆架的宽度问题上。大约在1945年到1958年期间，大陆架主义还主要集中在沿海国陆地领土自然延伸这个问题上，在宽度方面则比较混乱，有的依据之前一些国家提出的100米等深线标准，有的提出200米深度标准，还有的提出开发标准。这一时期虽然标准多样，但由于开发技

---

① 参见 M. L. Jewett, The Evolution of the Legal Regime of the Continental Shelf, The Canadian Yearbook of International Law, Vol. 22, 1984, p. 160。

② 参见 H. Wade Maclauchlan, Newfoundland's Continental Shelf: the Jurisdictional Issue, U. N. B. Law Journal, Vol. 30, 1981. p. 95。

③ Fernando Labastida, The Continental Shelf and the Freedom of the High Seas, Cornell International Law Journal, Vol. 3, 1970, p. 135.

术还不发达，因此沿海国对大陆架的宽度主张相对较窄。“1958年4月26日在日内瓦召开的联合国海洋法会议，通过了《大陆架公约》，在国际层面第一次定义了大陆架的法律制度。”①“该公约处理了有限的问题和普遍反映了一种折衷的方法。”②在处理大陆架宽度问题上同时提出了200米深度标准和200米外的开发标准③。“尽管该公约的草案以51票支持、9票反对和10票弃权通过，但这并不表明各国代表团对草案规定的意思达成了一致。”④支持草案的国家中，多米尼加认为，邻接是决定性标准，在此之外的开发标准是无效的；挪威代表团认为，根据与海岸的距离进行大陆架划界将是比较公平的；加拿大对开发标准的不确定性和偏向于支持比较发达的国家表示遗憾，等等。⑤ 在另外一个极端，加纳支持开发标准作为唯一的标准；美国则弃权，认为开发标准是有限的；澳大利亚、智利、哥伦比亚等九个国家又希望保存国际法委员会最初草案的完整性。⑥ 反对草案的九个国家中，有七个反对开发标准。⑦ 这些不同意见说明，1958年《大陆架公约》既没有完全解决大陆架的问题，尤其是没有解决大陆架的宽度标准问题，也没有很好地平衡

---

① Drew, Jean Talley, Continental Shelf Law: Outdistanced by Science and Technology, Louisiana Law Review, Vol. 31, 1970, p. 115.

② Young, The Geneva Convention on the Continental Shelf: A First Impression, American Journal of International Law, Vol. 72, 1958, p. 733.

③ 《大陆架公约》(1958年)第一条规定，本条款称“大陆架”者谓：(a)邻接海岸但在领海以外之海底区域之海床及底土，其上海水深度不逾二百公尺，或虽逾此限度而其上海水深度仍使该区域天然资源有开发之可能性者；(b)邻接岛屿海岸之类海地区与之海床及底土。

④ Harrop A. Freeman, Law of the Continental Shelf and Ocean Resources-An Overview, Cornell International Law Journal, Vol. 3, 1970, p. 117.

⑤ 参见 Harrop A. Freeman, Law of the Continental Shelf and Ocean Resources-An Overview, Cornell International Law Journal, Vol. 3, 1970, p. 117。

⑥ 参见 Harrop A. Freeman, Law of the Continental Shelf and Ocean Resources-An Overview, Cornell International Law Journal, Vol. 3, 1970, p. 117。

⑦ 参见 Harrop A. Freeman, Law of the Continental Shelf and Ocean Resources-An Overview, Cornell International Law Journal, Vol. 3, 1970, p. 118。

各国利益，因而该公约也没有成为一项世界性普遍接受的公约。难怪有学者总结到，“大陆架概念的立法史没有解决边界问题”①。

可见，大陆架概念虽然最早孕育于国内，但从一开始就具有了国际性特征，相应地，因大陆架而产生的问题就属于国际问题了，必须通过国际途径才有可能解决。国际社会虽然在1958年通过了《大陆架公约》，但是仅提出了大陆架的初步概念，并没有解决大陆架的宽度这个核心问题。因此，大陆架问题本身所蕴含的国际性和当时国际社会在解决这个问题上的模糊性为大陆架界限委员会作为一种国际机构成立并发挥作用留下了空间。

第二节 《公约》制定时意图赋予委员会建议法律效力(1958—1982年)

1958年后，有关海洋法的理念又有了进一步的发展。领海宽度、专属经济区、大陆架、国家管辖范围以外的海域等概念也处在不断更新和发展中，给1958年《大陆架公约》中的大陆架法律概念造成了巨大的冲击，尤其是其中的开发标准，被越来越多的国家所抛弃。1967年，由马耳他代表团大使巴多提议，联合国大会通过了一项决议，要求审视专为和平目的而保留属于人类利益的、当前国家管辖范围外的公海下的海床、洋底和底土上的自然资源问题。② 自这个时候起，一个常设性的42人委员会就成立了，专门用来解决海底利用、形成海底利用机制和海洋地理研究等方面的法律原则问题。③ 1969年12月15日，联合国大会第2574 A（XXIV）号决议认为，公海、领水、毗连区、大陆架及其上覆水域和国家管辖范围外的海床、洋底等都是紧密联系在一起的，而且认为1958

① Harrop A. Freeman, Law of the Continental Shelf and Ocean Resources-An Overview, Cornell International Law Journal, Vol. 3, 1970, p. 136.

② 参见U. N. Doc. A/6716（1967），http：//www. un. org/zh/documents/view_doc. asp？symbol=A/6716。

③ 参见U. N. Doc. A/7630（1969），http：//www. un. org/zh/documents/view_doc. asp？symbol=A/7630。

年《大陆架公约》在定义海域界限方面不精确，影响到国家开发权利的确定。① 后来，经大会秘书处咨询确定，召开一次全面的海洋法会议的提议获得了广泛的支持。于是，1970年12月17日，联合国大会第2750 C（XXV）号决议决定在1973年召开这样一次会议。② 这就是第三次海洋法会议的由来。从1973年到1982年，联合国海洋法会议前后召开11届会议，最终制定了一部综合性的海洋法公约。经过漫长谈判后，这次会议产生了一个全新的大陆架法律制度，沿海国在大陆架上的权利可以扩展到200海里外，并且成立了专门用来确定沿海国200海里外大陆架外部界限的大陆架界限委员会。在大陆架法律制度的谈判过程中，各国代表团发表了很多观点，历届会议也对谈判做了说明和总结。这些观点和会议情况表明，站在立法意图角度看，立法者总体上倾向于让委员会的建议在确定沿海国200海里外大陆架外部界限中，在满足沿海国接受或同意的情形下具备法律上的约束力。

一、“大陆架外部界限交由国际机构复查”观点的提出

委员会的出现与否与沿海国大陆架的宽度问题紧密相关。第三次联合国海洋法会议开始前，确定大陆架的宽度就已经变得比较紧迫。技术的飞速发展、海底非生物资源的日益重要性以及沿海国对这些资源扩展管辖权和保护渔业资源的渴望使得1958年在日内瓦制定的《大陆架公约》的成果被取消。③ 然而，在第三次联合国海洋法会议上，大陆架宽度问题的讨论过程最初显得比较曲折，因为专属经济区的概念和人类共同财产的概念得到了进一步的发展，而这些概念的确定又直接影响到大陆架宽度问题的解决。

---

① 参见 Shabtai Rosenne, The Third United Nations Conference on the Law of the Sea, Israel Law Review, Vol. 11, 1976. p. 11。

② 参见 Shabtai Rosenne, The Third United Nations Conference on the Law of the Sea, Israel Law Review, Vol. 11, 1976. p. 12。

③ 参见 Milenko Milic, The Third United Nations Conference on the Law of the Sea, Case Western Reserve Journal of International Law, Vol. 8, 1976, p. 169。

1974年，加拉加斯会议召开，这是第三次海洋法会议中的第一届实质性会议。会议将海洋法有关的问题交由三个主要委员会关注和统筹，领海、公海、专属经济区和大陆架等问题由第二委员会负责。在这次会议上，专属经济区的概念对大陆架的影响就已经体现出来。“一些人认为大陆架原则应当全部或部分地包含在专属经济区中，另一些人则表示反对。”①“对于沿海国是否拥有超过200海里外海床和洋底上资源的权利，一种趋势是承认这种管辖权，另一些国家则声称这种管辖权应当附条件，陆锁国、地理不利国和一些非洲沿海国支持将沿海国管辖权限制在200海里区域内。”②由此可见，这一时期国际社会在专属经济区和大陆架一些最基础的概念问题上还处于一种模糊不清的状况。与此同时，国际海底区域也对大陆架界限问题产生了影响。“由于海底开发和固定装置的发展产生了对精确和永久管辖权界限的新需求，沿海国管辖下资源和国际海底区域资源的边界问题成为非常重要的问题。”③“为解决这个问题，有人认为，规定沿海国在合理时间内提交精确而永久的海底管辖权界限（和国际区域的‘界限’），由一个公正的国际机构进行复查，可能不仅能够减轻关于大陆架精确界限位置的关注问题，而且能有效冻结群岛状况，从而避免海洋上新的高潮等深线被发现或形成所造成的复杂问题。”④该观点第一次有针对性地提出了大陆架外部界限问题由国际机构解决的论点，而且该机构在其中起一种“复

① John R. Stevenson & Bernard H. Oxman, The Third United Nations Conference on the Law of the Sea: the 1974 Caracas Session, The American Journal of International Law, Vol. 69, 1975, p. 16.

② John R. Stevenson & Bernard H. Oxman, The Third United Nations Conference on the Law of the Sea: the 1974 Caracas Session, The American Journal of International Law, Vol. 69, 1975, p. 16.

③ John R. Stevenson & Bernard H. Oxman, The Third United Nations Conference on the Law of the Sea: the 1974 Caracas Session, The American Journal of International Law, Vol. 69, 1975, p. 25.

④ John R. Stevenson & Bernard H. Oxman, The Third United Nations Conference on the Law of the Sea: the 1974 Caracas Session, The American Journal of International Law, Vol. 69, 1975, p. 25.

查”作用，这应该是一种把关或决定性的作用。这种观点初步勾勒出了后来的大陆架界限委员会的雏形。

在1975年召开的日内瓦会议上，大陆架作为一种独立的制度存在已经没有问题，剩下的问题是关于是否定义200海里外大陆架区域，从而使该区域上面的资源及开采置于沿海国管辖下的问题。① 会议期间，在第二委员会官员的引导下，许多临时性的非正式团体经常聚在一起讨论特定的问题，这些团体中，艾文森团体产生了一个“第六修订”文本，该文本反映了一种广泛而主要的趋势，其中讨论了专属经济区和大陆架问题。② 会议结束后，第二委员会主席提出了一个单一文本，集中反映了会议在第二委员会官员和非正式但有代表性团体努力下的实质性协商进展。③ “协商文本反映的大趋势是大陆架不应当被吸入到专属经济区的概念中，相反，两者应当并存，不管它们是否部分不同。”④这次会议上，国际海底区域资源开发问题继续影响大陆架的宽度和界限问题。“正式单一协商文本之所以规定200海里的最大界限，有一个考量，即认为大陆架如果超过该界限沿海国会对广泛的海底区域拥有管辖权，会大大缩小人类共同继承财产的自然财富的总量。”⑤尽管在200海里外大陆架管辖权问题上没有达成任何协议，但是艾文森文本和单一文本均反映出很多折衷性的观点，即沿海国管辖权扩展到精确定义的

① 参见 John R. Stevenson & Bernard H. Oxman, The Third United Nations Conference on the Law of the Sea: the 1975 Geneva Session, The American Journal of International Law, Vol. 69, 1975, p. 781。

② 参见 John R. Stevenson & Bernard H. Oxman, The Third United Nations Conference on the Law of the Sea: the 1975 Geneva Session, The American Journal of International Law, Vol. 69, 1975, p. 769。

③ 参见 John R. Stevenson & Bernard H. Oxman, The Third United Nations Conference on the Law of the Sea: the 1975 Geneva Session, The American Journal of International Law, Vol. 69, 1975, p. 770。

④ Milenko Milic, The Third United Nations Conference on the Law of the Sea, Case Western Reserve Journal of International Law, Vol. 8, 1976, p. 173.

⑤ Milenko Milic, The Third United Nations Conference on the Law of the Sea, Case Western Reserve Journal of International Law, Vol. 8, 1976, p. 174.

200海里外大陆架外部界限上和200海里外资源开发的收益分享是达成广泛协议的唯一途径。① 所以，沿海国200海里外大陆架上的管辖权在这次会议上还远没有确立。

虽然沿海国是否拥有200海里外大陆架问题还没有解决，但是在1976年纽约召开的海洋法会议第三届和第四届实质性会议上，有关大陆架的主要议题已经开始转为研究沿海国大陆架超过200海里的问题。② 当然，此时依然有人认为，尽管大陆架概念意味着原则上可以扩展到深海底且国际社会在界限问题上没有精确的协议，但200海里内大陆架的概念很可能被吸收到渔业区概念中，因为修订的单一协商文本中渔区的概念可能范围很广，包括渔业和海底资源开发在内。③ “从这一年开始，海洋法会议已经进入到政府必须衡量是有条约还是没有条约的得失问题了。”④也就是说，会议开始进入到深度阶段，国际社会围绕大陆架上管辖权争论越来越激烈。

因此，从1974年第一届实质性会议开始到1976第四届实质性会议结束，虽然沿海国大陆架的宽度是否超过200海里这个问题还没有解决，但是为解决大陆架外部界限问题，国际社会已经有了由国际机构发挥“复查”作用的思想。

二、划定沿海国200海里外大陆架外部界限的各种标准

在1977年召开的海洋法第五届实质性会议上，沿海国200海

① 参见John R. Stevenson & Bernard H. Oxman, The Third United Nations Conference on the Law of the Sea: the 1975 Geneva Session, The American Journal of International Law, Vol. 69, 1975, pp. 770-771。

② 参见Bernard H. Oxman, The Third United Nations Conference on the Law of the Sea: the 1976 New York Session, The American Journal of International Law, Vol. 71, 1977, p. 250。

③ 参见Bernard H. Oxman, The Third United Nations Conference on the Law of the Sea: the 1976 New York Session, The American Journal of International Law, Vol. 71, 1977, p. 266。

④ Bernard H. Oxman, The Third United Nations Conference on the Law of the Sea: the 1976 New York Session, The American Journal of International Law, Vol. 71, 1977, p. 268.

里外大陆架权利有了进一步的发展。这次会议上，从确保发展中国家利益出发，通过首先界定200海里外大陆架上精确的收益分享义务的方式，沿海国在200海里外大陆架上的权利得到基本确立。①此后，第三次海洋法会议在大陆架问题上的焦点基本上完全转向了如何确定外部界限的问题。为解决这个问题，各国代表团先后提出了许多建议，归纳起来，可以分为八类：第一类建议是海岸线距离标准，该类建议的特点是大陆架外部界限是确定的，而且也容易决定，缺点是不能反映大陆架的地理特征；第二类建议是水深标准，该标准程序比较简单，但难以实施，因为测量时具有潜在的不精确性，且洋底地貌又变动较大；第三类建议是水深和海岸线距离相结合，该建议确保了沿海国管辖权最小距离，但依然存在不精确测量和海底变动较大问题；第四类建议是《1958年大陆架公约》中的开发标准，该建议已被证明不满意，因为它支持技术先进国家；第五类建议是将大陆架边界扩展到大陆架隆起至向海一方的界限，该建议包括通过测量沉积岩厚度来确定大陆架隆起位置，但忽视了海底组成的多样性；第六类建议是著名的爱尔兰公式，该建议通过确定洋底沉积岩厚度来测量大陆架界限；第七类建议是地质学方法，提议通过区分大陆架和洋底实质性组成来确定大陆架；最后一类建议由著名地理学家霍利斯·海伯格根据洋底地貌学特点提出，他认为地理性的决定不能使政治边界充分确定和无争议性，因此提议从坡脚量起成立一个区，这个区能适应测量引起的各种矛盾。②

上述关于解决沿海国200海里外大陆架外部界限精确定义问题的各种建议，反映了各国的利益诉求。"1977年会议上，虽然没有一种标准获得广泛性支持，但是第二委员会主席注意到，有一个特

---

① 参见Bernard H. Oxman, The Third United Nation's Conference on the Law of the Sea: the 1977 New York Session, The American Journal of International Law, Vol. 72, 1978, p. 80。

② 参见John Warren Kindt, Claims to Jurisdiction over the Environment of the Continental Shelf, California Western Law Review, Vol. 21, 1984-1985, pp. 8-10。

别的建议获得了一群代表团的支持。”①这个建议就是“爱尔兰公式”，该公式沿袭了1974年加拉加斯会议期间关于大陆架外部界限“由国际机构复查”的观点，第一次明确提出了成立“国际委员会”，对沿海国主张进行审查，可以认为是“大陆架界限委员会”的直接和正式提出者。当然，也出现了与该观点完全相反的观点。例如，有人认为应当设立一个公式，允许沿海国在离大陆坡脚60英里的地方或者沉积岩厚度至少是离大陆坡脚距离百分之一的地方确定大陆架边缘。② 如果说爱尔兰公式是“国际机构决定论”的话，该观点其实是“沿海国决定论”。“鉴于各国还没有完全达成一致，第二委员会认为，尽管需要大陆架外部界限的精确定义，且没有其他获得广泛接受的定义作为替代选择，这个阶段在组成文本中纳入此问题是不公平的”③。爱尔兰公式因此还没有完全确立起来。

三、爱尔兰公式与苏联公式的碰撞

经过会前会后反复讨论协商，一般认为，大约在1978年海洋法第七届会议开始前，为定义大陆架，国际社会已经就爱尔兰公式大体上达成一致，但是一些国家为了在其他问题上讨价还价和可能为了实现200海里外大陆架上开发的收益分享能有所增长，仍然正式地反对200海里外大陆架上的管辖权。④ 例如，苏联提出了“苏联公式”，并且得到了不少发展中国家的支持。阿拉伯国家则一直

① Bernard H. Oxman, The Third United Nation's Conference on the Law of the Sea: the 1977 New York Session, The American Journal of International Law, Vol. 72, 1978, p. 81.

② 参见 Bernard H. Oxman, The Third United Nation's Conference on the Law of the Sea: the 1977 New York Session, The American Journal of International Law, Vol. 72, 1978, p. 81。

③ Bernard H. Oxman, The Third United Nation's Conference on the Law of the Sea: the 1977 New York Session, The American Journal of International Law, Vol. 72, 1978, p. 81.

④ 参见 Bernard H. Oxman, The Third United Nation's Conference on the Law of the Sea: the Seventh Session (1978), The American Journal of International Law, Vol. 73, 1979, p. 19。

坚持反对沿海国拥有 200 海里外大陆架的管辖权。这三种观点成为 1978 年会议上关于大陆架宽度和界限确定问题的争论点，但斗争主要围绕爱尔兰公式和苏联公式进行。

苏联公式的主要内容是：(1)如果沿海国大陆架没有超出 200 海里专属经济区的范围，那么就延伸到专属经济区的外部界限。(2)如果沿海国大陆架超出 200 海里专属经济区外部界限不到 100 海里，那么就以科学的地质地貌学数据为基础来确定。如果这样的数据无法获取，大陆架外部界限就根据爱尔兰公式中第三段第二点规定的离大陆坡脚距离不超过 60 海里来确定。当然，在这个方式下，大陆架外部界限任何情况下都不应当超过 200 海里专属经济区外部界限 100 海里。(3)沿海国大陆架延伸超过 200 海里专属经济区范围 100 海里时，大陆架的边缘就固定在专属经济区外部界限 100 海里上。① "该公式废除了爱尔兰公式中采取的为确定大陆架宽度而参考沉积岩厚度的方法，提出了大陆架上的管辖权不应该超过 200 海里专属经济区外部界限 100 海里。"②。对于苏联公式，一些国家代表团认为，该公式适用起来比较容易，为最终结果提供了确定性，减少了争议的可能性，避免了由国际机构审查沿海国主张的需要，并且较少"侵蚀"了国际区域。③ "这种观点看起来是为最大界限 300 海里提供了建议，而不是在这个最大界限范围内确定大陆架的界限问题。"④苏联公式在某些方面借鉴了爱尔兰公式，但是

① 参见 C. 2/Informal Meeting/14, April 27, 1978.(注：1978 年 4 月 27 日海洋法公约非正式协商会议记录，转引自 Bernard H. Oxman, The Third United Nation's Conference on the Law of the Sea: the Seventh Session (1978), The American Journal of International Law, Vol. 73, 1979, p. 20。

② Bernard H. Oxman, The Third United Nation's Conference on the Law of the Sea: the Seventh Session (1978), The American Journal of International Law, Vol. 73, 1979, p. 20.

③ 参见 Bernard H. Oxman, The Third United Nation's Conference on the Law of the Sea: the Seventh Session (1978), The American Journal of International Law, Vol. 73, 1979, pp. 20-21。

④ Bernard H. Oxman, The Third United Nation's Conference on the Law of the Sea: the Seventh Session (1978), The American Journal of International Law, Vol. 73, 1979, p. 21.

它取消了沉积岩厚度方法，排除了“国际委员会”复查沿海国大陆架主张，这一点与爱尔兰公式完全相反，因此，单纯从大陆架界限委员会成立及其建议的法律效力问题看，苏联公式可以视为是爱尔兰公式的反对者。

“支持爱尔兰公式的人提出了反对苏联公式的论点，认为苏联公式忽视了大陆架原则的地理基础，取消了沿海国在自然延伸到海底的陆地领土上的已有权利，没有考虑到沿海国对其海岸的碳氢化合物的经济和环境利益，不必要地复杂化了共同的流动性资源的分配。”①这些论点指出了苏联公式与爱尔兰公式的区别，但仅看到了技术层面的问题，这两个公式对峙的焦点并不限于此，而是有更高层次的考量。“非正式协商文本和爱尔兰公式就表明，200 海里外区域关注的实质问题有：一是沿海国边界确定的“国际审查”；担心损害上覆水域的公海自由；其他问题”②。

爱尔兰公式和苏联公式的碰撞表明，在确定沿海国 200 海里外大陆架外部界限问题上，除了科学性或技术性方法依然存在争论外，国际社会关注的主要问题已经上升为沿海国确定 200 海里外大陆架外部界限是否需要由国际机构进行审查的问题。

四、爱尔兰公式与苏联公式的融合

爱尔兰公式与苏联公式碰撞后，两者在 1979 年日内瓦召开的第三次海洋法会议第八届会议上走向了融合。两者的融合主要基于以下几个方面：一是不管海底地理环境如何，将大陆架的外部界限扩展到从海岸线量起的 200 海里；二是大陆架是沿海国陆地领土的自然延伸，包括海床、大陆架的底土、大陆坡和大陆基，不包括深海洋底或底土；三是爱尔兰公式在避免误解方面是一种合理的方

① Bernard H. Oxman, The Third United Nation's Conference on the Law of the Sea: the Seventh Session (1978), The American Journal of International Law, Vol. 73, 1979, p. 22.

② Bernard H. Oxman, The Third United Nation's Conference on the Law of the Sea: the Seventh Session (1978), The American Journal of International Law, Vol. 73, 1979, p. 22.

法，它通过沉积岩厚度或定点方式确定了大陆架外部界限；四是尽管大陆架会有一个最大界限，但是根据爱尔兰公式，可能会超出这个界限。① 根据最后一点，采用爱尔兰公式确定的大陆架的外部界限甚至可能超过苏联公式最初提出的300海里范围。② 也就是说，爱尔兰公式有其缺陷，而苏联公式的某些方法反而有助于弥补这种缺陷。经广泛协商后，第二委员会主席和第六协商团体(该团体在1978年会议上成立，致力于解决大陆架外部界限问题和收益分享问题)提出了一个文本，成为非正式协商文本第一修订本的第76条。“为迅速确定方案，会议主席选择了离海岸线350海里标准或2500米等深线起100海里标准作为大陆架的最大外部界限。”③“自这时起，大陆架外部界限就是以爱尔兰公式为基础确定，同时满足两个条件，一是自然延伸不到200海里就扩展到200海里，二是最大界限不能超过离海岸350海里标准或2500等深线外100海里标准。”④至此，爱尔兰公式与苏联公式在技术层面基本实现了融合。

然而，在关于沿海国确定200海里外大陆架界限是否需要国际机构复查问题上，却不像技术层面那么容易融合。支持爱尔兰公式一派的主张是，为了避免不合理主张，提议成立的“大陆架界限委员会”应当仔细审查沿海国为此区域提交的划界地图。⑤ 因此，该

① 参见 Bernard H. Oxman, The Third United Nation's Conference on the Law of the Sea: the Eighth Session (1979), The American Journal of International Law, Vol. 74, 1980, pp. 19-20。

② 参见 Bernard H. Oxman, The Third United Nation's Conference on the Law of the Sea: the Eighth Session (1979), The American Journal of International Law, Vol. 74, 1980, p. 20。

③ Bernard H. Oxman, The Third United Nation's Conference on the Law of the Sea: the Eighth Session (1979), The American Journal of International Law, Vol. 74, 1980, p. 20.

④ 参见 Bernard H. Oxman, The Third United Nation's Conference on the Law of the Sea: the Eighth Session (1979), The American Journal of International Law, Vol. 74, 1980, p. 20。

⑤ 参见 Bernard H. Oxman, The Third United Nation's Conference on the Law of the Sea: the Eighth Session (1979), The American Journal of International Law, Vol. 74, 1980, p. 22。

派不仅主张成立一个国际机构审查沿海国所提交的主张，而且实质上认为这个国际机构审查后所作出的建议具有法律效力。这一点可以从他们对待新加坡和其他国家代表团的提议中看出来。新加坡在其文本中的表述是："沿海国确立的大陆架界限考虑委员会的建议后应当具有终局性和约束力。"①"他们认为修订这一段非常重要，因为新加坡这一表述不能令人信服地表达它所要说的意思，即沿海国简单地通过'考虑一下'委员会的建议就能确定最终约束世界上其他国家的大陆架界限，这样很可能造成在重要的方面沿海国拒绝委员会的建议。"②爱尔兰公式派认为，合理的建议应当是，如果沿海国选择执行委员会的建议，那么界限就应当具有终局性和约束力。③ 另外，"还应当有一个程序来处理这一问题"④。据此，我们可以得知，爱尔兰公式派之所以强调国际委员会复查的作用并赋予国际机构的建议具有法律效力，其原因不仅是为了防止沿海国过度主张大陆架，而且存在一种逻辑，即在200海里外大陆架问题上，沿海国不能单独确定对世界上其他国家有拘束力的最终的外部界限，沿海国的权利必须接受某种制约。

这一时期，关于200海里外大陆架外部界限的国际审查问题，非正式的加拿大版本对爱尔兰公式派提议成立的国际委员会的组成和功能做了详细的阐述，可以说是进一步发展和完善了爱尔兰公式。该文本第二条规定，委员会应由30名地质学、地理学或水文

① Bernard H. Oxman, The Third United Nation's Conference on the Law of the Sea: the Eighth Session (1979), The American Journal of International Law, Vol. 74, 1980, p. 22.

② Bernard H. Oxman, The Third United Nation's Conference on the Law of the Sea: the Eighth Session (1979), The American Journal of International Law, Vol. 74, 1980, p. 22.

③ 参见 Bernard H. Oxman, The Third United Nation's Conference on the Law of the Sea: the Eighth Session (1979), The American Journal of International Law, Vol. 74, 1980, p. 22。

④ Bernard H. Oxman, The Third United Nation's Conference on the Law of the Sea: the Eighth Session (1979), The American Journal of International Law, Vol. 74, 1980, p. 22.

学方面的专家组成，且经由政府间国际组织海洋学委员会和国际水文局确定的程序任命；第三条规定了委员会的两项功能，一是核实沿海国划定的从领海基线量起的200海里外大陆架外部界限是否符合文本第62条(也就是爱尔兰公式关于大陆架宽度的规定)的规定，二是经沿海国请求提供关于上一条有关划界方面的技术建议；第四条主要规定沿海国应当向国际委员会提交200海里外大陆架划界所依据的科学数据；第五条主要规定委员会应当任命一个5人特别委员会处理沿海国提交的每一份提案；第六条规定沿海国的全部或部分提案如果满足特别委员会多数支持，那么特别委员会应当核实这条界限或其中的一部分，这种核实具有终局性和约束力，而且推认为这是根据公约宗旨而为；第七条规定如果特别委员会对沿海国提交的证据不满意，应当在六个月内说明理由，沿海国应当在合理期限内提交新的提案；第八条规定沿海国应当在公约生效后10年内提交提案；第九条规定委员会的功能不包括处理相邻或相对国家间的划界问题。① 在加拿大文本中，有关“国际委员会”的功能的规定尤其值得关注，该文本认为“国际委员会”的核实具有终局性和约束力，这等于直接使“国际委员会”的建议具有法律效力。虽然后来的谈判中这一点有所修改，但是对照海洋法公约正式文本附件二，我们可以发现加拿大非正式文本的内容非常全面具体，为后来成立的大陆架界限委员会设计了基本框架。

五、委员会及其建议法律效力问题的最终确定

1980年海洋法公约第九届会议上，国际社会在200海里外大陆架外部界限问题上已经不再争论是否需要国际机构对沿海国的主张进行复查，而是集中关注该国际机构的建议的作用或者效力。当

---

① 参见 NG6/1, Reports of the Committees and Negotiating Groups on negotiations at the Seventh Session contained in a single document both for the purposes of record and for the convenience of delegations, May 19, 1978(注：1978年第三次海洋法公约会议第七次会议上第6协商团体文件，非正式的加拿大文本)。

然，由其他国家支持的苏联代表团继续强调要澄清关于隆起线区域大陆架外部界限复杂条款的适用。① “他们希望澄清，大陆架不超过离海岸距离 350 海里或 2500 米等深线外 100 海里的规则，是作为界限而言，而不是作为爱尔兰公式所提议的规定在公约中的大陆架扩展到外部边沿的根据。”②另外，斯里兰卡代表团鉴于其国家拥有一个非常窄的大陆架和大陆坡以及在此之外有一个宽阔的大陆基的特殊情形，也提出了一个建立在沉积岩平均厚度上的特殊方法。③ 这些问题只能算是关于大陆架问题的插曲，没有成为会议讨论的主要议题。

第九届会议第一部分会议协商的结果是，关于大陆架界限委员会有了一个新的附件和一个处理委员会建议作用的修订本。与加拿大文本规定不同的是，新修订本中委员会由 21 名而不是 30 名地质学、地理学和水文学领域的专家组成，委员会的建议由设立的 7 人而不是 5 人专家小组审议。④ 核心修改之处当然是关于委员会的功能及其建议的效果的规定。根据加拿大文本，委员会应当核实沿海国所提交的界限，而且直接规定这种核实具有终局性和约束力。也就是说，加拿大文本规定委员会的建议直接具有法律效力。这与爱尔兰公式最初的意思也是一致的。然而，在这届会议上，鉴于一些国家，尤其是苏联公式支持者对委员会“复查”沿海国主张的顾虑，难以接受大陆架界限委员会对沿海国图标的最初反应，新修订的文

---

① 参见 Bernard H. Oxman, The Third United Nation's Conference on the Law of the Sea: the Ninth Session (1980), The American Journal of International Law, Vol. 75, 1981, p. 227。

② Bernard H. Oxman, The Third United Nation's Conference on the Law of the Sea: the Ninth Session (1980), The American Journal of International Law, Vol. 75, 1981, p. 227.

③ 参见 Bernard H. Oxman, The Third United Nation's Conference on the Law of the Sea: the Ninth Session (1980), The American Journal of International Law, Vol. 75, 1981, p. 228。

④ 参见 Bernard H. Oxman, The Third United Nation's Conference on the Law of the Sea: the Ninth Session (1980), The American Journal of International Law, Vol. 75, 1981, p. 230。

本做了一些妥协，规定了沿海国可以同意或者不同意委员会的建议。① 如果沿海国同意委员会的建议，那么它就被赋予了相当的权利，即沿海国在委员会建议的基础上确定的大陆架外部界限应当具有终局性和约束力；在沿海国不同意委员会的情形下，沿海国应当在合理期限内向委员会提交订正的或新的划界案。② 那么，新修订文本作出这种调整是否就完全否认了委员会建议的作用和法律效力？当然不是，调整的目的显然主要是为了给沿海国留下一定的考量余地和维护自身权利的机会。只是这种调整的结果为委员会建议发挥作用和产生法律效力增加了限制性条件，但并非意图否定或削弱委员会建议的法律效力。因为沿海国要想获得有确定性和约束力的大陆架外部界限，最终必须以委员会的建议为基础。沿海国当然也拥有了选择是否同意委员会建议的权利，但是选择不同意的后果是不能确定有终局性和拘束力的大陆架外部界限，从而其外大陆架权利不能获得国际上其他国家的承认。仅属沿海国一家之言的界限，是无约束力可言的。正如白纳德·奥克斯曼所言，“沿海国在委员会建议的基础上确定的大陆架外部界限具有终局性和约束力，他们就可能不会被挑战”。③ 对于沿海国选择不同意的权利，白纳德·奥克斯曼的评价是：“虽然不同意委员会建议的沿海国被否认了要求其他公约成员方接受其关于正确适用第76条意见的特殊权利，但没有否认其拒绝委员会方法的权利。”④可见，沿海国不同意

① 参见 Bernard H. Oxman, The Third United Nation's Conference on the Law of the Sea: the Ninth Session (1980), The American Journal of International Law, Vol. 75, 1981, p. 230。

② 参见 Bernard H. Oxman, The Third United Nation's Conference on the Law of the Sea: the Ninth Session (1980), The American Journal of International Law, Vol. 75, 1981, p. 230。

③ Bernard H. Oxman, The Third United Nation's Conference on the Law of the Sea: the Ninth Session (1980), The American Journal of International Law, Vol. 75, 1981, p. 230.

④ Bernard H. Oxman, The Third United Nation's Conference on the Law of the Sea: the Ninth Session (1980), The American Journal of International Law, Vol. 75, 1981, p. 230.

委员会建议一方面得到了拒绝委员会方法的权利，另一方面也付出了代价，那就是无法要求公约其他成员方遵守自己划定的界限。所以，从划定有终局性和拘束力的大陆架外部界限这个目标或结果看，委员会始终起一种“把关性”作用，其建议产生法律效力是必然的。当然，由于沿海国行使不同意的权利在此过程中具有“刹车”作用，委员会的建议产生法律效力的能力不能不说确实“打了一定折扣”。

至此，到第九届会议结束时，修订文本中大陆架界限委员会的功能、组成都有了完整而明确的规定，委员会建议的作用和法律效力问题经调整后也得以确定下来，这些规定最终被后来的《海洋法公约》完全吸纳和采用。

1958 年至 1982 年间海洋法的历史发展表明，大陆架界限委员会的成立及其建议效力问题的确定与沿海国大陆架的宽度问题紧密相关。大陆架的宽度和界限问题主要经历了一个摒弃《1958 年大陆架公约》开发标准、突破 200 海里范围界限和兼采爱尔兰公式与苏联公式的过程。大陆架界限委员会就是在国际社会为确定沿海国大陆架外部界限、界定国家管辖权范围的过程中孕育和发展起来的，第三次联合国海洋会议成为委员会产生的摇篮。然而，委员会的成立和其建议法律效力问题的解决，经历了一个漫长的过程。1974 年加拉加斯会议提出“沿海国确定的大陆架外部界限由国际机构复查”的观点，成为委员会及其建议效力的最初构想。1977 年会议上沿海国 200 海里外大陆架权利的确立和爱尔兰公式获得许多代表团的支持，为委员会的成立和发展提供了有力支撑。1978 年会议上爱尔兰公式与苏联公式的碰撞，说明国际社会在大陆架宽度和界限问题上依然存在分歧，也成为后来委员会建议的法律效力“打折扣”的立法动因。1979 年会议上爱尔兰公式与苏联公式的融合，在推动大陆架宽度问题解决的同时，将委员会的作用限于 200 海里外大陆架界限的确定问题上。1980 年会议最终以协调爱尔兰公式派观点和苏联公式派观点的形式，在保持委员会建议能够产生法律效力的同时，允许沿海国有不同意委员会建议的权利，从而结束了国际社会在委员会建议的作用和法律效力问题上的纷争，使委员会及其建议的效力问题得以最终确定。整个海洋法会议对委员会的建议的立法过程，其实是从一开始讨论建议直接具有法律效力到后来讨论建议产生法律效力并附加条件的过程，但无论是直接的法律效力还是附条件的法律效力，委员会的建议始终都能够产生法律效力，在确定沿海国外大陆架权利中起无可替代的作用，因而它不仅仅是一种建议性的建议。

第三节　委员会的“立法行为”助推其建议产生法律效力(1982年后)

《联合国海洋法公约》于1982年12月10日在牙买加的蒙特哥湾召开的第三次联合国海洋法会议最后会议上通过，但直到1994年，《公约》才正式生效。经过一段时间的筹备，联合国大陆架界限委员会终于在1997年正式成立。为履行公约规定的职能，委员会通过其“立法行为”开展了富有成效的工作，对推动委员会建议从应然到实然最终产生法律效力起了重要作用。

一、《议事规则》促进委员会建议产生法律效力的“程序法”意义

1997年6月16日至20日，委员会在纽约联合国总部举行了第一届会议。这次会议上，联合国秘书长的代表、联合国法律顾问汉斯·科雷尔在开幕式发言中向会议介绍了由秘书处起草的议事规则草案。① 由于议事规则事关委员会的运作问题，委员会在会议上决定逐条审议该草案，从而完成了议事规则的第一轮审议。后来，经多次修订，直到2008年委员会第21届会议上，议事规则才基本定型，委员会综合各届会议的版本、修正案和新增案文，最终颁布了新版本的《大陆架界限委员会议事规则》。该《规则》主要内容有：

① 参见1997年大陆架界限委员会文件，CLCS/1，第2页，大陆架界限委员会网站：http://daccess-dds-ny.un.org/doc/UNDOC/GEN/N97/178/08/IMG/N9717808.pdf? OpenElement。

届会和会议安排，委员会成员的任期和产生办法、秘书处职责、工作用语、议事方式、表决方法、对沿海国提出的划界案的处理、保密问题、议事规则的修正等，可以说包括了委员会工作的各个方面。①

《议事规则》的正式出台，使委员会工作有章可循，大大提高委员会工作效率的同时，对《公约》的实施具有重要的推动作用。《议事规则》制定过程中，也征求过《公约》缔约国会议的意见，但是规则本身最终是由委员会通过的，而委员会本身并没有立法权，除保证按照《公约》的规定实施外，不能增加或减少缔约国的权利和义务。也就是说，从严格意义的立法角度看，《议事规则》本身是没有法律约束力的。然而，应该值得关注的是，由于委员会作出的建议在沿海国 200 海里外大陆架划界中的重要作用，这使委员会的《议事规则》与一般的工作规则有很大的不同之处。一般工作规则主要规定日常性工作的大体做法、流程等，并不会对相关权利或义务产生重大影响，而《议事规则》虽然不具有法律约束力，但是具有一种类似“程序法”的作用。这里的程序就是委员会审议沿海国划界案并提出建议的程序。这种“程序法”虽然与《国际法院规约》、《前南斯拉夫问题国际刑事法庭规约》或者国内法中的诉讼法规则无法相比，更不能等同，但事实上产生了相似的作用。由于《公约》本身赋予委员会建议能够产生法律效力，因此，《议事规则》在促进《公约》实施的同时，当然具有推动委员会建议产生这种效力的作用。

二、《科学和技术准则》是推动建议产生法律效力的“执行细则”

为编写《科学和技术准则》(以下简《准则》)，委员会分配了两个阶段的工作任务。第一阶段是从 1997 年第二届会议开始，组织

① 参见《大陆架界限委员会议事规则》(CLCS/40/REV. 1)，第 1~34 页，大陆架界限委员会网站：http：//daccess-dds-ny. un. org/doc/UNDOC/GEN/N08/309/22/PDF/N0830922. pdf? OpenElement。

了六个研究小组，进行分学科和多学科背景研究。① 第二个阶段是从 1998 年委员会第三届会议开始，任务是拟定《准则》草案。这届会议组成了一个编辑委员会，审议并通过了委员会主席提议的《准则》文件结构。② 经编辑委员会的多次讨论和修订，在第四届会议最后一次会议上提出了《准则》终稿，供全体委员会成员审议。在 1999 年纽约召开的第五届会议上，委员会以协商一致的方式通过了《准则》。《准则》的内容主要包括：确定扩展大陆架的权利及其外部界限的划定、大地测量方法和大陆架外部界限、2500 米等深线、定为大陆坡坡底坡度变动最大之点的大陆坡脚、以相反证明方式不按一般规则确定的大陆坡脚、洋脊、根据沉积厚度划定大陆坡外部界限。从《准则》的具体条款看，着重要解决的是有关划界的科学和技术方面的问题。

与《议事规则》主要解决程序问题不同的是，《准则》要解决的主要是“实体法”上的问题。由于《公约》第 76 条所规定的 200 海里外大陆架外部界限的划定方法只是一个大致的规定，并不能为实际操作提供一个比较统一而可靠的标准，而且这种划定属于科学和技术方面的问题，需要一个权威的、各国认可的方法。用委员会自己的话说，就是想以《准则》澄清其对《公约》所载科学、技术和法律用语的解释。③ 委员会在《准则》前言中还认为，作出澄清是必要的，并给出了几个理由：一是因为《公约》在法律意义下使用科学术语，其含义有时同公认的科学定义和术语相去甚远；二是在其他情况下也需要作出澄清，因为《公约》的多个用语可有几种同样可

① 参见《大陆架界限委员会科学和技术准则》(CLCS/11)，第 4 页，大陆架界限委员会网站：http://daccess-dds-ny.un.org/doc/UNDOC/GEN/N99/171/07/IMG/N9917107.pdf?OpenElement。

② 参见《大陆架界限委员会科学和技术准则》(CLCS/11)，第 4 页，大陆架界限委员会网站：http://daccess-dds-ny.un.org/doc/UNDOC/GEN/N99/171/07/IMG/N9917107.pdf?OpenElement。

③ 参见《大陆架界限委员会科学和技术准则》(CLCS/11)，第 7 页，大陆架界限委员会网站：http://daccess-dds-ny.un.org/doc/UNDOC/GEN/N99/171/07/IMG/N9917107.pdf?OpenElement。

以接受的解释；三是在举行联合国第三次海洋法会议时也许不认为必须确定各科学和技术术语的准确定义，但现在看来有这种需要；四是若干条款非常复杂，各国可能遇到科学和技术方面的困难，无法对这些条款逐一作出明确的解释。① 可见，《准则》是对《公约》第 76 条这个关键条款的解释和细化，有学者因此认为《准则》相当于是《公约》的执行细则。② 虽然《准则》与《议事规则》一样，都是由委员会通过的，没有法律约束力，但是它毕竟是委员会用来评判各国确定其 200 海里外大陆架外部界限是否符合《公约》规定的参考标准，直接影响委员会在审议沿海国划界案和作出建议问题上的决策，因而对沿海国权利和《公约》的实施都具有十分重要的作用。这种作用归根结底集中体现于委员会对沿海国作出的建议中，毫无疑问也具有推动建议产生法律效力的作用。

三、"立法行为"表明委员会希望缔约国遵守其建议

如果说从宏观角度看，《议事规则》和《准则》分别是《公约》"程序法"和"实体法"方面的"执行细则"的话，那么从这两个文件的微观角度，也就是它们的具体内容看，可以发现委员会制定和通过的这两个文件具有希望《公约》缔约国遵守其建议的一种内在的倾向性。理由如下：

一是《议事规则》倾向于强调委员会的独立性。依照《公约》的规定，委员会确实应当是一种独立的机构，其委员是以个人身份而不是以派遣国身份履行职务。虽然如此，但是在关于委员会审议沿海国划界案的具体程序上，《公约》并没有作出详细规定，更没有特别限制沿海国参与审议程序的权利。然而，《议事规则》在某种程度上对沿海国参与议事程序作了某种程度的限制性规定。

① 参见《大陆架界限委员会科学和技术准则》(CLCS/11)，第 7 页，大陆架界限委员会网站：http：//daccess-dds-ny. un. org/doc/UNDOC/GEN/N99/171/07/IMG/N9917107. pdf? OpenElement。

② 参见潘军：《〈联合国海洋法公约〉第 76 条与大陆架界限委员会〈科学和技术准则〉探析》，载《鸡西大学学报》2012 年第 9 期，第 89 页。

这一点可以从委员会相关会议上看出来。例如，在2002年委员会第十届会议上，委员会成员就对沿海国代表参与审议划界案程序的权利发生了一些争议，Kazmin先生就主张沿海国代表有权根据《公约》附件二第5条参加议事程序，但是委员会主席却表达了不同看法，认为没有这个必要。① 这两种观点争论激烈，以致委员会要通过无记名投票的方式表决决定，结果是沿海国代表无权参与该程序。应当说，在国际事务中，涉及某一国问题时，允许该国参与解决问题的程序是比较正常的，即便是国际法院或者法庭，至少可以通过诉讼程序保障当事国的参与权利，但是根据《议事规则》，沿海国仅拥有非常有限的参与权利，这充分说明委员会希望保持其议事的独立性，避免过多受沿海国的影响，以体现其权威作用。

二是《议事规则》对沿海国不同意委员会建议的相关内容规定得极少和简单。《议事规则》包括十六大部分和七个附件，内容全面具体，注意力基本集中在履行《公约》规定的建议职能和咨询职能上。关于沿海国可以不同意委员会建议的规定仅有第53条第4款，而且与《公约》规定相比，没有任何的细化性条款，且该款具有强烈的要求沿海国继续提交划界案的含义。这说明在委员会看来，提交划界案对沿海国来说是一种义务性的规定，是“早晚的事”，委员会似乎没有必要在这个问题上花费精力。

三是《准则》具有明显的要求沿海国遵循委员会建议的导向性意图。委员会制定和通过《准则》不仅仅是为了履行《公约》规定的职能，而且期望沿海国能遵守其根据《准则》作出的建议。“委员会制定《准则》的目的是，向希望提出关于从测算领海宽度的基线扩展到200海里以外的大陆架外部界限的数据和其他材料的沿海国提供指导。《准则》澄清委员会在为提出建议目的而审议每一划界案

① 参见2002年大陆架界限委员会文件，CLCS/34，第3页，大陆架界限委员会网站：http：//daccess-dds-ny. un. org/doc/UNDOC/GEN/N02/452/90/PDF/N0245290. pdf? OpenElement。

时审查的可接受的科学和技术证据的范围和深度。”①同时，委员会希望《准则》在引导沿海国划界方面具有统一不同看法，形成权威意见的意图。这一点在《准则》导言中也可以直接看出来。委员会在其中说到：“设计这套《准则》是为了确保沿海国在编制科学和技术证据时按照统一和扩大的国家惯例。”②

委员会并没有像一些学者当初所认为的那样，“根据附件二拥有一些权力，将会规定一个沿海国必须遵守委员会的建议的程序”③，而是严格依照国际法规则，本着既不为沿海国增加或减少权利和义务的原则，为履行职责制定了属于自己权限范围内的工作规则。但是，由于委员会的特殊地位，其制定《议事规则》和《准则》两个文件的“立法行为”，在大陆架外部界限的确定问题上依然具有重大的意义，不仅奠定了委员会工作的基础，而且将《公约》规定予以细化，使其具有可执行性和适用性。更为关键的是，这两个文件在引导沿海国提交划界案，统一大陆架外部界限的划定方法，推动委员会建议被沿海国采纳，使建议产生法律后果方面起了非常重要的作用。

本章小结

纵观委员会成立前、成立过程和成立后的历史可知，委员会的建议最终能够产生法律效力有着深刻的历史原因和政治动因。尽管引发大陆架问题的最初动因来源于一国国内，但是大陆架问题从来就不仅仅是单个国家的问题，而是涉及其他国家和国际社会的问

---

① 《大陆架界限委员会科学和技术准则》(CLCS/11)，第7页，大陆架界限委员会网站：http://daccess-dds-ny.un.org/doc/UNDOC/GEN/N99/171/07/IMG/N9917107.pdf? OpenElement。

② 《大陆架界限委员会科学和技术准则》(CLCS/11)，第8页，大陆架界限委员会网站：http://daccess-dds-ny.un.org/doc/UNDOC/GEN/N99/171/07/IMG/N9917107.pdf? OpenElement。

③ John Warren Kindt, Claims to Jurisdiction over the Environment of the Continental Shelf, California Western Law Review, Vol. 21, 1984-1985, p. 15.

题。它一出现就具有了明显的国际性特征，这为后来成立国际机构解决大陆架问题埋下了伏笔。第三次联合国海洋法会议谈判过程中，集中体现了国际社会各种力量的博弈。尽管经漫长的磨合统一了大陆架宽度标准，但鉴于大陆架对国际社会整体利益的重要影响，国际社会不可能允许由国家单方面来决定自己大陆架权利的有无和面积的大小，而另一方面不少沿海国又想最大限度维护自身权利，因此最终由国际机构出面协调解决这个问题并在其中发挥重要作用就成为一种平衡各方利益的做法。大陆架界限委员会就是应这种需要而成立的。然而，尽管委员会的成立体现了利益平衡，但是从沿海国能否获取200海里外大陆架权利的这个结果看，平衡的砝码实质上偏向了委员会一方，委员会在其中依然起决定性作用，沿海国为获取外大陆架权利最终必须受委员会建议的约束，所以委员会的建议在性质上根本就不是“建议性的”。这既是国际社会博弈的结果，也是基于解决问题的现实需求。毕竟如果委员会和沿海国的作用力完全均衡，那么二者就会相互掣肘，最终无法真正解决问题。委员会成立后，为履行《公约》职能而制定了《议事规则》和《准则》，从“程序法”和“实体法”两个角度细化了《公约》规定，使《公约》具有了操作性和执行力。由于委员会在沿海国大陆架划界中的重要作用，这两个文件虽然没有法律约束力，但是对实现《公约》目的和宗旨产生了重要影响，为委员会接受沿海国提交的划界案并作出相应的建议提供了更为清晰规范的标准，因而对委员会发挥其建议解决沿海国200海里外大陆架外部界限问题产生了巨大的推动作用。委员会的“立法”，知会了《公约》缔约国会议①，实质上得

① 委员会制定《议事规则》过程中，在一些重要事项上通过缔约国会议征求了缔约国意见。例如关于“在发生海岸相向或相邻国家间的争端或其他未解决的陆地或海上争端的情况下所提出的陈述”问题，委员会主席就向委员会第三届会议结束后立即召开的缔约国会议提出了该附件，以征求评论，并在委员会下一届会议上考虑了这些评论。参见1998年大陆架界限委员会文件，CLCS/7，第2页，大陆架界限委员会网站：http：//daccess-dds-ny. un. org/doc/UNDOC/GEN/N98/136/50/IMG/N9813650. pdf? OpenElement。委员会制定《科学和技术准则》时，也采取了类似的办法征求缔约国意见。

到了缔约国的默许和赞同，某种程度上是《公约》内容的延续，也是“立法意图”的再次体现，这个意图就是期望沿海国通过接受委员会建议并在此基础上划定大陆架外部界限。

第三章　委员会建议性质的实践分析

委员会成立后，并没有成为一个摆设性机构。相反，随着《公约》生效后适用问题的愈发凸显和“蓝色海洋圈地运动”的日益激烈，国际社会对委员会的成立给予了比较积极的回应，越来越多的沿海国向委员会提交了划界案。委员会按照《公约》规定，成功处理了许多国家的划界案，为解决沿海国 200 海里外大陆架划界问题作出了实实在在的贡献。向委员会提交划界案的沿海国也以积极合作的态度，遵守了委员会的建议，有的国家还在此基础上划定了大陆架的外部界限，从而获得了相应的外大陆架权利。委员会在履行职责过程中，充分利用掌握的“自由裁量权”，发展了处理各国划界案的方法和手段，在加强委员会权威作用的同时，使委员会建议产生法律效力的能力得到进一步提升和加强。

第一节　委员会接受和审议沿海国划界案情况

一、沿海国提交划界案情况

自 2001 年 12 月 20 日俄罗斯提交第一份划界案以来，截至 2020 年 6 月 15 日，委员会已经收到 92 份划界案（含修订案）和 47 份初步信息，其中 35 份划界案委员会已经审议并作出建议。根据《公约》规定，沿海国的划界案应通过联合国秘书长提交给委员会，联合国秘书长收到沿海国申请后，应当记录在案，并迅速将此事通知委员会、联合国全体会员国和《公约》缔约国。① 由于沿海国为

---

① 《海洋法公约》附件二第 2 条第 5 款规定，委员会秘书处由联合国秘书长提供。《委员会议事规则》第 48、49、50 条详细规定了沿海国划界案的接收和公布问题。

划界案需要做大量的科学和技术方面的准备工作，尤其是要对有关的海底进行精密的测绘和数据收集，同时这些地理信息有时候涉及一国安全等问题，因此划界案的保密工作对沿海国来说是必要的。基于此，沿海国向委员会提交划界案时，通常需要提交一份划界案的执行摘要①，作为公布有关信息的文本，这样既可以让国际社会了解提案国的主张，确保其他国家有提出意见的权利，又可以避免因数据泄密影响提案国国家安全或其他权利的保护问题。

二、委员会处理沿海国划界案的方式

委员会收到沿海国的划界案后，按照时间先后顺序进行安排处理。当然，如果有关的划界案是经过修订的划界案，那么该划界案将会依照原划界案的顺序进行安排。根据近年来委员会的做事方式，对沿海国提交的划界案，委员会将根据情况决定是否进行处理。如果因工作量和排序靠后问题，暂时没有时间处理，那么就会作出暂不处理的决定，等有时间再进行处理。如果决定进行处理，那么又会根据《公约》规定，看是否有不符合条件的情形来作出如何处理的决定。假如划界案所涉大陆架范围全部或者部分符合审议条件，则会成立一个 7 人工作小组来进行审议。审议完毕后，7 人小组将会以初步建议的形式作出决定，这个初步建议通常以协商一致的方式通过②，若经最大努力不能取得协商一致，则以出席并参加表决的成员的三分之二多数通过。小组委员会通过初步建议后，还需要提交委员会进行审议并作出最终的建议，委员会表决建议也是以出席会议并参加表决的成员的三分之二多数通过。如委员会决定对沿海国划界案进行处理，但经处理后发现不符合条件从而不应该进行审议，那么委员会就会作出不审议的决定，同时通知沿海

① 《委员会议事规则》第 47 条第 2 款规定：“沿海国应按照委员会的规定提交划界案及其他资料，划界案的执行摘要应从速译出。”

② 《委员会议事规则》第 35 条第 2 款规定：“委员会、其小组委员会和附属机构在实质事项上应尽力以协商一致方式达成协议，除非已经为达成协商一致竭尽一切努力，不应就实质事项进行表决。”

国，待不符合审议条件的情形不存在时再对其划界案进行审议。对于委员会处理沿海国划界案的方式，也有学者将其归纳为全部审议、部分审议、推迟审议和不审议四种情形。①

三、委员会对沿海国划界案的审议及建议的作出

委员会是通过审议沿海国划界案后作出建议的。委员会对沿海国划界案的审议是实质性的审议。委员会是一个科学和技术机构，因此审议的主要内容是沿海国划界案中的科学和技术方面的数据，包括大地测量数据、海图、坐标等资料。当然，委员会在审议这些内容时，都是严格根据《公约》条款进行的，尤其是《公约》第 76 条第 4 款至第 6 款关于 200 海里外大陆架界限的计算公式和限制性条件的规定。在审议划界案过程中，根据《议事规则》，沿海国有权向委员会阐明其划界案具体情况，委员会也可以根据需要，随时召开会议，要求沿海国解释或说明划界案情况。第三国针对沿海国提交的划界案也可以提出自己的意见，并照会委员会。对于这些意见，除《公约》非缔约国外，委员会一般都会予以考虑，当然，是否采纳要依情况而定。委员会审议沿海国划界案后，如认为所涉大陆架范围证据充足，全部符合《公约》规定，那么就会作出全部认可的建议；如认为只有某一部分符合规定，那么就会作出部分认可的建议；如认为全部不符合规定，那么一般会要求沿海国补充数据资料。

第二节　俄罗斯大陆架划界案评析

一、委员会对俄罗斯划界案审议情况

2001 年 12 月 20 日，俄罗斯向委员会提交了第一份划界案，

---

① 参见李金蓉、罗婷婷、万芳芳：《200 海里外大陆架划界案审议进程及发展趋势研究》，载《国际论坛》2014 年第 3 期，第 37~41 页。

这也是委员会第一次收到划界案。该划界案涉及 2 洋 4 海 5 邻国，面积共 158 万平方公里，包括俄罗斯北部海岸的北冰洋和东部海岸的太平洋四个海域，即巴伦支海、白令海、鄂霍次克海、中北冰洋，其中还涉及俄罗斯与海洋邻国的大陆或岛屿所围绕的一块飞地。① 俄罗斯划界案的主要观点是：中北冰洋的罗蒙诺索夫海岭和门捷列夫海岭是俄罗斯大陆架的自然延伸；中北冰洋的外大陆架东部界限和 1926 年《关于苏联在北冰洋的陆地和岛屿领土的宣言》中主张的扇形区的东部界限与 1990 年 6 月 1 日苏联跟美国关于海域划界的协议所确定的边界线东经 168°58′37″是一致的，并直到北极圈；主张鄂霍次克海中部区域是连续的地理和地质大陆架，是鄂霍次克海俄方大陆架的自然延伸，在 350 海里完全重叠于大陆架外部界限；主张在 200 海里以外大陆架的北极海域面积达 120 万平方公里，在巴伦支海的大陆架争议区面积达 67. 5 平方公里，在白令海为 21400 平方公里，鄂霍次克海为 56400 平方公里。② 俄罗斯当时周边海域的情形是：在巴伦支海与挪威、在白令海与美国、在鄂霍次克海与日本、在中北冰洋与加拿大和丹麦还需划分大陆架边界。

俄罗斯向委员会提交划界案后，挪威、丹麦、加拿大、日本和美国政府向委员会提交了普通照会。挪威政府在照会中告知委员会，挪威与俄罗斯之间在关于巴伦支海大陆架问题上存在未决的划界问题，这个问题属于《议事规则》附件一第 5 条所说的“海洋争端”。③ 当然，挪威强调，委员会对俄罗斯划界案的审议不应该影响上述争端的解决，在满足这个条件下，挪威不反对委员会审议该

① 参见匡增军：《俄罗斯的外大陆架政策评析》，载《俄罗斯中亚东欧研究》2011 年第 2 期，第 74 页。

② 参见匡增军：《俄罗斯的外大陆架政策评析》，载《俄罗斯中亚东欧研究》2011 年第 2 期，第 74 页。

③ 参见 U. N. Doc. CLCS/01. 2001. LOS/NOR，（2002），http：//www. un. org/Depts/los/clcs_new/submissions_files/rus01/CLCS_01_2001_LOS__NORtext. pdf。

划界案。① 丹麦在照会中告知委员会，虽然《公约》在丹麦不适用，但根据《公约》及其附件二，还有《议事规则》，尤其是其中附件一，委员会的行为不应该影响相邻或相对国家间的划界，因此俄罗斯的划界案和委员会的建议不应影响丹麦或者格陵兰岛与俄罗斯之间的划界。② 加拿大在照会中表示，俄罗斯北极大陆架提案缺乏数据分析，同时也认为该划界案不应影响加拿大与俄罗斯之间的划界问题。③ 日本在照会中强烈要求委员会不要采取任何妨碍日俄之间有关北方四岛的领土争端问题，同时认为俄罗斯在划界案中没有指出同日本存在划界争议属于违反了《公约》的规定。④ 美国在照会中指出，俄罗斯划界案有关北冰洋的主张存在很大的瑕疵，其中主张有很大部分属于北冰洋的国际海底区域。⑤

在 2002 年 3 月 15 日至 4 月 12 日召开的第十届会议上，委员会决定开始处理俄罗斯划界案。俄罗斯代表团就划界案向委员会做了非常详尽的介绍，并且认为挪威、丹麦、加拿大、日本和美国政府给委员会的照会不妨碍委员会审议划界案。⑥ 委员会随后根据

---

① 参见 U. N. Doc. CLCS/01. 2001. LOS/NOR，（2002），http：//www. un. org/Depts/los/clcs _ new/submissions _ files/rus01/CLCS _ 01 _ 2001 _ LOS _ _ NORtext. pdf。

② 参见 U. N. Doc. CLCS/01. 2001. LOS/DNK，（2002），http：//www. un. org/Depts/los/clcs _ new/submissions _ files/rus01/CLCS _ 01 _ 2001 _ LOS _ _ DNKtext. pdf。

③ 参见 U. N. Doc. CLCS/01. 2001. LOS/CAN，（2002），http：//www. un. org/Depts/los/clcs _ new/submissions _ files/rus01/CLCS _ 01 _ 2001 _ LOS _ _ CANtext. pdf。

④ 参见 U. N. Doc. CLCS/01. 2001. LOS/JPN，（2002），http：//www. un. org/Depts/los/clcs _ new/submissions _ files/rus01/CLCS _ 01 _ 2001 _ LOS _ _ JPNtext. pdf。

⑤ 参见 U. N. Doc. CLCS/01. 2001. LOS/USA，（2002），http：//www. un. org/Depts/los/clcs _ new/submissions _ files/rus01/CLCS _ 01 _ 2001 _ LOS _ _ USAtext. pdf。

⑥ 参见 2002 年大陆架界限委员会文件，CLCS/32，第 2 页，大陆架界限委员会网站：http：//daccess-dds-ny. un. org/doc/UNDOC/GEN/N02/327/67/PDF/N0232767. pdf? OpenElement。

《公约》附件二第 5 条的规定，在考虑科学和地域平衡的基础上，为审议俄罗斯划界案成立了一个 7 人小组委员会，该小组得到委员会的一致赞同。由于俄罗斯划界案是委员会审议的第一个划界案，这种成立小组委员会所遵循的程序被委员会要求作为今后审议其他划界案的模式。① 为审议俄罗斯划界案，小组委员会先后召开 20 次以上会议，其中有 6 次会议举行了问答式的协商，由小组委员会提问，俄罗斯代表团专家小组答复。② 审议过程中，俄罗斯向小组委员会提交了补充材料。2002 年 6 月 14 日，小组委员会通过了关于俄罗斯划界案的初步建议，并提交委员会核可。第十一届会议上，委员会在进行了一系列审议和非正式协商后，结束了对小组委员会编写的建议的审查，并在进行了几项修正后，协商一致通过了委员会建议。③ 建议包括对俄罗斯提交的数据和信息的审查，尤其考虑了俄罗斯 200 海里外的大陆架权利，还有《公约》第 76 条的公式和限制性条件。委员会建议的主要内容是：关于巴伦支海和白令海，建议俄罗斯与挪威在巴伦支海、与美国在白令海就划界协议达成一致，向委员会提交表示俄罗斯在这两个海域的 200 海里外大陆架外部界限的海图和划界线协调情况；关于鄂霍次克海，建议俄罗斯为其扩展的北部海域的大陆架制作一份较好的部分划界案，该划界案不影响南部方面相关国家间的划界问题，也不用顾及《公约》附件二第 4 条规定的 10 年提交期限，为制作该部分划界案，还建议俄罗斯根据《议事规则》附件一第 4 款与日本尽最大努力达成协

---

① 参见 2002 年大陆架界限委员会文件，CLCS/32，第 3 页，大陆架界限委员会网站：http：//daccess-dds-ny. un. org/doc/UNDOC/GEN/N02/327/67/PDF/N0232767. pdf? OpenElement。

② 参见 2002 年大陆架界限委员会文件，CLCS/34，第 3 页，大陆架界限委员会网站：http：//daccess-dds-ny. un. org/doc/UNDOC/GEN/N02/452/90/PDF/N0245290. pdf? OpenElement。

③ 参见 2002 年大陆架界限委员会文件，CLCS/34，第 4 页，大陆架界限委员会网站：http：//daccess-dds-ny. un. org/doc/UNDOC/GEN/N02/452/90/PDF/N0245290. pdf? OpenElement。

议；关于北极中心海域问题，建议俄罗斯提交一份修正的划界案。① 俄罗斯划界案至此告一段落。或许由于这是委员会的第一份建议，委员会当时的工作还不够完善，这份建议比较简短，不像后来的委员会建议那样，不仅内容详实，科学论证充分，而且都有建议摘要，方便国际社会阅览。很明显，俄罗斯这次提交的划界案并没有获得委员会支持的建议。

经过10多年的再次准备后，2013年2月28日，俄罗斯向委员会提交了关于鄂霍次克海的部分修订案。根据《议事规则》和委员会第二十六届会议确定的关于订正划界案优先审议而不考虑排序的决定，该修订案由原来审议俄罗斯划界案的小组委员会审议。当然，此时小组委员会成员已有所变化。对于这份修订案，日本在给委员会的照会中明确表示不反对委员会审议，同时表示委员会的建议不应影响其"北方四岛"主权和与俄罗斯之间的专属经济区和大陆架划界。② 随后，小组委员会开始了对该修订案的审议，在第三十三届会议上，对各项建议的主要内容达成了一致。③ 2014年2月4日，小组委员会一致通过了初步建议并提交给了第三十四届委员会会议，3月11日，委员会在全面审议小组委员会拟订的建议草案和俄罗斯代表团所作的陈述后，一致通过了经部分订正的鄂霍次克海划界案的建议。④ 这次建议的核心内容是：鄂霍次克海中的飞

① 参见2002年联合国大会第五十七届会议文件，A/57/57/Add. 1，第9~10页，联合国网站：http：//www. un. org/zh/documents/view_doc. asp? symbol=A/57/57/Add. 1。

② 参见 U. N. Doc. SC/13/203，（2013），http：//www. un. org/Depts/los/clcs_new/submissions_files/rus01_rev13/2013_05_23_JPN_NV_UN_001. pdf。

③ 参见2013年大陆架界限委员会会议文件，CLCS/81，第2~3页，大陆架界限委员会网站：http：//daccess-dds-ny. un. org/doc/UNDOC/GEN/N13/621/28/PDF/N1362128. pdf? OpenElement。

④ 参见2014年大陆架界限委员会会议文件，CLCS/83，第7页，大陆架界限委员会网站：http：//daccess-dds-ny. un. org/doc/UNDOC/GEN/N14/284/30/PDF/N1428430. pdf? OpenElement。

地属于俄罗斯大陆架的一部分。①

2015 年 8 月 3 日，俄罗斯提交了部分经修订的北冰洋划界案，但委员会目前还未就该划界案作出建议。②

以上就是俄罗斯提交划界案和委员会的审议情况。

二、委员会建议对俄罗斯外大陆架权利的影响

委员会对俄罗斯前两次划界案的审议结果和作出的建议不一样，因此，对其外大陆架权利的影响自然也不一样。

俄罗斯第一次提交的划界案可以说是一个非常全面的划界案，几乎包括了俄罗斯周边的所有涉及 200 海里外大陆架的海域。但是，这次提交的划界案不能算是成功的划界案。因为委员会在给俄罗斯的建议中，要么认为俄罗斯提交的数据不充足，无法支持其主张，要么认为俄罗斯与相关国家没有就划界问题达成一致，导致委员会无法审议。总之，这次建议没有肯定俄罗斯的任何主张，以致有的学者认为俄罗斯的申请被联合国拒绝。③ 其实，委员会也并不是拒绝了俄罗斯的申请，而是认为俄罗斯需要提交补充证据和解决与相关国家的划界问题或者就划界案达成协议，这就给俄罗斯今后继续主张留下了机会，所以也有学者认为，委员会的建议并非对俄罗斯不利。④ 不管是有利还是不利，委员会审议过程中有一个细节还是值得注意的，即由于俄方提案的审理很复杂，尤其是美国提出

① 参见 Summary of Recommendations of the Commission on the Limits of the Continental Shelf in Regard to the Partial Revised Submission Made by the Russian Federation in Respect of the Sea of Okhotsk on 28 February 2013, 2014, p. 11, http://www.un.org/Depts/los/clcs_new/submissions_files/rus01_rev13/2014_03_13_COM_REC_RUS_Summary.pdf。

② 参见 2016 年大陆架界限委员会会议文件，CLCS/93，第 7 页，大陆架界限委员会网站：https://documents-dds-ny.un.org/doc/UNDOC/GEN/N16/108/87/PDF/N1610887.pdf? OpenElement。

③ 参见吴慧：《“北极争夺战”的国际法分析》，载《国际关系学院学报》2007 年第 5 期，第 41 页。

④ 参见匡增军：《俄罗斯的外大陆架政策评析》，载《俄罗斯中亚东欧研究》2011 年第 2 期，第 74 页。

了比较详细的反对意见，委员会建议中有关门捷列夫和罗蒙诺索夫海岭的决定，是在俄籍委员的努力下，争得澳大利亚、印度、葡萄牙和毛里求斯等国委员的支持，才使原拟基于美国的立场认定该两海岭是大洋脊的属性，改为认为俄方证据不充分应提供进一步的补充数据，这样才使俄罗斯有机会继续主张北极的外大陆架的。① 试想，如果委员会在建议中明确这两个海岭的大洋脊属性，就等于给它们做了定性并否定俄罗斯的主张，即便俄罗斯理论上有不同意委员会建议的权利，但要想改变这种定性，也会变得非常困难，毕竟推翻一个集体性的定论可能比单纯证明自己的主张难度更大。不管怎么样，委员会这次建议产生的效果是，俄罗斯无法确定其任何外大陆架权利。

俄罗斯第二次提交的划界案的范围比第一次小了很多，仅仅是关于鄂霍次克海的部分修订案，当然也是上次划界案的继续。从这里也可以看出，俄罗斯提交划界案的策略发生了转变，从全面主张转向分散主张，重在“攻城略地”，一块块逐步拿下。经与日本成功协调，使日本明确同意委员会审议其划界案。另外，经过充分准备，向委员会提交了更加详实的数据。这一次，委员会在建议摘要中，采取步步认证、层层递进的方式，最终认可了鄂霍次克海的飞地属于俄罗斯大陆架的一部分。这一建议对俄罗斯可预见的结果是，俄罗斯可在此基础上划定其外大陆架界限，从而确立其对该块飞地的大陆架权利。

通过分析委员会两次审议俄罗斯划界案的过程和结果可以看出，是否认可俄罗斯划界案并在此基础上作出建议，从而使俄罗斯有机会确定其外大陆架权利，全凭委员会作出何种决定。简单说来就是，没有委员会作出的认可俄罗斯划界案的建议，俄罗斯就无法确定其外大陆架权利。从这里也可以看出两点：一是委员会对地质地理学的判断对俄罗斯外大陆架权利具有决定性影响；二是委员会采取的建议的方法，例如是直接对划界案有关内容定性还是给俄罗

① 参见匡增军：《俄罗斯的外大陆架政策评析》，载《俄罗斯中亚东欧研究》2011 年第 2 期，第 74 页。

斯继续证明其主张留有余地，也对俄罗斯外大陆架权利构成重大影响。

三、俄罗斯对委员会建议的态度分析

由于委员会先后两次审议俄罗斯不同的划界案并作出建议，因此在分析俄罗斯对委员会的建议的态度时，也应具体情况具体分析。

对于委员会针对俄罗斯第一次提交的划界案作出的不认可俄方主张的建议，俄罗斯采取了一系列行动。首先是从科学和技术数据上做大量准备工作。为增强向大陆架界限委员会提交相关申请的地质证据的说服力，在2000年至2008年投入巨资，由俄联邦自然资源部组织实施了多次系列北冰洋深海的科考活动，包括北冰洋高宽度的水下地质研究，并取得了重要成果。① 此外，俄罗斯还计划对其他地方进行钻探、勘探或研究。其次是从法律上排除划界案的审议障碍。2010年，经过与挪威努力谈判，两国共同签署了《俄罗斯联邦与挪威王国关于在巴伦支海和北冰洋的海域划界与合作条约》，结束了两国在巴伦支海的海洋划界争端，有关大陆架的争议问题也一并予以解决了。②在鄂霍次克海方面，经协调，使日本明确同意其划界案进入委员会审议环节。第三是从外交方面加强与邻近国家合作。考虑到加拿大与丹麦有可能将与格陵兰岛和加拿大岛屿重叠的罗蒙诺索夫海岭和门捷列夫——阿尔法海岭的部分区域列入他们各自的大陆架，俄方积极与上述国家就大陆架外部界限的相关问题进行合作，甚至还探讨与这两国联合提交有关北冰洋大陆架划界案。③可见，虽然委员会针对俄罗斯第一次划界案作出的建议中并没有认可俄方的主张，但是俄罗斯并没有表示不同意这个建议，

① 参见匡增军：《俄罗斯的外大陆架政策评析》，载《俄罗斯中亚东欧研究》2011年第2期，第77页。

② 参见匡增军：《2010年俄挪北极海洋划界条约评析》，载《东北亚论坛》2011年第5期，第45~53页。

③ 参见匡增军：《俄罗斯的外大陆架政策评析》，载《俄罗斯中亚东欧研究》2011年第2期，第78页。

相反遵从了委员会的建议，并且按照建议中关于继续补充数据和与相关国家处理好划界方面问题的要求，做了大量的工作和努力。

至于俄罗斯第二次提交的划界案，由于委员会作出了完全认可其主张的建议，俄罗斯对此感到相当欣慰。2015 年 8 月，时任俄罗斯总理梅德韦杰夫在参加某论坛时表示，已经签署了确定俄罗斯鄂霍茨克海大陆架边界的文件；他还指出，俄罗斯大陆架面积据此扩展了 5 万多平方公里，而这块大陆架恰好是重要的原料及能源产地。①

委员会两次审议俄罗斯划界案并作出建议的实践表明，除地理地质等客观因素外，委员会建议对俄罗斯外大陆架权利具有决定性的影响。面对委员会作出的认可和没有认可自己主张的建议，俄罗斯都选择了遵守，并按照建议的要求采取了相应的行动。

第三节　澳大利亚大陆架划界案评析

一、委员会对澳大利亚划界案审议情况

2004 年 11 月 15 日，澳大利亚通过联合国秘书长向委员会提交了划界案，这是委员会继俄罗斯和巴西之后，收到的第三份划界案。② 划界案包括十个区块，分别是阿尔戈、澳大利亚南极领地、大澳大利亚湾、凯尔盖朗深海高原、豪勋爵海隆、麦夸里海岭、博物学家深海高原、南塔斯曼海隆、三王海岭、沃勒比和埃克斯茅斯深海高原。③ 从地图上以逆时针方向看，阿尔戈位于澳大利亚的西

---

① 参见《俄罗斯：将开发鄂霍茨克海大陆架》，搜狐网：https：//www. sohu. com/a/29510130_161623，2020 年 6 月 15 日最后访问。

② 参见 CLCS. 03. 2004. LOS（Continental Shelf Notification），http：//www. un. org/Depts/los/clcs _ new/submissions _ files/aus04/clcs _ 03 _ 2004 _ los. pdf。

③ 参见《澳大利亚划界案执行摘要》（中文），第 1 页，大陆架界限委员会网站：http：//www. un. org/Depts/los/clcs _ new/submissions _ files/aus04/Documents/aus_2004_c. pdf。

北部，沃勒比和埃克斯茅斯深海高原位于澳大利亚正西方向，博物学家深海高原位于澳大利亚西南部，大澳大利亚湾、凯尔盖朗深海高原、南塔斯曼海隆、麦夸里海岭以及南极领地都位于澳大利亚南部方向，豪勋爵海隆和三王海岭则位于澳大利亚东面，上述10个区块互补连接，总面积达337万平方公里。澳大利亚在划界案中指出，其中3个区块受与另一海岸相向或相邻国家间的待决大陆架界限划定问题的影响，但同时强调，整个澳大利亚划界案并不妨碍待决的划界问题。① 由于南极领地涉及南纬60度以南地区，提交划界案时，澳大利亚特别提交了一份照会附在划界案执行摘要中，请求委员会暂不就划界案中有关附属于南极洲的大陆架的资料采取任何行动。②

针对澳大利亚划界案，德国、东帝汶、俄罗斯、法国、荷兰、美国、日本、印度等国向委员会提交了意见或发出了照会。其中，德国、美国、俄罗斯、荷兰、印度和日本6个国家反对澳大利亚建立其南极领地大陆架的可能性；东帝汶在照会中通知委员会，澳大利亚在划界案中声明已经与东帝汶达成划界条约的观点是不对的，委员会的审议不应该妨碍两国间海域划界问题；③ 法国在照会中说明已经注意到澳大利亚划界案摘要中提到了凯尔盖朗深海高原和新卡里多尼亚的地位，表示不反对委员会审议划界案并作出建议，同时认为不能影响两国间海域划界问题；④ 印度尼西亚的照会在委员

① 参见《澳大利亚划界案执行摘要》(中文)，第6页，大陆架界限委员会网站：http：//www. un. org/Depts/los/clcs _ new/submissions _ files/aus04/Documents/aus_2004_c. pdf。

② 参见《澳大利亚划界案执行摘要》(中文)，第47~49页，大陆架界限委员会网站：http：//www. un. org/Depts/los/clcs _ new/submissions _ files/aus04/Documents/aus_2004_c. pdf。

③ 参见东帝汶2005年2月11日给委员会的照会，大陆架界限委员会网站：http：//www. un. org/Depts/los/clcs_new/submissions_files/aus04/clcs_03_2004_los_tls. pdf。

④ 参见法国2005年3月28日给委员会的照会，大陆架界限委员会网站：http：//www. un. org/Depts/los/clcs _ new/submissions _ files/aus04/clcs _03_2004_los_fra_en. pdf。

会作出建议后才发出，提请注意阿尔戈区块的一个点不符合 1997 年印尼与澳大利亚签订的条约的规定，而且印尼还没有批准该条约，因而未生效，该点根据《公约》规定没有法律效力。①

2005 年 4 月 4 日至 22 日在纽约召开的第十五届会议上，委员会审议了澳大利亚划界案以及美国、俄罗斯、日本、荷兰、德国等的普通照会，并根据这些照会决定，不审议与所提交修正案在执行摘要中提到的 2 号区块有关的部分(即涉及南极的区块)，同时成立了小组委员会，负责该划界案的审议工作。② 由于划界案涉及区块较多、数据量大，小组委员会认为需要更多时间来审议。大约在委员会第十九届会议召开前，小组委员会才完成划界案的审议，并作出了初步建议，提交委员会审议。因为内容较多，为给委员会成员更多时间审议划界案，对小组委员会初步建议的表决一直推迟到 2008 年的第二十一届会议。这次会议上，与会者提出了若干修正案，委员会决定将其中一些纳入建议中，随后，委员会采取逐块审议的方式，在为达成共识尽一切努力的情况下，先采取意向性表决，然后正式表决作出决定，最终在 2008 年 4 月 9 日，以 14 票赞成、3 票反对和 1 票弃权的正式表决结果，通过了就澳大利亚划界案所提出的建议。③ 对这 10 个区块的审议，委员会在建议中采取的模式都是先描述地理区域状况、讨论陆地领土水下延伸和 200 海里外大陆架权利、确定大陆坡脚、确立大陆架边缘、确立大陆架外部界限的"五步审议法"。除所谓的南极领地外，委员会全部肯定了阿尔戈、大澳大利亚湾、麦夸里海岭和三王海岭 4 个区块的大陆

① 参见印度尼西亚 2009 年 8 月 7 日给委员会的照会，大陆架界限委员会网站：http：//www. un. org/Depts/los/clcs _ new/submissions _ files/aus04/clcs_03_2004_los_idn-recomm. pdf。

② 参见 2005 年大陆架界限委员会文件，CLCS/44，第 4~5 页，大陆架界限委员会网站：http：//daccess-dds-ny. un. org/doc/UNDOC/GEN/N05/330/61/PDF/N0533061. pdf? OpenElement。

③ 参见 2008 年大陆架界限委员会文件，CLCS/58，第 3 页，大陆架界限委员会网站：http：//daccess-dds-ny. un. org/doc/UNDOC/GEN/N08/319/05/PDF/N0831905. pdf? OpenElement。

架，对沃勒比和埃克斯茅斯深海高原、凯尔盖朗深海高原、豪勋爵海隆、博物学家深海高原、南塔斯曼海隆 5 个区块的主张做了大部分肯定，最终确认澳大利亚划界案的面积共 256 万平方公里，占这些区块主张总面积的 95%以上。①

二、委员会建议对澳大利亚外大陆架权利的影响

委员会是严格依据《公约》第 76 条的规定，站在科学和技术角度，对澳大利亚划界案进行审议的。尽管划界案内容庞杂，数据量大，但审议过程仔细耐心，因此审议时间相对较长。委员会及其建议对澳大利亚权利的影响主要体现在三个方面，可以概括为肯定、修订和保留三个词。

一是肯定，即确认了澳大利亚划界案主张的绝大部分权利。澳大利亚是一个陆地领土广阔的国家，国土面积位居世界第六位，而且四面环海，与周边国家存在的海洋划界纷争并不算多，因此潜在的大陆架面积非常宽阔。委员会作出建议后，澳大利亚被认可的 200 海里外大陆架达 256 万平方公里，是法国国土面积的 5 倍、德国的 7 倍、新西兰的近 10 倍，约与澳大利亚的面积相同。② 从此，澳大利亚能以占地球表面积 3. 8%的海洋、9. 1%的陆地以及陆地和海洋合计 5. 4%（约 2745 万平方公里）的地位，与美国和法国一起位列世界海洋管辖面积的 3 强。③ 这些仅是管辖权利或者说主权权利，委员会通过的建议给澳大利亚带来的更直接的权利或利益远远不止于此。澳大利亚工业、旅游和资源部部长马丁·弗格森认为：

---

① 参见 Summary of the Recommendations of the Commission on the Limits of the Continental Shelf（CLCS）in Regard to the Submission Made by Australia on 15 November 2004，2008，pp. 1-46，http：//www. un. org/Depts/los/clcs _ new/submissions_files/aus04/aus_summary_of_recommendations. pdf。

② 参见潘军：《一次卓有成效的国家实践——200 海里外大陆架法律制度下澳大利亚划界案的实证分析》，载《太平洋学报》2012 年第 8 期，第 73 页。

③ 参见 Bill Campbell QC，" Commonwealth Developments-Australia's Extended Continental Shelf Confirmed"，Australian Resources and Energy Law Journal，Vol. 27，2008，pp. 145-146。

“这对澳大利亚开发近海潜在资源及保全海底海洋环境的能力是一个重大的推动。”①澳大利亚石油生产和勘探协会行政总裁贝琳达·罗宾逊认为，澳大利亚海底领土的延伸意味着在一个更大的画布上，当代的澳大利亚人可以绘制自己的资源和能源前景，前景是令人振奋的。② 我国学者潘军因此总结到，它表明澳大利亚在海洋法律事务方面的有效参与取得了积极成果，也表明了与联合国及其机构建设性合作所带来的真正和切实利益。③

二是修订，即指出了澳大利亚划界案中不符合《公约》第 76 条规定的地方，一些区块确认的面积因此有所减少。首先，在审议过程中，委员会就指出了一些不符的地方，澳大利亚因此做了修订。其次，即便澳大利亚做了修订，委员会在最后建议中也依然坚持了自己的看法，没有认可某些地方。例如，关于凯尔盖朗深海高原的建议部分，委员会就直接表明有些地方不同意澳大利亚采取的连接方法，因为这些方法会使一些主张的区块落在《公约》第 76 条第 4 至 7 款规定的范围之外。④ 另外，委员会还在建议中指出，现有证据不足以证明乔伊海隆(位于凯尔盖朗深海高原)和威廉姆斯海岭(位于沃勒比和埃克斯茅斯深海高原)的 200 海里外大陆架(约 8 万平方公里)符合《公约》第 76 条的要求，但澳大利亚有权选择对这两个区域提交新的或修正的划界案。⑤

---

① 参见潘军:《一次卓有成效的国家实践——200 海里外大陆架法律制度下澳大利亚划界案的实证分析》，载《太平洋学报》2012 年第 8 期，第 74 页。

② 参见潘军:《一次卓有成效的国家实践——200 海里外大陆架法律制度下澳大利亚划界案的实证分析》，载《太平洋学报》2012 年第 8 期，第 74 页。

③ 参见潘军:《一次卓有成效的国家实践——200 海里外大陆架法律制度下澳大利亚划界案的实证分析》，载《太平洋学报》2012 年第 8 期，第 74 页。

④ 参见 Summary of the Recommendations of the Commission on the Limits of the Continental Shelf (CLCS) in Regard to the Submission Made by Australia on 15 November 2004, 2008, p. 15, http://www.un.org/Depts/los/clcs_new/submissions_files/aus04/aus_summary_of_recommendations.pdf。

⑤ 参见 Summary of the Recommendations of the Commission on the Limits of the Continental Shelf (CLCS) in Regard to the Submission Made by Australia on 15 November 2004, 2008, p. 16, http://www.un.org/Depts/los/clcs_new/submissions_files/aus04/aus_summary_of_recommendations.pdf。

三是保留，即对争议问题秉持慎重态度。由于南极领地的特殊因素，除澳大利亚自己请求委员会不审议外，多个国家也对此发表意见，要求委员会对此不采取行动，委员会因此尊重了各方意见，没有审议该部分划界案，因此该区块目前不能划入澳大利亚外大陆架中。委员会的这种态度既符合科学审议的原则，又尊重了国家主权，还有效吸纳了国际社会的意见。

可见，委员会的一举一动直接影响澳大利亚外大陆架权利，随时可能认可、不认可其权利或增加、减少外大陆架的面积，最终影响作为澳大利亚划界基础的委员会建议的实质内容。

三、澳大利亚对委员会建议的态度分析

为争取广泛的200海里外大陆架权利，澳大利亚十分重视获得委员会支持的建议，在提交划界案前，做了大量的准备工作。首先是“练好内功”，对划界案本身做足功课。根据《公约》先前关于10年提交划界案期限的规定，为赶在2004年11月16日前提交划界案，澳大利亚1994年批准《公约》后不久就开始准备，并发动了6个机构参加划界案的编写，这些部门包括外交兼贸易部、澳大利亚地球科学局、总检察长部、环境和文化遗产部、财政和管理部、澳大利亚水道测量局。① 为做好科学和技术准备工作，采集足够充分的数据，澳大利亚地球科学局和水道测量局在世界大洋的一些最偏僻和荒凉的区域先后进行了17次海洋调查，共获得约70万公里线路的数据。② 为做好划界案准备工作，澳大利亚在财政投入上毫不吝啬，前后共耗资80亿美元。在划界案编写上，体现了艰辛的努力，最后形成的文件包括80本卷宗的868个独立文件，总计约1900页、116幅A0海图和水文地图以及331幅地震剖面图，确定

① 参见《澳大利亚划界案执行摘要》(中文)，第2页，大陆架界限委员会网站：http://www.un.org/Depts/los/clcs_new/submissions_files/aus04/Documents/aus_2004_c.pdf。

② 参见潘军：《一次卓有成效的国家实践——200海里外大陆架法律制度下澳大利亚划界案的实证分析》，载《太平洋学报》2012年第8期，第73页。

200 海里外大陆架外部界限的定点总计约 4200 个，等等。① 难怪澳大利亚地球科学局前首席执行官尼尔·威廉姆斯说：“它是一项通过澳大利亚地球科学局的海洋法项目进行的、集 15 年之大成的尖端之作。”②其次是做好外部协调工作，为委员会审议划界案排除障碍。《公约》在澳大利亚生效后，影响委员会审议澳大利亚划界案的主要国家应当是新西兰和东帝汶(2002 年 5 月东帝汶独立前是印度尼西亚)。对于新西兰，两国经 8 轮谈判，终于在 2004 年签署《建立若干专属经济区边界和大陆架边界的条约》，划定了两国的全部海洋界限，这为后来新西兰不反对委员会审议划界案奠定了基础。③ 对于后者，澳大利亚采取了在资源利益上适当妥协的方式，在 2006 年与东帝汶签署了《帝汶海若干海洋安排条约》。④ 虽然东帝汶要求委员会的建议不影响两国间的海洋划界，但毕竟没有反对委员会审议澳大利亚划界案。⑤ 此外，对于很可能引起非议的南极领地问题，澳大利亚采取了主动回避的策略，确保了委员会正常审议划界案的其他部分。澳大利亚的努力获得了理想的结果，委员会作出建议后，

---

① 参见潘军：《一次卓有成效的国家实践——200 海里外大陆架法律制度下澳大利亚划界案的实证分析》，载《太平洋学报》2012 年第 8 期，第 73 页。

② 潘军：《一次卓有成效的国家实践——200 海里外大陆架法律制度下澳大利亚划界案的实证分析》，载《太平洋学报》2012 年第 8 期，第 73 页。

③ 参见《澳大利亚划界案执行摘要》(中文)，第 24~25 页，大陆架界限委员会网站：http：//www. un. org/Depts/los/clcs _ new/submissions _ files/aus04/Documents/aus_2004_c. pdf。

④ 最近澳大利亚与东帝汶通过和解的方式重新划定了海上边界，改变了 2006 年条约的规定，东帝汶争取了更多的海洋权益，尤其是获得了相关海域更多的石油和天然气资源。参见路透中文网：http：//www. ftchinese. com/story/001076611，2018 年 3 月 7 日访问。

⑤ 参见《澳大利亚划界案执行摘要》(中文)，第 7 页，大陆架界限委员会网站：http：//www. un. org/Depts/los/clcs _ new/submissions _ files/aus04/Documents/aus_2004_c. pdf。同时参见东帝汶 2005 年 2 月 11 日给委员会的照会，大陆架界限委员会网站：http：//www. un. org/Depts/los/clcs _ new/submissions_files/aus04/clcs_03_2004_los_tls. pdf。

澳大利亚国内为之沸腾，与该项目有关的政府部门官员纷纷予以高度肯定，认为取得了巨大的成功。① 因此，澳大利亚对委员会的建议应该说是相当满意的，而且也非常珍惜来之不易的成果。

委员会审议澳大利亚划界案的实践证明，澳大利亚十分重视委员会的建议，做了大量工作，千方百计争取委员会认可其划界案。委员会作出的建议使澳大利亚拥有广阔的外大陆架权利成为事实上的可能，充分说明了委员会建议的重要性。委员会也指出了划界案中一些不符合《公约》规定的地方，澳大利亚并没有对此表示反对，因为委员会给它留下了继续申请的机会。可以合乎逻辑地推知，对于为其带来巨大利益的委员会建议，澳大利亚毫无疑问会遵守它。

第四节　法国、爱尔兰、西班牙和英国联合案评析

一、委员会对四国联合案审议情况

2006 年 5 月 19 日，委员会收到了来自法国、爱尔兰、西班牙和英国四个国家联合提交的划界案。② 这是委员会收到的第一份联合划界案。划界案仅涉及四国在凯尔特海和比斯开湾区域确定的 200 海里外大陆架外部界限，该界限从爱尔兰局部划界案的南部界限延伸至西班牙 200 海里大陆架界限上的一点。③ 划界案由四个国家的部门联合编写，这些部门有法国 EXTRAPLAC 集团，爱尔兰交通、海洋和自然资源部石油事务司，西班牙地质测绘署 IGME

① 潘军：《一次卓有成效的国家实践——200 海里外大陆架法律制度下澳大利亚划界案的实证分析》，载《太平洋学报》2012 年第 8 期，第 74 页。

② 参见 CLCS. 06. 2006. LOS（Continental Shelf Notification），http：//www. un. org/Depts/los/clcs_new/submissions_files/frgbires06/clcs06_2006e. pdf。

③ 参见《法国、爱尔兰、西班牙、英国联合划界案执行摘要》（中文），第 2 页，大陆架界限委员会网站：http：//www. un. org/Depts/los/clcs_new/submissions_files/frgbires06/fisu_2006_c. pdf。

海洋地质司和西班牙水文测绘和海洋学事务局，联合王国国家海洋学中心和联合王国水文局。四国代表团协调人道格拉斯·威尔逊说，四国本来可能分别提出互相重叠的划界案，但四国认为更为恰当的是利用提交联合划界案的可能性，因为一旦委员会提出建议，沿海四国在彼此划界之前就能确定各国在该海域的大陆架外部界限。①

根据提案国的描述，划界案与任何国家之间不存在任何争端。② 事实情况确实如此，整个联合划界案提交和审议期间，没有一个国家向委员会发出普通照会或发表其他意见。因此，委员会审议该划界案时没有受到其他国家的影响。

在2006年召开的第十八届会议上，委员会开始审议四国联合案。③ 第一次会议期间，四个沿海国就提交委员会的划界案作了陈述。随后，委员会成立了一个小组委员会负责审议该划界案。续会期间，小组委员会又与四国代表团举行了四次会议，审议方和被审议方相互交换了意见。④ 在2007年的第二十届会议上，委员会讨论了联合划界案的特殊性问题。这个特殊性就是该划界案是由几个国家联合提交的，而不是单个国家自己提交的。由于这是委员会收到的第一份联合划界案，所以小组委员会认为必须要讨论同划界案有关的一般性原则事项，而且也在这次会议上提请了委员会全体注

① 参见2009年大陆架界限委员会文件，CLCS/62，第3页，大陆架界限委员会网站：http：//daccess-dds-ny. un. org/doc/UNDOC/GEN/N09/307/57/PDF/N0930757. pdf? OpenElement。

② 参见《法国、爱尔兰、西班牙、英国联合划界案执行摘要》(中文)，第2页，大陆架界限委员会网站：http：//www. un. org/Depts/los/clcs_new/submissions_files/frgbires06/fisu_2006_c. pdf。

③ 参见2006年大陆架界限委员会文件，CLCS/52，第5页，大陆架界限委员会网站：http：//daccess-dds-ny. un. org/doc/UNDOC/GEN/N06/558/81/PDF/N0655881. pdf? OpenElement。

④ 参见2007年大陆架界限委员会文件，CLCS/54，第8页，大陆架界限委员会网站：http：//daccess-dds-ny. un. org/doc/UNDOC/GEN/N07/322/76/PDF/N0732276. pdf? OpenElement。

意这些事项。① 委员会审议了这些事项，并认定两个或更多的国家在存在海岸相向或相邻国家间的争端或其他未解决的陆地或海洋争端的情况下选择提出联合划界案的问题属于程序性质，因此并不改变《公约》第 76 条赋予它们权利的实质内容。② 委员会还认为，联合划界案中提出的大陆架外部界限所导致的大陆架总面积不能大于各国在单独提出划界案时提出的大陆架外部界限形成的大陆架个别面积之和。③ 对此，委员会继续解释到，在任何联合划界案中，每一沿海国必须就大陆坡脚、所用的公式、制约因素和各自的外部界限，自行确定一套标准。虽然委员会是因小组委员会审议四国联合划界案时提出这个原则性问题而作出决定的，但是这个决定并不是针对具体个案，尤其不针对四国联合案，而是针对所有联合划界案问题作出的原则性决定，因此具有通用性。④ 鉴于这个决定的通用性，委员会还责成编辑委员会将其收入议事规则附件一中。之后，为使划界案符合委员会的这个原则性决定，小组委员会和提案国都做了适当的修正工作。对联合划界案的审议一直延续到 2009 年第二十三届会议。这次会议上，委员会最终审议通过了关于联合划界案的建议。⑤

① 参见 2007 年大陆架界限委员会文件，CLCS/56，第 5 页，大陆架界限委员会网站：http：//daccess-dds-ny. un. org/doc/UNDOC/GEN/N07/529/88/PDF/N0752988. pdf? OpenElement。

② 参见 2007 年大陆架界限委员会文件，CLCS/56，第 5 页，大陆架界限委员会网站：http：//daccess-dds-ny. un. org/doc/UNDOC/GEN/N07/529/88/PDF/N0752988. pdf? OpenElement。

③ 参见 2007 年大陆架界限委员会文件，CLCS/56，第 5~6 页，大陆架界限委员会网站：http：//daccess-dds-ny. un. org/doc/UNDOC/GEN/N07/529/88/PDF/N0752988. pdf? OpenElement。

④ 参见 2007 年大陆架界限委员会文件，CLCS/56，第 6 页，大陆架界限委员会网站：http：//daccess-dds-ny. un. org/doc/UNDOC/GEN/N07/529/88/PDF/N0752988. pdf? OpenElement。

⑤ 参见 2009 年大陆架界限委员会文件，CLCS/62，第 4 页，大陆架界限委员会网站：http：//daccess-dds-ny. un. org/doc/UNDOC/GEN/N09/307/57/PDF/N0930757. pdf? OpenElement。

二、委员会建议对四国外大陆架权利的影响

对于联合划界案的提交和审议问题，《公约》及其附件二并没有作出任何规定，委员会事先制定的《议事规则》也没有对此做任何说明，因此，这次四国联合提交的划界案，实际上是国际社会和委员会都没有预料到的问题，是立法的一个真空所在。通过对这次四国联合案的审议，委员会再一次证明了它对沿海国外大陆架权利的关键性作用和影响力。

应该说，联合提交划界案问题是随着小组委员会对划界案审议的深入才开始提交给全体委员会讨论的。委员会并没有仅仅站在四国联合案的角度讨论这个问题，而是站在所有联合划界案的高度考虑这个问题。首先，沿海国是否有联合提交划界案的权利？这是一个需要解决的前提，委员会没有直接回答这个问题，但显然对此予以了默认。其次，沿海国联合提交划界案是否程序问题本身又是一个值得商榷的问题。如果仅从提交的形式看，四个国家联合起来提交划界案与单个国家提交自己的划界案似乎只是国家多少的区别，并没有什么值得否认这种提交方式的理由。然而，如果从实质内容看，沿海国联合起来提交划界案完全可能影响主张的外大陆架权利。例如，两个国家可以通过相邻的外部定点的选取，划出有利于共同利益的连接线，从而扩大外大陆架面积。也许是基于以上因素，委员会首先将联合提交划界案定义为程序问题，再以几个国家联合提交的划界案的外大陆架面积不得大于各国单独提交划界案时提出的大陆架个别面积之和这个一般性原则进行充实，这样既解决了委员会是否有权处理联合划界案问题，又避免沿海国利用联合提交的权利不正当扩大外大陆架面积。如果将此问题定义为实质性问题，根据《公约》规定，委员会应当是没有权利处理该问题的。

委员会对联合划界案原则性问题的决定，为小组委员会审议四国划界案指明了方向，使小组委员会纠正了之前的审议意见和结果。本来在第十九届会议上，小组委员会已经对联合划界案做了初步审议和得出了几点结论，并告知了四国代表团。由于委员会这个原则性决定的作出，在第二十届会议期间，小组委员会就打算把委

员会的决定用于联合划界案，并修改第十九届会议上提交给各国代表团的观点和一般性结论。① 小组委员会修改审议意见后，也推动提交联合划界案的四国对划界案作出了修改。第二十一届会议期间，小组委员会在向委员会提出建议之前，请沿海国从以下两个备选方案中选择一个：考虑到小组委员会的意见修订外部界限，或保持四国原来的意见。② 结果四国选择了第一个方案。③ 由于根据小组委员会的意见作了修改，四国联合划界案最后得到委员会的顺利通过。修改后的联合划界案与四国原来的联合划界案相比，主张的外大陆架面积显然缩小不少。这就是委员会及其建议对四国外大陆架权利影响的直接体现。

三、四国对委员会建议的态度分析

在大陆架划界问题上，西班牙、法国、英国、爱尔兰四国在凯尔特海域和比斯开湾其实属于四个连接的相邻国家，如果各自主张权利，肯定会引起划界争议，最终解决划界问题将比较困难，联合提交划界案不失为一个明智的选择。就像四国代表团协调人威尔逊先生所说，四国本来可能分别提出相互重叠的划界案，但认为提交联合划界案更为恰当，因为可以通过委员会的建议确定各国在该海域的大陆架外部界限。④ 显然，四国希望借助委员会的智慧和力量解决相邻国家间的划界问题，这充分说明四国对委员会及其建议的

① 参见 2007 年大陆架界限委员会文件，CLCS/56，第 6 页，大陆架界限委员会网站：http：//daccess-dds-ny. un. org/doc/UNDOC/GEN/N07/529/88/PDF/N0752988. pdf？OpenElement。

② 参见 2009 年大陆架界限委员会文件，CLCS/62，第 3 页，大陆架界限委员会网站：http：//daccess-dds-ny. un. org/doc/UNDOC/GEN/N09/307/57/PDF/N0930757. pdf？OpenElement。

③ 参见 2009 年大陆架界限委员会文件，CLCS/62，第 3 页，大陆架界限委员会网站：http：//daccess-dds-ny. un. org/doc/UNDOC/GEN/N09/307/57/PDF/N0930757. pdf？OpenElement。

④ 参见 2007 年大陆架界限委员会文件，CLCS/54，第 8 页，大陆架界限委员会网站：http：//daccess-dds-ny. un. org/doc/UNDOC/GEN/N07/322/76/PDF/N0732276. pdf？OpenElement。

高度信赖和重视。

划界案审议过程中，在委员会作出关于联合提交划界案的原则性问题的决定，导致小组委员会改变之前审议划界案的观点和结果，从而有可能使联合划界案主张的外大陆架面积减少的情形下，四国接受了小组委员会给出的修改划界案的建议选项，没有坚持原来的划界案，说明四国遵守了委员会的决定。当时的情形也是显而易见，即如果四国坚持原来的划界案，那么委员会很可能作出对四国不利的建议，而如果选择修改，那么尽管划界案主张的面积有所减少，但因为符合委员会关于联合提交划界案主张的大陆架面积不能大于各国分别主张的大陆架面积之和的规定，所以划界案的建议会容易获得通过，况且减少的部分如果以后有充足的证据还可以继续主张。四国对委员会的建议和小组委员会审议中的决定的态度表明，四国希望获得委员会认可的建议，哪怕划界案的主张面积被减少。后来的审议结果也如四国所愿，经修改后的划界案获得了委员会认可的建议。

委员会对法国、爱尔兰、西班牙和英国联合划界案审议并作出建议的实践证明，通过制定沿海国联合提交划界案的基本原则，委员会在填补《公约》规定的空白同时，直接导致四国修改了联合划界案，减少了其主张的外大陆架面积。四国为了获得委员会支持的建议，在小组委员会的提议下，主动选择修改划界案，说明委员会的建议对其外大陆架权利的重要性。这些都说明，委员会及其建议在沿海国外大陆架权利的实现问题上扮演决定性作用，而不是建议性作用。

第五节　委员会处理沿海国划界案实践的归纳分析

随着审议的划界案和作出的建议越来越多，委员会的实践经验日渐丰富。通过分析委员会的这些实践可知，沿海国和委员会在关于 200 海里外大陆架问题上已经形成了一种相对稳定的法律关系。委员会根据《公约》规定的职能，以建议的方式为沿海国主张外大陆架权利进行“把关”，对沿海国外大陆架权利的实现构成了实质性影响，这种影响表现为委员会的建议实实在在能够产生法律效力。沿海国虽然根据《公约》规定拥有不同意委员会建议的权利，但要实现其外大陆架权利，最终依然绕不过委员会的建议这一关，再加上委员会在实践中一般不否认沿海国继续主张的权利，因此沿海国普遍遵守了委员会的建议。

一、委员会建议对沿海国实现外大陆架权利产生了实质影响

如果从理论上讲，根据《公约》规定，委员会对沿海国外大陆架权利的影响体现在程序法上的必然性和实体法上对划界案具体权利的实质把关的话，那么在实践中，沿海国和委员会也确实是这么做的。

程序法方面，众多国家向委员会提交划界案并争取委员会支持的建议的事实说明，沿海国已经根据《公约》规定，履行其向委员会提交划界案的义务。当然，更为重要的是，这是沿海国争取外大陆架权利的必经途径，而获得委员会的建议又是其中的核心程序。如果沿海国不向委员会提交划界案，该国就不可能获得200海里外大陆架。迄今为止，也没有哪一个国家在不向委员会提交划界案的前提下，就获得了这种权利。而且，即便向委员会提交了划界案的沿海国，如果委员会还没有作出相应的建议，也不可能获得这种权利。因此，沿海国提交划界案和委员会审议划界案并作出建议，是一个完整的程序，在这一程序没有完成之前，沿海国的200海里外大陆架权利就没有实现的可能。沿海国向委员会提交划界案后，委员会作为根据《公约》设立的机构，不仅为履行职能制定了《议事规则》和《科学和技术准则》，而且已经对沿海国的划界案进行审议并作出了多份建议，有效地实现了《公约》规定的程序。对于经委员会审议而没有获得认可的划界案，沿海国只能提交订正的或新的划界案，才能继续主张其权利。

实体法上，也就是从实体权利角度看，委员会的建议产生的影响也是显而易见的，将这种影响定义为“把关”毫不过分。从委员会针对沿海国划界案作出的35份建议的内容看，基本上可以分为

认可、不做任何认可并要求补充证据或提交新划界案、部分认可三种情形，沿海国 200 海里外大陆架权利因建议的认可度不同，实现的程度也不同。

第一种情形是对沿海国划界案作出完全认可的建议。委员会对沿海国划界案不提出任何疑问并百分之百认可的情况应该说还没出现。当然，这是从沿海国提交的整个划界案的情况来看，而不是从划界案涉及的某一区块看。因为有的沿海国提交的划界案包括几个区块，委员会可能会对其中的某些区块予以全部认可，而对其他区块则不一定全部认可。另外，即便仅涉及一个区块的申请案，也还没有出现委员会无条件完全认可的情况。虽然如此，我们不能排除未来某个国家提交的划界案完全符合委员会的“胃口”，从而得到委员会无条件认可。

第二种情形是对沿海国划界案不做任何认可，在建议中也没有否认沿海国的权利主张，但要求沿海国提交补充证据。这种情形在实践中也非常少见，仅俄罗斯第一次提交的划界案出现了这种情况。对这种建议，有的学者认为是委员会拒绝了俄罗斯划界案提出的主张。例如特伦特·瓦纳就认为，这是委员会拒绝的建议。① 有的学者认为这个建议对俄罗斯并非不利，例如前文提到的学者匡增军就持此观点。客观地说，两种观点并没有对错之分，而是看问题的角度有区别。前者强调的是划界案审议的短期结果，从权利实现的角度看，委员会没有认可俄罗斯的第一次划界案就相当于拒绝了俄罗斯的主张。后者强调的是远期展望，只要权利没有被否定，就意味着有实现的可能。

第三种情形是部分认可沿海国的权利主张，绝大部分划界案得到的建议属于这种情形。其中又可以细分为若干情况。一是委员会审议划界案的过程中，发现其中某些地方不符合《公约》的规定，经与沿海国沟通并告知可能会作出什么样的建议，沿海国对此予以接受，最后委员会作出了相应的建议。例如，爱尔兰 2005 年提交

① 参见 J. Trent Warner, One Small Step for a Submersible, One Giant Land Grab for Russian-Kind: an Evaluation of Russia's Claim to the North pole under International Law, Naval Law Review, Vol. 57, 2009, p. 74。

的划界案中，为确定大陆坡脚的点，爱尔兰给出了编号从 46 至 60 的 15 个点，但委员会经审议后认为，只有 46、50、51、57 和 60 号共 5 个点可以用来作为大路坡脚的点，爱尔兰最后接受了委员会的观点。① 二是委员会审议过程中，发现某些地方证据不充分，通知沿海国作出修订，沿海国对划界案稍加修订后得到了委员会的认可。例如审议墨西哥划界案期间，小组委员会发现，划界案第三部分关于海基的支持数据中，关于主体部分和海底等厚度地图的数字(第 4.18 部分)和图表 4.4 在沉积岩厚度上存在矛盾之处。② 在 2008 年 9 月 5 日与小组委员会交流中，这一点引起了墨西哥的注意。2009 年 3 月 9 日墨西哥对此作出了回应，认同小组委员会的观点并提交了一组修订的关于沉积岩厚度的计算、地图和表格，取代了一系列沉积岩厚度的计算数字。③ 委员会最后在墨西哥修订划界案的基础上作出了认可其主张的建议。三是在同一份划界案中，有的区块得到了委员会的认可，有的没有得到委员会认可，对没有认可的区块，委员会要求其提交修正案。例如对于 2004 年 5 月 17 日巴西提交的划界案，委员会要求提出修订的划界案或者重新确定有关沉积岩厚度等数据的区块有三个：北部和亚马逊扇形区、巴西北部和费尔南多-迪诺罗尼亚岛区、维多利亚-特林达迪区；大致认

① 参见 Summary of the Recommendations of the Commission on the Limits of the Continental Shelf (CLCS) in Regard to the Partial Submission Made by Ireland on 25 May 2005, 2007, p. 3, http://www.un.org/Depts/los/clcs_new/submissions_files/irl05/irl_summary_of_recommendations.pdf。

② 参见 Summary of the Recommendations of the Commission on the Limits of the Continental Shelf in Regard to the Partial Submission Made by Mexico in Respect of the Western Polygon in the Gulf of Mexico on 13 December 2007, 2009, p. 12, http://www.un.org/Depts/los/clcs_new/submissions_files/irl05/irl_summary_of_recommendations.pdf。

③ 参见 Summary of the Recommendations of the Commission on the Limits of the Continental Shelf in Regard to the Partial Submission Made by Mexico in Respect of the Western Polygon in the Gulf of Mexico on 13 December 2007, 2009, p. 12, http://www.un.org/Depts/los/clcs_new/submissions_files/irl05/irl_summary_of_recommendations.pdf。

可的区块有两个：圣保罗高原区和南部区域。① 前三个区块相当于没有认可，后两个区块则作出了基本认可的建议。

因此，无论从程序法角度还是实体法角度看，沿海国与委员会在200海里外大陆架界限问题上的实践都说明，委员会的建议对沿海国外大陆架权利都具有实质性的影响，而且这种影响来源于《公约》本身的规定，是一种有法律依据的决定性的影响，因而是能够产生法律效力的。虽然这种效力也要受制于沿海国所谓"不同意的权利"，但该权利主要是导致沿海国再次获得委员会审议其划界案并重新作出建议的机会，类似一种上诉权或者行政复议权，最终不会妨碍这种效力的产生。

二、沿海国在实践中普遍遵守了委员会建议

沿海国在向委员会提交划界案的时候，都希望获得委员会认可其主张的建议，以便为确立最大范围的外大陆架权利奠定基础，但是，委员会作为一个专门的科学和技术机构，是依照《公约》第76条规定的标准对划界案进行审议并作出建议的，而不会受沿海国意志的影响。既然存在一个标准，根据该标准作出的建议自然会各有千秋。那么，沿海国对委员会的建议的态度如何呢？现实给出的回答是，对委员会作出的各种建议，无论是全部认可、部分认可沿海国主张，还是不做任何认可并要求提交修订的或新划界案，沿海国都给与了充分的尊重和完全的遵守。

首先，没有一个国家反对委员会针对其划界案作出的建议。当然，这是针对目前情况而已，并不代表以后不会出现，但即便出现国家反对委员会的建议的情况，也依然不影响委员会的建议在确定沿海国外大陆架权利上最终产生法律效力。这里需要说明的是，委

---

① 参见 Summary of the Recommendations of the Commission on the Limits of the Continental Shelf in Regard to the Submission Made by Brazil on 17 May 2004 of Information on the Proposed Outer Limits of Its Continental Shelf Beyond 200 Nautical Miles, 2011, pp. 20-34, http://www.un.org/Depts/los/clcs_new/submissions_files/bra04/Summary_Recommendations_Brazil.pdf。

员会本身及其作出的建议已经具备了相当的权威性，得到了提案国的尊重。对于权利主张基本上获得委员会的建议认可的沿海国来说，这是其梦寐以求的结果，因为这意味着所主张的外大陆架权利可以“尘埃落定”，或者相当于“吃了一颗定心丸”。沿海国随时可以根据自己的需要在此基础上划定外部界限，“圈定”自己的权利，避免外来干扰。例如，澳大利亚在其划界案绝大部分获得委员会认可后，举国欢腾，对委员会建议表示高度赞赏，对为筹备划界案作出贡献的机构和人员给与高度评价。① 对于权利主张部分获得委员会的建议认可的沿海国来说，至少有相当一部分的权利可以纳入囊中。至于没有获得委员会认可的主张部分，还有机会提交修订的或新的划界案，委员会没有对这些主张给与否认，因此用不着去反对委员会作出的建议。例如，巴巴多斯在委员会于 2010 年 4 月 15 日对其划界案已经作出建议的情况下，又致信委员会并附上一份文件，其中载有关于一个固定点的精确位置的某种资料，使其可以根据建议确定其大陆架的外部界限。② 然而，委员会经审议后通知巴巴多斯，认为无法再次审议该划界案和已经通过的建议，巴巴多斯并没有对委员会的建议和决定表示不同意，而是在 2011 年 7 月 25 日主要就该点向委员会提交了一个修订的划界案。③ 对于权利主张全部没有获得委员会认可的划界案，沿海国也没有行使不同意的权利，因为委员会通常给沿海国留下了继续主张的机会。例如，对于俄罗斯第一次提交的划界案，委员会没有认可其任何主张，但俄罗斯对委员会的建议并没有表示反对，因为俄罗斯依然有提交修订案

---

① 参见潘军：《一次卓有成效的国家实践——200 海里外大陆架法律制度下澳大利亚划界案的实证分析》，载《太平洋学报》2012 年第 8 期，第 66~79 页。

② 参见 2010 年大陆架界限委员会文件 CLCS/68，第 13 页，大陆架界限委员会网站：http：//daccess-dds-ny. un. org/doc/UNDOC/GEN/N10/540/07/PDF/N1054007. pdf? OpenElement。

③ 参见 2010 年大陆架界限委员会文件 CLCS/68，第 13 页，大陆架界限委员会网站：http：//daccess-dds-ny. un. org/doc/UNDOC/GEN/N10/540/07/PDF/N1054007. pdf? OpenElement。

或新划界案的机会。所以说，对于委员会的种种建议，沿海国在实践中一般都不会轻易表示反对，毕竟主张权利的机会一直存在，因而没有反对的必要，选择尊重和遵守委员会的建议反而能赢得委员会的好感，最终有利于自身权利的实现。

其次，在委员会的建议的基础上划定大陆架外部界限的国家逐渐增多。委员会对沿海国划界案作出认可的建议，并且沿海国也基本认同该建议后，根据《公约》的规定，沿海国应当在委员会的建议的基础上划定其大陆架的外部界限，因为只有这样，该界限才有终局性和约束力。完成这一步，也代表沿海国最终执行了委员会的建议。从委员会作出的全部建议看，大部分国家获得了委员会认可的建议，并逐步在建议的基础上划定外部界限。例如，据日本《产经新闻》2014 年 9 月 9 日报道，日本政府内阁会议已经决定在冲之鸟礁北部的四国海盆海域等两处海域，作出延伸专属经济区大陆架的政令，该政令在 2014 年 10 月 1 日开始实施。① 这两处海域的外大陆架在 2012 年 4 月获得委员会的批准，但冲之鸟礁本身的外大陆架没有获得批准。

再次，提案国以外的国家也没有反对委员会的建议，说明委员会的建议在国际上得到了充分的尊重。除涉及相邻或相对国家间大陆架划界问题外，对于沿海国提交的划界案，如果委员会作出了认可的建议，其他国家就都没有反对。例如，巴西提交的划界案不涉及与任何国家的划界争端，虽然美国提出了一些意见，但最终没有哪个国家反对或不同意委员会对巴西划界案作出的建议。西班牙、爱尔兰、法国和英国联合案与其他国家也不存在争议，委员会审议过程中没有收到该四国外任何国家的照会，更不用说反对委员会作出的建议了。又比如，澳大利亚划界案审议过程中，有利害关系的国家东帝汶、法国、新西兰等都发出了普通照会，并声明不影响有关的划界，对委员会作出的认可澳大利亚划界案的建议也都没有表

① 参见《日本政府出台延伸大陆架政令 推进开采海洋资源》，中国新闻网：http：//www.chinanews.com/gj/2014/09-09/6573495.shtml，2014 年 9 月 27 日最后访问。

示反对。可见，委员会一旦对沿海国划界案作出了建议，其他国家都给予了应有的尊重。当然，根据《公约》规定，提案国以外的国家对委员会作出的建议也没有不同意或者反对的权利，这些国家只能根据法定理由阻止委员会对一国划界案的审议。

三、委员会建议的精确性强化了其产生法律效力的能力

长期以来，学者们对《公约》第 76 条第 8 款规定的“沿海国在委员会建议的基础上划定的大陆架外部界限具有终局性和约束力”批评不断，其中该句中最大的争议点聚焦于如何解释“在建议的基础上”。也就是说，一些学者认为，《公约》在这个问题上的规定比较模糊。2002 年国际法协会新德里会议上，国际法委员们对外大陆架法律问题出具的初步报告认为，关于第 76 条第 8 款有几个问题特别需要指出，其中一个问题就是“在建议的基础上”是什么意思。① 报告接着阐述到，委员会似乎坚持一种这样的地位，即它的建议里面一直会包含一条特定的线，沿海国对此可以接受也可以不接受，如果不接受，沿海国将提出订正的或新的划界案。② 2004 年的报告上，国际法协会又担心沿海国和其他国家对于“在委员会建议的基础上确定大陆架外部界限”这个问题产生分歧。③ 2006 年的报告中，国际法协会进一步提出了这个问题，只是将焦点放在谁有权来判断“如何在建议的基础上确定外部界限”上。④ 不仅国际法协会，其他学者也提出了类似的问题，认为《公约》的规定过于模糊。安娜·卡夫纳就指出，《公约》没有解释委员会的建议包含什么内容、一个国家可以多少次重新提交划界案、“在基础上”是

① 参见 Members of the Committee, Committee on Legal Issues of the Outer Continental Shelf, International Law Association Reports, Vol. 70, 2002, p. 747。

② 参见 Members of the Committee, Committee on Legal Issues of the Outer Continental Shelf, International Law Association Reports, Vol. 70, 2002, p. 747。

③ 参见 Members of the Committee, Committee on Legal Issues of the Outer Continental Shelf, International Law Association Reports, Vol. 71, 2004, p. 791。

④ 参见 Members of the Committee, Committee on Legal Issues of the Outer Continental Shelf, International Law Association Reports, Vol. 72, 2006, p. 231。

什么意思或者如果一国在没有得到委员会的支持的情况下划定大陆架外部界限将会产生什么后果等问题。① 泰德·麦克道曼也认为，第76条第8款中，关于"在建议的基础上"的意思和界限对"谁"具有终局性和约束力存在某种学究式上的不确定性。② 从《公约》本身的规定看，国际法学界对"在建议的基础上"这个问题的担心是有道理的，毕竟这句话确实比较模糊，尤其让人担心在实践中如何操作。也许是国际法学界的讨论引起了委员会的关注，委员会制定的《议事规则》在这个问题上前进了一步，在第53条第5款中将《公约》第76条第8款解释为"沿海国根据委员会建议确定的大陆架外部界限具有终局性和约束力"③。在这里，《公约》中让人难以理解的"在建议基础上"变成了"根据建议"这样的表述，这种转变虽然仍然模糊不清，但似乎有了朝解决问题的方向发展的迹象。由于《议事规则》不具有法律约束力，委员会的解释并没有达到释疑的效果。

既然《公约》对"在建议的基础上"的含义规定得比较模糊，学者们也为此担忧，那么实践中，是否出现了这些问题呢？从委员会作出的建议的内容看，答案是否定的，因为建议的内容通常非常精确，以至于沿海国根本没有所谓的"自由裁量权"。

首先，委员会对沿海国划界案是全面而严肃的审议，具体到划界案中的每一个点。作为专门的科学和技术机构，委员会对沿海国划界案的审议是科学而严谨的。委员会审议沿海国划界案的基本步骤是：地理区块的描述、由其他国家提交的意见、领土的自然延伸和200海里外大陆架权利享有资格、确定大陆坡脚、确定大陆架的

① 参见 Anna Cavnar, Accountability and the Commission on the Limits of the Continental Shelf: Deciding Who Owns the Ocean Floor, Cornell International Law Journal, Vol. 42, 2009, pp. 401-402。

② 参见 Ted L. McDorman, The Continental Shelf Beyond 200 NM: Law and Politics in the Arctic Ocean, Journal of Transnational Law & Policy, Vol. 18, 2009, p. 171。

③ 《委员会议事规则》第53条第5款规定："《公约》第76条第8款规定，沿海国根据委员会建议确定的大陆架外部界限具有终局性和约束力。"

外部边缘、划定大陆架的外部界限、作出建议。每一步环环相扣、逻辑严密。委员会对沿海国划界案审议的严谨性和精确性得到许多沿海国的称赞。例如，审议挪威 2006 年 11 月 27 日提交的划界案过程中，委员会就指出，挪威将莫恩山脊的三个大陆坡关键点 1、2 和 3 放在了莫恩山脊的中间山谷区域，并且认为这样是不对的，接着委员会在建议中说明了理由。① 对委员会这种落实到每个点的精确审议做法，挪威外交部法律司司长、划界案代表团团长罗尔夫·埃纳尔·法伊夫在 2009 年委员会第二十三届会议上与小组委员会进行交流时特别谈到，小组委员会工作细致全面，十分专业，方法专一，对所有科技数据都予以精确鉴定和测试，他对此表示赞赏。② 不仅挪威划界案，委员会在审议所有沿海国提交的划界案时，都采取了同样的做法，这种精密的审议方式，为委员会准确作出建议奠定了坚实的基础。

其次，委员会作出的建议的内容非常精确，给出的划界“基础”具体而明确。委员会对沿海国划界案进行审议后，如果沿海国的一些主张应该予以认可，就会作出相应的建议。这种建议的内容并不模糊、笼统，相反，清晰而明确，绝大部分情况下都是一条用经纬度的坐标点连接起来的线。例如，委员会在审议爱尔兰划界案后，给出的建议的内容是：(1)这份部分划界案满足附件测试，爱尔兰有权划定其 200 海里外大陆架外部界限；(2)大陆坡底的位置和两部分大陆坡的概念得到接受；(3)选择的大陆坡的点 46、50、51、57 和 60 得到采用；(4)调整的沉积岩点形成了新的沉积点 1 和 2，它们分别产生于 46 和 50 号点所在的大陆坡上；(5)委员会

① 参见 Summary of the Recommendations of the Commission on the Limits of the Continental Shelf in Regard to the Submission Made by Norway in Respect of Areas in the Arctic Ocean, The Barents Sea and the Norwegian Sea on 27 November 2006, 2009, p. 19, http://www.un.org/Depts/los/clcs_new/submissions_files/nor06/nor_rec_summ.pdf。

② 参见 2009 年大陆架界限委员会文件，CLCS/62，第 4 页，大陆架界限委员会网站：http://daccess-dds-ny.un.org/doc/UNDOC/GEN/N09/307/57/PDF/N0930757.pdf?OpenElement。

建议爱尔兰在普罗库派恩深海平原毗连区域的扩展的大陆架外部界限建立在图形 27 中所反映的每一个图表 3 的经纬度点上。① 图表 3 列出了每个点的经纬度，图形 27 则将图表 3 中的每一个点反映在其中，而且，委员会还将外部界限的几个点连接起来，以一条线的形式描绘了爱尔兰 200 海里外的大陆架的外部界限。又比如，委员会审议墨西哥 2007 年 12 月 13 日提交的划界案后，作出的建议的内容是："委员会同意用确定的在图表 1 中的定点来划定墨西哥在墨西哥湾西面的多边形区域的大陆架的外部边缘的界限。墨西哥在这个区域的大陆架的最后的外部界限的确定应取决于点 1 到点 16 的连接线。委员会建议墨西哥继续确定在西边多边形区域的相应的外部界限。"②在上述建议内容后，接着列明了点 1 到点 16 的每一个点的经纬度和精确的距离，这些点连接起来就是委员会建议的墨西哥大陆架的外部界限。当然，在不认可沿海国主张的情形下，由于没有划定外部界限，委员会的建议不需要过于精确，原则性说明问题即可。

委员会既然在给沿海国的建议中将大陆架外部界限精确到了具体的坐标点和线，那么沿海国的外部界限就非常明确了，所谓"在建议的基础上划定外部界限"基本就可以解释为以某一条线为其外部界限，或者说不能超过这条线。事实上，沿海国也只能把这一条线直接当作外部界限，因为一个国家的政府通常只能追求国家利益的最大化，而不会主动放弃权利，在这条线以内(不包括该条线)的地方划定外部界限。这样一来，委员会在建议中确定的点和线就相当于为沿海国划定了 200 海里外的大陆架外部界限，这使《公

① 参见 Summary of the Recommendations of the Commission on the Limits of the Continental Shelf (CLCS) in Regard to the Partial Submission Made by Ireland on 25 May 2005, 2007, pp. 22-23, http://www.un.org/Depts/los/clcs_new/submissions_files/irl05/irl_summary_of_recommendations.pdf。

② Recommendations of the Commission on the Limits of the Continental Shelf in Regard to the Submission Made by Mexico in Respect of the Western Polygon in the Gulf of Mexico on 13 December 2007, 2009, pp. 9-10, http://www.un.org/Depts/los/clcs_new/submissions_files/mex07/mex_rec.pdf.

约》以“在建议的基础上”的规定约束沿海国划定外部界限的效力得以精确化和具体化，因而进一步强化了委员会建议产生法律效力的能力。委员会作出的精确建议的实践也证明，学者们对《公约》规定的“在建议的基础上”的解释比较模糊的担心是多余的。

四、委员会处理划界案的方式在实践中发生了微妙演变

经过多年的实践，委员会形成了自己的做事方式，而且这种方式逐渐固定下来，以至于与《公约》规定相比，似乎发生了一些微妙的演变。

（一）委员会巧妙地“剥夺”了《公约》规定的沿海国所拥有的不同意委员会建议的权利

《公约》附件二第 8 条规定，在沿海国不同意委员会建议的情形下，沿海国应于合理期间内向委员会提出订正的或新的划界案。这一条是沿海国拥有“不同意权利”的法律依据。也就是说，对于委员会作出的建议，沿海国随时可以表示不同意。然而，委员会在审议沿海国划界案时，似乎有意不给沿海国行使这种权利的机会。首先，委员会作出的建议一般就三种：认可、要求提交补充证据或新划界案、部分认可。其中，要求提交补充证据或新划界案的建议当然也包含了不认可的意思。对于第一种建议，沿海国没有理由行使不同意的权利，虽然理论上可以这么做，但是除非有特殊情况，按照正常逻辑一国不会否认委员会作出的肯定自己权利主张的建议。对于第二种建议，委员会虽然不认可沿海国主张，但也没有否定沿海国的权利，只是要求沿海国提供补充数据或新划界案而已，沿海国即便表示不同意也无济于事，为达成目的，仍然需要向委员会提交数据或划界案。对于第三种建议，委员会在部分认可沿海国权利主张的情形下，对不认可的部分也不会否认其权利，同样给沿海国留出了继续提交补充数据或新划界案的机会，这与第二种建议的情形一样，沿海国也没有必要行使不同意的权利。其次，委员会审议沿海国划界案过程中，如果确实要否认划界案中的一些地方，会与沿海国进行充分沟通，通常在确认沿海国接受委员会意见的情形下，才会作出包含否认这些地方的建议。例如，审议爱尔兰划界

案过程中，产生于53号大陆坡脚的15号坡脚点经科学和技术审查没有被采纳，小组委员会在与爱尔兰代表团沟通后，爱尔兰代表团接受了小组委员会的观点，委员会最后作出了相应的建议。① 又比如，在审议西班牙、爱尔兰、法国、英国四国联合案时，小组委员会根据委员会作出的关于审议联合划界案的原则性规定，修改了原来审议意见和结论，从而明显缩小了四国联合案的主张范围。② 此时，小组委员会与四国联合案代表团及时进行了沟通，陈述了小组委员会的新意见和结论，在确认四国选择了与小组委员会相一致的意见后，小组委员会作出了相应的初步建议。③ 这样，委员会以在审议划界案过程中与沿海国充分协商沟通的方式，避免了建议作出后因沟通不足而导致沿海国不同意的情形出现，沿海国也利用与委员会沟通的机会有效表达了自己的观点和主张。当然，这里需要强调的是，沿海国不同意的权利依然存在，只是在实践中委员会没有给它留出这种机会而已。

（二）所谓沿海国为主张权利而采取反复提交行为导致的“乒乓程序问题”并没有出现

前文谈到，泰德·麦克道曼、比约恩·库罗伊和安娜·卡夫纳等学者担心沿海国会通过行使不同意的权利，与委员会形成一种拉锯，造成所谓的“乒乓过程”，那么，这种过程是否出现了呢？实践给出的答案是：没有出现。除委员会巧妙“剥夺”了沿海国行使

---

① 参见 Summary of the Recommendations of the Commission on the Limits of the Continental Shelf (CLCS) in Regard to the Partial Submission Made by Ireland on 25 May 2005, 2007, p. 3, http://www.un.org/Depts/los/clcs_new/submissions_files/irl05/irl_summary_of_recommendations.pdf。

② 参见2009年大陆架界限委员会会议文件，CLCS/62，第3~4页，大陆架界限委员会网站：http://daccess-dds-ny.un.org/doc/UNDOC/GEN/N09/307/57/PDF/N0930757.pdf? OpenElement。

③ 参见2009年大陆架界限委员会会议文件，CLCS/62，第3~4页，大陆架界限委员会网站：http://daccess-dds-ny.un.org/doc/UNDOC/GEN/N09/307/57/PDF/N0930757.pdf? OpenElement。

不同意的权利，从而避免这种情形出现外，沿海国本身的做法也是一个重要原因。以委员会审议沿海国划界案情况看，对同一区块的大陆架外部界限的审议并作出建议，目前还没有超过2次的案例出现。即便是提交修正案的国家如俄罗斯、巴西、阿根廷和巴巴多斯，其修正案所涉的区域的大陆架外部界限问题被委员会审议和建议目前都没有超过2次。① 其他国家的划界案要么得到了委员会认可，要么还没有提交修正案，要么委员会还没有作出建议，当然还有的没有进入委员会的审议程序。也就是说，沿海国如果认为没有充分的证据，不会轻易向委员会提交划界案，因为没有证据的提交是得不到委员会认可的建议的，也是没有意义的。在委员会作出要求提交修订的或新的划界案的建议的情形下，尤其如此。所以，不论基于委员会所掌握的审议和建议权，还是基于委员会巧妙"剥夺"沿海国不同意的权利，甚或基于符合正常逻辑的一般做法，所谓的"乒乓程序"都不会出现，也不应该出现。

（三）委员会牢牢把握《公约》的解释和适用权，在实践中占据主导地位

从《公约》规定的初衷看，委员会是专门设立的科学和技术机构，其成员都是地质学、地理学、水文学等方面的专家，因此主要是用来解决专业的技术问题。至于委员会是否有解释《公约》的权利，这个问题在国际法学界一直争论不休，有赞成的也有否认的，但是无论观点如何，如前文所述，不少学者已经指出，委员会在解决所谓的科学和技术问题的同时，不可避免会涉及法律适用方面的问题。这个问题究竟如何，委员会的实践也给出了最有力回答，那就是委员会不仅有解释和适用《公约》的权利，而且与沿海国相比，还占据主导或者优势地位。例如，在审议新西兰2006年4月19日提交的划界案过程中，委员会就没有同意新西兰划界案中关于将位于附件3表格2中点177到点178的南斐济盆地

① 参见《提案和建议》，大陆架界限委员会网站：http：//www.un.org/Depts/los/clcs_new/commission_submissions.htm，2018年2月10日最后访问。

部分全部作为新西兰大陆架的一部分，而且委员会建议新西兰根据《公约》第 76 条第 7 款规定的用定点连接的不超过 60 海里的直线来划定其外部界限。① 对于委员会建议中的观点，新西兰代表团在与小组委员会沟通时就表示了同意。像这种因委员会提出异议，新西兰改变自己原来意见接受委员会建议的情况在审议中还出现了多次，以至于新西兰代表团团长杰拉德·范博希曼表示，“在好几起情形下，新西兰代表团针对小组委员会的意见，修改了其做法。由此，小组委员会与代表团之间已无观点差异”②。又比如，前文提到，在审议西班牙、爱尔兰、法国和英国四国联合案时，小组委员会本来作出了初步意见和结论，但后来根据委员会作出的关于提交联合划界案的外大陆架面积不得超过各国单独提交的划界案的外大陆架面积之和的原则性规定，又改变了原来的意见和结论，结果四国为获得委员会认可的建议，也选择了与小组委员会意见相一致的方案，而没有坚持原划界案。这其实也是委员会对《公约》作出了进一步解释，沿海国除了遵从委员会的意见，似乎没有更好的选择。还有，委员会在审议沿海国划界案时，一般都会先确定沿海国根据《公约》第 76 条第 4 款是否拥有划定 200 海里外大陆架外部界限的权利，然后才会继续对其划界案的审议。例如，委员会针对法国提交关于法属圭亚那和新喀里多尼亚的划界案作出的建议中就专门阐述到，“根据第 76 条第 4 款，产生于大陆坡脚的大陆架的外部边缘，扩展到了法属圭亚那 200 海里界限外，并且通过了从属权利的测试。在这个基础上，委员会认可法兰西共和国在这片区域

① 参见 Summary of the Recommendations of the Commission on the Limits of the Continental Shelf (CLCS) in Regard to the Submission Made by New Zealand on 19 April 2006, 2008, p. 44, http://www. un. org/Depts/los/clcs _ new/submissions_files/nzl06/nzl_summary_of_recommendations. pdf。

② 2008 年大陆架界限委员会会议文件，CLCS/58，第 4 页，大陆架界限委员会：http://daccess-dds-ny. un. org/doc/UNDOC/GEN/N08/319/05/PDF/N0831905. pdf? OpenElement。

确定200海里外界限的法律权利”①。这种看起来像例行性做法但又必不可少的语句差不多出现在每一份委员会作出的认可沿海国有关200海里外大陆架权利的建议中。诸多实例说明，委员会在履行职能过程中，不仅拥有解释和适用《公约》的权利，而且不得不行使这种权利。委员会与沿海国在解释或适用《公约》而产生不同意见时，沿海国作出妥协的情况比较多，因为委员会拥有最终的“建议权”，因此处在主导地位。除非沿海国有充分的理由或充足的证据证明其主张，否则很难改变委员会的意见或结论。

本章小结

再好的法律，只有经过实践检验才能知道其效果。委员会审议沿海国划界案和作出建议就是对《公约》法律实效的最好诠释。实践证明，委员会及其建议对沿海国200海里外大陆架权利有着决定性或者实质性的影响，这种影响来源于《公约》第76条第8款的直接规定。尽管沿海国有不同意委员会建议的权利，但无碍委员会的建议最终产生法律效力。这个结论已经从程序法和实体法两方面的实践得到了证明。程序法方面，沿海国纷纷向委员会提交划界案，因为任何一个国家获得200海里外大陆架权利都必须获得委员会相应的认可建议，没有这个步骤，获取外大陆架权利就免谈。实体法方面，委员会通过对沿海国划界案的科学和技术审查，同时利用解释和适用《公约》第76条的主导权，判断是否应该审议沿海国划界案、沿海国是否拥有200海里外大陆架权利、相关权利的界限在哪里、具体的外部界限该怎么划定等一系列事关沿海国外大陆架权利的关键性问题。无论是俄罗斯第一次不算成功的划界案，还是被称

① Summary of the Recommendations of the Commission on the Limits of the Continental Shelf in Regard to the Submission Made by France in Respect of French Guiana and New Caledonia Regions on 22 May 2007, 2009, p. 5, http://www.un.org/Depts/los/clcs_new/submissions_files/fra07/COM_REC_FRA_02_09_2009_summary.pdf.

为卓有成效的澳大利亚划界案，或者率先采取独特的共同提交方式的西班牙、爱尔兰、法国、英国四国联合划界案，当然还包括许多其他国家的划界案，都充分证明了这一点。各国对委员会的建议事实上也都采取了遵守的态度。对于沿海国不同意委员会建议的权利，委员会采取不直接否认其权利并要求提供补充证据或新划界案的方式巧妙地“剥夺了”沿海国行使该权利的机会。由于沿海国在提交划界案问题上态度慎重，因此学者们担心的所谓“乒乓程序”基本上也没有出现。对于学者最为关注的“在建议的基础上划定界限”如何解释的问题，委员会更是以精确到经纬度的坐标点和以这些点连接起来的线作为向沿海国提出的建议破解和回答了这个《公约》规定比较模糊的问题，从而使委员会建议产生法律效力的能力得到明晰和强化。

第四章　委员会建议性质之比较分析

作为根据《公约》成立的专门机构，委员会的设计架构和其建议的法律地位相当独特，一些学者不自觉地将它与司法机构、行政机构、一般咨询建议机构或者其他国际国内机构进行对比，试图找出委员会及其建议“到底像谁”。然而，委员会有的时候显现出司法机构的一些特征，有的时候似乎靠近作出“授权性”的行政机构，有的时候又像一个仅仅提供参考性意见的机构，总之“变化多端”，让人有点捉摸不定。委员会这种多面性特点，影响了人们对其建议性质的判断。既然如此，将委员会建议分别与具有司法性或准司法性、行政性、建议性等不同性质的机构作出的判决、建议或者其他决定进行专门的对比分析，在一些关键性问题上找出各自的异同点，或许是探寻委员会建议性质的又一个有效途径。另外，如果能寻找到一个与委员会在各方面最相似的国际机构，并将其与委员会进行对比，那么应该也有利于进一步厘清委员会建议的性质问题。

第一节　委员会建议与 WTO 争端解决机构的建议比较

委员会建议是否具有司法性或者准司法性？前文已指出，在这个问题上，学者存在不同观点。一方面，委员会与国际司法机构差别巨大，有学者早就指出，委员会不是一个法院。例如，泰德·麦克道曼就认为：“委员会在外部界限中的角色不是一个法院，因为委员会在确定大陆架外部界限的划定中没有最终的权利。”①另一方面，也有学者认为委员会建议具有准司法性。例如，唐纳德·罗思韦尔认为：“《公约》第76条第8款简明的规定创立了一个准司法程序。”②这不仅因为委员会的建议在确定沿海国200海里外大陆架外部界限中具有“基础性”作用，具有产生法律效力的能力，而且委员会当初成立的一个重要目的是平衡国际社会与沿海国之间的利益，确实隐约有点“居中裁判”的味道。为廓清这个问题，有必要将委员会建议与具有司法性或者准司法性的判决、决定、建议等进行比较分析。鉴于委员会及其建议与国际司法机构及其判决确实差异较大，因此应尽量寻找在司法性或者准司法性问题上可比性较强的参照物。由于WTO争端解决机构也会作出建议，而且，根据目前很多学者的观点，这种建议的司法性或者准司法性是不成问题的③。另外，与委员会的建议一样，该建议在英文中也是用“recommendation”一词进行表述。因此，无论从司法性或者准司法性对比需要看，还是从名称的相似性看，二者似乎都具有一定的可比性，从而可以用来做比较分析。

一、职能或作用比较

WTO争端解决机制是在GATT争端解决机制的基础上发展而

---

① Ted L. McDorman, A Canadian Perspective on the Continued Non-Ratification of the Convention on the Law of the Sea by the United States, The Canadian Yearbook of International Law, Vol. 43, 2005, pp. 407-408.

② Donald R. Rothwell, Issues and Strategies for Outer Continental Shelf Claims, The International Journal of Marine and Coastal Law, Vol. 23, 2008, p. 188.

③ 例如，左海聪认为，WTO争端解决机制是一种国际司法体制；张乃根认为，WTO争端解决机制具有准司法性质；曾令良认为，WTO争端解决的司法化颇具特色。上述观点分别参见：左海聪：《论GATT/WTO争端解决机制的性质》，载《法学家》2004年第5期，第152~160页；张乃根：《论WTO争端解决机制的若干国际法问题》，载《河南省政法管理干部学院学报》2001年第4期，第5页；曾令良：《WTO：一种自成体系的国际法治模式》，载《国际经济法学刊》2010年第4期，第36页。

来的。根据《关于争端解决规则与程序的谅解》(DSU)第2条第1款，设立WTO争端解决机构(DSB)的目的是负责管理这些规则和程序及适用协定的磋商和争端解决规定，除非适用协定另有规定。简言之，WTO争端解决机构就是为贯彻和执行WTO争端解决机制而设立的，其最终目的是促使成员方在WTO协议下的各种争端得到解决。虽然WTO争端解决机制解决争端的方法有多种，但涉及司法或者准司法方面，主要就是依靠WTO争端解决机构的建议或者裁决。至于建议或者裁决的作用，当然与WTO争端解决机制是一致的。这一点在DSU第21条第1款中规定得很清楚，即为了所有成员的利益而有效解决争端。① 委员会是《公约》成立的专门机构，是因为《公约》第76条所规定的大陆架外部界限的标准和公式比较复杂，为避免沿海国滥用《公约》规定，确保有一个权威的判断而产生的，主要用来审议沿海国提交的划界案，并为沿海国划定200海里外大陆架外部界限提供建议，使沿海国划定外部界限时有一个“基础”。这种作用描述起来比较复杂，可以是前文提到的把关作用，也可以是审核作用，或者是授权作用，总之，除客观地理因素外，对沿海国外大陆架权利具有实质性影响作用，也是沿海国划定大陆架外部界限或者确定外大陆架权利不可缺少的要素。然而，尽管委员会在外大陆架划界中起重要作用，但是与WTO争端解决机构的建议相比，它并不是用来解决争端的。相反，根据《公约》第76条第10款、《公约》附件二第9条等的规定，委员会的行动不应该妨碍国家间外大陆架划界事项的解决。因此，委员会建议与WTO争端解决机构的建议所起的作用并不相同。

二、作出的主体和针对的对象比较

从宏观层面讲，在WTO中，总理事会事实上是权力中心。总

① 《关于争端解决规则与程序的谅解》第21条第1款规定：“为所有成员的利益而有效解决争端，迅速符合DSB的建议或裁决是必要的。”

理事会可以说是“身兼多职”，承担决策机构、执行机构、贸易政策审查机构和争端解决机构等多项职能。① 在履行争端解决职能时，总理事会即视为争端解决机构。② 在人员组成方面，总理事会由各成员方的代表组成。从微观层面看，WTO 争端解决机构的建议首先是由专家组或者上诉机构作出的。根据 DSU 第 8 条，专家组并不是固定的，而是由秘书处根据指示名单确定的，处理具体案件时通常由 3 人组成，有关争端当事方不能干预专家组的组成。这一定程度上显示了 WTO 争端解决机制的独立性。另外，在专家组人员的名单构成方面，也比较灵活。名单上的人可以是秘书处人员，也可以是政府官员，还可以是国际法学者，等等。③ 当然，主要还是倾向于熟悉贸易政策或者法律规则的人员。与专家组的临时性相比，WTO 上诉机构则是常设性的，该机构由 7 人组成，定期轮换，处理具体案件时也是从中选出 3 人任职。④ 委员会的组织架构则相对简单，只涉及委员会和小组委员会。根据《公约》附件二第 2 条第 1 款的规定，委员会由 21 名委员组成，委员应是地质学、地球物理学或水文学方面的专家。可见，委员会由清一色非法律专业的专家组成，这固然是委员会解决问题的特殊性所需，但也体现了委员会主要是一个科学和技术性的机构，而非法律性的机构。小组委员会方面，其成员由 7 人组成，由委员会从 21 名委员中选出，

---

① 参见曾令良：《WTO：一种自成体系的国际法治模式》，载《国际经济法学刊》2010 年第 4 期，第 38 页。

② 参见姜华：《论 WTO 争端解决机制的“司法化”取向》，载《东北师大学报》（哲学社会科学版）2003 年第 5 期，第 43 页。

③ 《关于争端解决规则与程序的谅解》第 8 条第 1 款规定：“专家组应由资深政府和/或非政府个人组成，包括曾在专家组任职或曾向专家组陈述案件的人员、曾任一成员代表或一 GATT 1947 缔约方代表或任何适用协定或其先前协定的理事会或委员会的代表的人员、秘书处人员、曾讲授或出版国际贸易法或政策著作的人员，以及曾任一成员高级贸易政策官员的人员。”

④ 《关于争端解决规则与程序的谅解》第 17 条第 1 款规定：“DSB 应设立一常设上诉机构。上诉机构应审理专家组案件的上诉。该机构应由 7 人组成，任何一个案件应由其中 3 人任职。上诉机构人员任职应实行轮换。此轮换应在上诉机构的工作程序中予以确定。”

提出划界案的当事国也没有权利干预小组委员会的组成。因此，在负责处理各自事项的人员组成方面，与 WTO 争端解决机构相比，委员会在处理沿海国划界案方面也具有相当的独立性。

在针对对象方面，WTO 争端解决机构的建议针对的是争端当事方。这里的当事方可能是双方，也可能是多方，但无论当事方有多少个，在通过建议时，作为争端解决机构，WTO 争端解决机构都处于一种居中裁判的位置。委员会在这一点上与 WTO 存在明显不同，它不是争端解决机构，仅针对提出划界案的沿海国，也就是说仅针对一方。当然这里的一方可能是一个国家，也可能是多个国家，因为沿海国有与其他国家联合提交划界案的权利。即便有学者认为，委员会在国际社会整体利益和沿海国之间保持中立，但由于代表国际社会的一方并没有参与其中，因此这种“一对一”的格局并没有改变。由于司法性的重要特点是居中裁判，因此，针对对象的单方性特点，成为阻碍委员会建议具有司法性的重要因素。

三、产生的程序比较

DSU 作为规范 WTO 争端解决机制的核心法律文件，为 WTO 争端解决机制设计了六大具体程序：磋商程序，斡旋、调解与调停程序，专家组程序，上诉机构程序，执行程序，仲裁程序。① 具体到 WTO 争端解决机构的建议方面，其产生程序主要有两个：专家组程序和上诉机构程序。由于磋商程序是前置程序，因此在磋商没有完成前，专家组或上诉机构的建议是没法产生的。另外，外交方法包括斡旋、调解、调停等贯穿所有程序的始终，因此，WTO 建议是否产生也要受这种机制的影响，因为争端当事方可能随时达成协议。基于这一点，有学者认为，WTO 争端解决机制在性质上是一种调解程序②，从而质疑其司法性或者准司法性。专家组作出建

① 参见刘知明：《WTO 争端解决机制概述》，载《理论界》2002 年第 1 期，第 81 页。

② 参见田天、甘露：《论 WTO 争端解决机制专家小组报告的法律效力》，载《法制与社会》2009 年第 8 期，第 350 页。

议后，该建议并不能立即对争端当事方生效，而是必须经 WTO 争端解决机构通过后方产生法律效力。如果争端一方对专家组的报告不满意，可以向上诉机构上诉，但是上诉机构仅负责审议专家组报告中的法律问题和专家组所做的法律解释。① 上诉机构审议专家组报告后，可以根据情况作出建议或裁决。该建议或裁决同样必须经 WTO 争端解决机构通过后才能产生法律效力。当然，应当注意的是，无论是专家组的报告还是上诉机构的报告，在 WTO 争端解决机构中都是采用"反向协商一致"的方式通过的，也就是说，只要并不是所有代表反对就表示通过。因此，专家组或上诉机构的建议基本都是自动通过的。由此可见，WTO 争端解决机制拥有一套相对独立且严密的司法或准司法性程序。

与 WTO 争端解决机构建议相比，委员会建议产生的程序相对比较简单。通常情况下，如果没有划界争议，委员会一般会审议沿海国划界案。审议过程中，先设立 7 人小组委员会进行审议并作出建议，然后再交由全体委员会进行审议。无论是小组委员会还是全体委员会，委员会建议都尽量采协商一致的原则通过，如果不能达成协商一致，则由小组委员会、委员会出席并参加表决的成员三分之二多数作出。这种通过方式或者表决程序与 WTO 争端解决机制的建议相比，应该说通过难度更大。当然，值得注意的是，为确保作出的建议更加准确，WTO 争端解决机制设置了上诉程序，而委员会中的程序则比较特别。根据《公约》规定，沿海国如对委员会建议不满意，可以向委员会提交订正的或修正的划界案，继续主张权利。这说明，委员会虽然也有严格的程序，但该程序的司法性特征不明显。

四、管辖范围和解决问题的方法比较

在管辖权问题上，WTO 争端解决机制对成员方之间的争端的

---

① 《关于争端解决规则与程序的谅解》第 17 条第 6 款规定："上诉应限于专家组报告涉及的法律问题和专家组所作的法律解释。"

管辖是强制性和排他性的管辖。① 在管辖范围方面，它主要适用于WTO成员相互之间因解释和适用WTO法律文件所产生的各种争端。这些法律文件是指DSU表1中所列出的所有文件，具体是指《WTO协议》、《关税总协定(1994)》以及其他所有的关于货物贸易、服务贸易、与贸易有关的知识产权和贸易争端方面的多边协议。② 简言之，就是处理围绕乌拉圭回合最后文件所包括的任何协定或协议产生的争端。根据《公约》第76条的规定，除存在划界争议外，委员会对沿海国200海里外大陆架的管辖事实上也是排他性或者是强制性的，因为该条要求沿海国必须将其有关200海里外大陆架的信息提交委员会审议并在委员会建议的基础上划定200海里外大陆架外部界限。因此，在管辖的强制性方面，委员会建议不亚于WTO争端解决机制的建议。当然，在管辖范围方面，前者相对简单且有限，后者则比较复杂且范围较广。

是否使用法律方法解决争端，也是评价司法性或准司法性的重要标准。如前所述，WTO争端解决机制中，既有外交方法，也有法律方法，而专家组、上诉机构和争端解决机构部分属于法律方法部分，因此，毫无疑问，WTO争端解决机构的建议就是通过法律方法来解决争端的。至于WTO争端解决机制可适用法律的范围，一般认为，主要还是依据WTO协定来解决有关争端。③ 当然，根据DSU第3条第2款的规定，在适用WTO协定时，可以依照解释国际公法的惯例澄清这些协定的现有规定。④ 这说明，WTO争端

① 参见曾令良：《WTO：一种自成体系的国际法治模式》，载《国际经济法学刊》2010年第4期，第49页。

② 参见刘知明：《WTO争端解决机制概述》，载《理论界》2002年第1期，第81页。

③ 参见朱作鑫：《WTO争端解决机制的法律适用》，载《上海市经济管理干部学院学报》2007年第1期，第50页。

④ 《关于争端解决规则与程序的谅解》第3条第2款规定："WTO争端解决体制在为多边贸易体制提供可靠性和可预测性方面是一个重要因素。各成员认识到该体制适于保护各成员在适用协定项下的权利和义务，及依照解释国际公法的惯例澄清这些协定的现有规定。DSB的建议和裁决不能增加或减少适用协定所规定的权利和义务。"

解决机构的建议中，不仅包含法律的适用和解释权，而且可适用的法律是比较广泛的。与之相比，委员会建议的内容主要限于从科学和技术角度把关，判断沿海国提交的划界案是否符合《公约》第 76 条的规定，这至少表明委员会建议也涉及到法律的适用。然而，由于《公约》没有明确授权，同时委员会由清一色的非法律专家组成，再加上实践中委员会尽量避免给人留下解释法律的印象，这导致国际法学界对委员会建议是否能包含法律解释的内容存在很大争议。因此，与 WTO 争端解决机构中的建议相比，委员会的建议在法律解释方面显然受到了很大的限制。

五、法律效力和执行力比较

WTO 争端解决机制中，如果争端方对专家组报告不表示上诉，那么在 WTO 争端解决机构通过后，专家组报告中的建议就能产生法律效力，有关争端方因此要受约束。如果争端方对专家组的报告提出上诉，那么建议在上诉机构作出报告并经争端解决机构通过后产生法律效力。当然，如果争端解决机构协商一致不通过专家组或上诉机构的报告，那么这两个报告中的建议都无法产生法律效力，只是这种情况实践中一般不会发生。也就是说，除外交方法打断 WTO 的司法程序外，专家组或上诉机构的建议在争端解决机构通过后就能够产生法律效力。与之相比，除一些特定因素外，通常情况下，小组委员会建议首先需提交全体委员会审议，再经沿海国接受方能产生法律效力。很明显，这种需要沿海国同意才能产生法律效力的特点是委员会建议“逊色于”WTO 争端解决机构建议的地方，因为后者产生法律效力的条件更具有司法性特征。

在建议的执行方面，根据 DSU 第 21 条的规定，WTO 争端解决机构有权监督建议的执行。① 这种监督的方式有多种，如要求当

---

① 《关于争端解决规则与程序的谅解》第 21 条第 6 款规定：“DSB 应监督已通过的建议或裁决的执行。在建议或裁决通过后，任何成员可随时在 DSB 提出有关执行的问题。除非 DSB 另有决定，否则执行建议或裁决的问题在按照第 3 款确定合理期限之日起 6 个月后，应列入 DSB 会议的议程，并应保留在 DSB 的议程上，直到该问题解决。在 DSB 每一次会议召开前至少 10 天，有关成员应向 DSB 提交一份关于执行建议或裁决进展的书面情况报告。”

事方在一定期限内报告执行情况、确定执行的期限、授权相对方采取报复措施等。与WTO相反，委员会对其建议没有监督执行的权利，执行工作完全由沿海国进行。至于由谁来监督或者判断沿海国是否执行了委员会建议，《公约》没有作出任何交代。可见，在执行监督力度上，委员会建议也不如WTO争端解决机构的建议。

通过几项重要特征的对比可知，委员会建议尽管与WTO争端解决机构的建议存在一些相似点，但在司法性特征方面，差距依然较大。相似点方面：两者作出的主体都具有相当的独立性，因为沿海国或者有关的争端方都无法决定处理其划界案或争端的主体中的具体人员，这些人员完全按照各自的机制来决定；两者都有一套严格完善的程序产生各自的建议，这种程序的存在也有利于确保产生的建议客观准确或者公平公正；两者对各自作用范围内的事项都具有强制适用性或者排他适用性。不同点方面：二者的作用不同，前者主要是确认沿海国权利主张，为沿海国外大陆架划界提供一个基础，而后者主要用来解决争端；二者针对的对象不同，前者只是针对提出划界案的沿海国，具有单一性，而后者则处在争端各方中间，扮演居中裁判的角色，至少针对两个争端方；二者的管辖或者适用范围不同，前者仅适用于《公约》第76条，范围较窄，而后者适用于WTO下的各种争端，范围较广；二者产生法律效力的条件不同，前者需要沿海国同意才能生效，后者经WTO争端解决机构通过后即可生效；二者的执行力不同，前者的执行监督人不明确，后者由WTO争端解决机构负责监督执行。由此可见，与WTO争端解决机制的建议相比，委员会建议由于司法性特征不明显，我们很难说它具有司法性或者准司法性。

第二节 委员会建议与行政许可比较

由于委员会建议解决的问题不属于两个或两个以上当事方之间的争端，而是只有一个当事方，即提交划界案的沿海国，所以从形式上看，委员会又像一个行政机关，委员会的建议也与行政许可有点类似。一些学者因此认为委员会及其建议具有行政性。例如，苏里亚·苏贝蒂就认为："看来委员会的地位是介于一个准司法机构和一个行政机构之间。"①当然，他并不认为委员会是一个纯粹的行政机构，只是承认委员会具有行政性。另外，安娜·卡夫纳也认为："委员会在'乒乓过程'中更多是行政机构。"②鉴于这些看法，将委员会的建议与行政性的行政许可相比也具有相当的必要性。

一、作出的主体比较

国内法中，行政许可一般是指行政主体应行政相对人的申请，通过颁发许可证、执照等形式，依法赋予行政相对方从事某种活动的法律资格或实施某种行为的法律权利的行政行为。③ 我国《行政许可法》第2条规定，本法所称的行政许可，是指行政机关根据公民、法人或者其他组织的申请，经依法审查，准予其从事特定活动的行为。国际法中或多或少也存在类似国内法中的行政许可，至于是否存在一些学者所提的"国际行政法"④、"全球行政法"⑤，目前仍然存在很大争议。不管是国内法还是国际法中的行政许可，作出行政许可的主体必须是享有一定行政权的组织，这种权力可能来源于法律或条约的直接规定，也有可能是来源于其他组织的授权。行政主体要能够独立承担责任，因为行政主体要对自己作出的行政行为负责。行政主体主要由行政人员组成，除一些特殊机构要求组

---

① Surya P. Subedi, Problems and Prospects for the Commission on the Limits of the Continental Shelf in Dealing with Submissions by Coastal States in Relation to the Ocean Territory Beyond 200 Nautical Miles, The International Journal of Marine and Coastal Law, Vol. 26, 2011, p. 430.

② Anna Cavnar, Accountability and the Commission on the Limits of the Continental Shelf: Deciding Who Owns the Ocean Floor, Cornell International Law Journal, Vol. 42, 2009, p. 407.

③ 参见罗豪才：《行政法学》，北京大学出版社2001年版，第122页。

④ 参见林泰、赵学清：《全球治理语境下的国际行政法》，载《南京社会科学》2011年第3期，第98~104页。

⑤ 参见[美]本尼迪克特·金斯伯里、尼科·克里希、理查德·B. 斯图尔德著，范云鹏译，毕小青校：《全球行政法的产生(上)》，载《环球法律评论》2008年第5期，第117~128页。

成人员具备一定的专业背景外，大部分行政主体的组成人员并没有统一的专业背景。在国内法中，行政主体主要是行政机关，用来代表国家行使一定的公共管理权力，以维护公共利益。例如，国土资源管理部门授予某个法人实体采矿权证，准许其开发自然资源的行为。国际法中行政主体的范围争议很大，但有些行为应当属于典型的行政许可行为。例如，国际海底管理局向某个实体颁发生产许可证的行为，因此，国际海底管理局应当具备行政主体资格，虽然它并不一定是纯粹的行政主体。①

与行政主体组成人员相比，委员会的构成特色明显，它至少由具有同一类专业背景的专家组成。从主体资格上讲，既然委员会已经在职能范围内具备相当于国际法主体的地位，那么就能够对自己相应的行为独立承担责任。而且，委员会也是在某种意义上代表国际社会公共利益行事，毕竟它具有防止沿海国滥用《公约》第 76 条规定的功能。权利依据方面，作为根据《公约》设定的机构，委员会的行为完全由《公约》规定。《公约》赋予委员会的职能只有两个：建议职能和咨询职能。至于其中是否包含有行政性，《公约》没有作出任何说明。不过从这两项职能的内容看，至少咨询职能不具有行政性，因为这种情况下委员会只是提供咨询意见而已。建议职能是否具有行政性，则需要进一步剖析。

二、产生的过程比较

任何行政许可的产生，都有一个过程，所不同的是，有的过程比较简单，有的过程比较复杂。有学者认为，我国《行政许可法》第 2 条描述了行政许可事实形成的基本过程：申请——审查——准予。② 一个行政许可不是单方面的行为即可完成的，需要相对人的申请和行政机关的审查和准予。由此可见，在启动方面，行政许可

① 《海洋法公约》第 151 条关于生产政策的部分对经营者向管理局提出申请和管理局发出生产许可的各种程序和遵守的义务做了较为详细的规定。

② 参见刘素英：《行政许可的性质与功能分析》，载《现代法学》2009 年第 5 期，第 14 页。

也是一项被动的程序，没有相对人的申请就不会有行政许可行为。申请人提出申请后，行政主体需要对其申请作出审查，判断申请人是否符合规定的条件或资格。根据行政许可的类别，审查又可分为形式审查和实质审查两种。所谓形式审查就是审查申请人提供的材料限于数量上的齐全性和形式上的合法性，而实质审查则要求行政主体对申请人提供的材料审查其内容上的真实性、合法性。① 如果符合条件，行政主体就会作出准予的决定，采取颁发许可证等形式赋予申请人一定的权利或资格。反之，则作出不准予的决定。如果申请没有成功，很多情况下申请人依然可以再次提出申请，只要符合条件，行政主体就会作出准予的决定。

委员会建议和行政许可的产生过程在宏观上应该说具有相似性，需要经历“申请——审议——建议（包括认可或确认等）”的过程。首先在程序启动方面，也需要沿海国提出申请，委员会不会自动启动程序，这与行政程序启动的被动性没有多大区别。程序进行当中，与行政主体要对行政相对人的申请进行审查一样，委员会要对沿海国提交的划界案进行审议，看是否符合《公约》规定的条件。这种审议既包括形式上的审议也包括实质上的审议，重点落在实质审议上，因为委员会的审议结果会直接影响沿海国的外大陆架权利的实现。审议完成后，委员会需要根据审议情况作出相应的建议。如果沿海国获得委员会认可其主张的建议，那么就可以在此基础上划定其大陆架外部界限，或者说至少沿海国的权利主张能得到法律上的认可或者确认。反之，权利主张就无法得到确认。因此，委员会最后作出建议的过程与行政主体最后作出行政许可决定的过程总体上也是相似的。所不同的是，在不认可沿海国主张的情形下，委员会不一定像行政主体那样直接作出不准予的决定，而是以比较委婉的方式拒绝沿海国的申请，即要求沿海国提交订正的或新的划界案。

虽然行政许可与委员会建议产生的过程或阶段大体相似，但是

① 参见刘练军：《行政许可性质新论》，载《公民与法》2012 年第 1 期，第 9~10 页。

最终决定的形成方式依然存在很大区别。行政许可决定作出的方式有很多种，如行政审批、行政性会议、专家投票程序等。委员会建议形成的方式比较单一，就是由委员会通过协商一致或者投票决定。

另外，根据行政法上信赖保护原则，行政许可作出后，在符合法定条件的情形下，还可以变更、撤回或者撤销。该原则源于德国行政法院对授益行政行为的撤销判决，其含义具体有两个方面，即当行政相对人对授益性行政行为形成值得保护的信赖时行政主体不得撤回或者撤销该行为，或者行政主体必须在补偿或赔偿相对人信赖该行为有效存续而获得的利益基础上才能撤回或撤销该行为。①我国《行政许可法》第 8 条确立了行政法上信赖保护原则，但同时也规定在特定的情形下，行政机关可以依法变更或者撤回已经生效的行政许可。② 在这方面，《公约》没有对委员会建议作出任何撤回或者撤销的规定，因此委员会建议作出后，不会像国内行政主体那样，主动撤回或者撤销已经作出的建议。至于沿海国不同意委员会建议，通过再次提交划界案，使委员会重新启动审议程序的情况，是委员会建议还没有产生法律效力的情形下发生的，与行政许可在生效后可被撤回或撤销完全不同。

三、对申请人权利的影响比较

行政许可对申请人权利的影响与行政许可的性质紧密相关。关于行政许可的性质，学术界依然存在争议，一般认为主要有三种代表性观点。一是“赋权说”。这种观点认为，行政许可是对权利或

---

① 参见王太高：《行政许可撤回、撤销与信赖保护》，载《江苏行政学院学报》2009 年第 2 期，第 103 页。

② 《行政许可法》第 8 条规定：“公民、法人或者其他组织依法取得的行政许可受法律保护，行政机关不得擅自改变已经生效的行政许可。行政许可所依据的法律、法规、规章修改或者废止，或者准予行政许可所依据的客观情况发生重大变化的，为了公共利益的需要，行政机关可以依法变更或者撤回已经生效的行政许可。由此给公民、法人或者其他组织造成财产损失的，行政机关应当依法给予补偿。”

(和)资格的赋予，即行政机关通过行政许可，赋予被许可人特定的权利或(和)资格。① 二是“解禁说”。该说认为，行政许可是对普遍禁止或一般禁止事项的解除。② 一般禁止是指不经过个别批准、认可或资质确认便不能从事的活动。三是“折中说”。也就是认为行政许可兼具赋权和解禁两种特点，对被许可人来说，是赋权，对未被许可的人来说，是禁止。③ 我国《行政许可法》没有对行政许可的性质作出说明，但根据该法第 2 条的规定，应该是倾向于“赋权说”。无论这些观点争议如何，至少从形式上看，行政许可确实具有赋权性质，毕竟在没有获得行政许可前，申请人不得为某种特定行为、行使某种权利或者拥有某种资格。对于委员会的建议，一些学者认为它能使沿海国主张“合法化”。例如，奥尔多·契科普和布鲁斯·马钱德就认为：“事实上，《公约》已经授予委员会使外大陆架主张合法的权力。”④还有一些学者认为它能使沿海国的外大陆架权利得到“确认”。例如，弗拉迪米尔·葛里森认为，委员会是对沿海国所提交的外大陆架界限的准确性进行确认。⑤ 这些观点与行政许可的“赋权说”其实很接近，都包含授权或者确认某种权利的意思在里面。但是，需要注意的是，沿海国的大陆架权利来源于其陆地领土的自然延伸，具有权利的“天然性”，因此对于委员会建议对沿海国权利的影响，用“确认”一词似乎比“授权”一词更为合适。

① 参见孙录见：《行政许可性质探究》，《西北大学学报》(哲学社会科学版)2006 年第 6 期，第 78~79 页。

② 参见孙录见：《行政许可性质探究》，《西北大学学报》(哲学社会科学版)2006 年第 6 期，第 78~79 页。

③ 参见孙录见：《行政许可性质探究》，《西北大学学报》(哲学社会科学版)2006 年第 6 期，第 78~79 页。

④ Aldo Chircop & Bruce A. Marchand, International Royalty and Continental Shelf Limits: Emerging Issues for the Canadian Offshore, Dalhousie Law Journal, Vol. 26, 2003, p. 282.

⑤ 参见 Vladimir Golitsyn, Continental Shelf Claims in the Arctic Ocean: A Commentary, The International Journal of Marine and Coastal Law, Vol. 24, 2009, p. 407。

另外，在行政主体作出不予行政许可决定的情形下，申请人如果不服，可以提出行政复议或者行政诉讼。这是为保护申请人的权利而设的。例如，我国《行政许可法》第 38 条第 2 款规定，行政机关依法作出不予行政许可的书面决定的，应当说明理由，并告知申请人享有依法申请行政复议或者提起行政诉讼的权利。还有，在国际海底管理局管理“区域”活动过程中，根据《公约》第 183 条第(d)项的规定，如果对生产许可的发放存在争议，可以将此问题提交国际海洋法法庭的海底争端分庭。委员会中，如果作出不认可沿海国申请的建议，沿海国可以不同意，继续提交划界案。因此，在申请人权利保护方面，二者采取的机制或者设定的程序虽然不同，但从程序法意义上看，这些机制或程序都是为了争取权利而创设的，因而也具有一定的相似性。

四、法律效力比较

一般认为，行政许可作出后即具有法律效力。至于生效的具体时间节点，有的认为是作出后，有的认为是送达后。我国《行政许可法》第 8 条第 1 款规定，公民、法人或者其他组织依法取得的行政许可受法律保护，行政机关不得擅自改变已经生效的行政许可。这应该是对行政许可法律效力的一种间接规定。从理论上讲，行政许可属于行政行为的一种，而关于行政行为的法律效力存在多种学说。我国学者一般认为行政行为的效力包括公定力、确定力、拘束力、执行力四个方面：公定力是指行政行为一经作出，即对任何人都具有被推定为合法、有效而予以尊重的法律效力；确定力是指非经法定原因和程序，任何人不得随意撤销或变更；拘束力是指对行政相对人有约束效果，行政相对人不服从行政行为，须承担相应的法律责任；执行力是指已经生效的行政行为要求行政主体和行政相对人对其内容予以实现。① 依此推理，行政许可的法律效力也应该包括这四个方面。也就是说，行政许可产生法律效力一般也不需要

① 参见江必新：《行政行为效力体系理论的回顾与反思》，载《法学研究》2008 年第 5 期，第 127~132 页。

附带条件。相比之下，委员会建议产生法律效力始于沿海国最终不得不对其予以同意或接受，是一种压迫性的生效。

至于二者生效范围，从行政许可法律效力的“四力”看，不仅行政相对人应该受行政许可的约束，行政相对人以外的其他任何人也应该尊重这种法律效力，所以行政许可是对全社会有效的。另外，行政许可一般都是有期限的，因而法律效力也要受到时间的限制。① 委员会的建议作出后，如果沿海国同意，此时委员会建议就对沿海国产生了约束力。对于沿海国以外的缔约国来说，是否应该像遵守行政许可一样遵守经沿海国同意的委员会建议，则需要深入研究。

通过上述几个重要特征的比较可知，委员会建议与行政许可在外在特征上具有一定的相似性。如产生过程上都要经过“申请——审查(审议)——准予(建议)”的阶段；在权利影响方面都给人一种要赋予申请者某种权利的表象；在参与主体方面都是“一对一”，即行政主体或者委员会只面对申请者，而不是居中裁判；在功能上都具有代表一种公共利益与个体利益进行平衡，等等。然而，这种相似性可能仅限于外在特征上，因为二者在许多方面依然不同。例如，行政许可作为一种行政行为，作出后即具有法律效力，委员会建议虽然最终也能产生效力，但是需要得到沿海国的同意才能将这种效力予以确定。还有，根据行政行为效力的“四力说”，行政主体具有执行功能，能将作出的行政许可付诸执行，而委员会作出建议后，其职能就履行完毕了，建议是否得到执行全凭沿海国(申请人)决定。在权利赋予方面，关于行政许可这方面的理论虽多，但授权依然是主要特征，而委员会建议则主要起确认沿海国外大陆架权利的法律作用，因为《公约》明确规定沿海国外大陆架权利是一种自然权利。在生效范围方面，除申请人受行政许可约束外，其他人也应尊重该许可，事实上也受到约束；委员会的建议能约束提案国，对其他国家和国际社会的约束力则比较模糊。因此，一些学者

① 例如，我国《行政许可法》第 18 条规定，设定行政许可，应当规定行政许可的实施机关、条件、程序、期限。

认为委员会及其建议具有一定“行政性”特点的观点是具有合理性的，至少在外在特征方面二者比较相似。

第三节　委员会建议与联合国大会建议比较

在关于委员会建议的性质问题上，有相当一部分学者认为，委员会的建议仅仅是一个建议性的建议，没有法律效力。例如，戴维彼得·科尔森认为委员会的建议只具有建议性。① 尼尔森法官也认为委员会建议本身不具有法律强制力。② 我国一些学者吴卡、潘军等也持类似观点。基于这种推理，有的学者将委员会建议与联合国大会建议进行比较，认为二者都没有法律效力，但是似乎又不完全相同。③ 那么，委员会建议与联大建议相比到底如何呢？鉴于联合国大会建议与委员会建议一样，在英文中也用“recommendation”一词表述，似乎具有可比性，接下来也做一番分析。

一、作出的主体比较

根据《联合国宪章》的规定，联合国是一个由国家构成的国际性组织，联合国大会是联合国的一个机关。目前，联合国有193个会员国，是世界上最具广泛性的国际组织。联合国是一个复杂的系统，除大会外，主要机关还有安全理事会、经济及社会理事会、托管理事会、国际法院和秘书处。另外，联合国还有许多辅助性机关。联合国本身是一个国际组织，同时，联合国下面的机关也可能

---

① 参见 Davibid A. Colson, The Delimitation of the Outer Continental Shelf between Neighboring States, The American Journal of International Law, Vol. 97, 2003, p. 93。

② 参见 L. D. M. Nelson, The Settlement of Disputes Arising from Conflicting Outer Continental Shelf Claims, The International Journal of Marine and Coastal Law, Vol. 24, 2009, p. 419。

③ 参见 Christian Teichert, Determination of the Outer Continental Shelf Limits and the Role of the Commission on the Limits of the Continental Shelf, The International Journal of Marine and Coastal Law, Vol. 24, 2009, p. 390。

具有国际法主体地位，如国际法院本身也具备国际法主体资格。根据《宪章》第 9 条的规定，大会由联合国所有会员国组织之，每一会员国在大会的代表不能超过 5 人。委员会则是根据《公约》成立的一个专门机构，结构比较单一。与联合国大会由会员国代表组成相比，委员会由 21 名专家委员组成。委员不是代表国家，而是以个人身份在委员会任职。①

二、职能或作用比较

联合国大会虽然仅是联合国的机关之一，但是具有广泛的职能。作为联合国具有代表性的主要议事和决策机构，它的地位举足轻重。根据《宪章》第 10 至 17 条的规定，大会的职能涵盖政治、经济、社会、文化、教育、卫生等各个领域，是一个讨论《宪章》涵盖的各种国际问题的独特多边论坛。② 在制定标准和编纂国际法方面，也发挥重要作用。具体来说，大会可以但不限于就下列事项讨论或者作出建议：审议开展合作以维持国际和平与安全，包括裁军的一般原则就此提出建议；讨论有关国际和平和安全的任何问题，并提出建议，但安理会正在讨论的争端或局势不在此列；除例外情况外，讨论《宪章》范畴内或影响联合国任何机关之权力和职能的任何问题并就其提出建议；开展研究并提出建议，以促进开展国际政治合作，拟定和编纂国际法，实现人权和基本自由，以及在经济、社会、人道主义、文化、教育和卫生领域开展国际协作；为和平解决可能损害国家间友好关系的局势提出建议；收取并审议安理会和联合国其他机关的报告；审议和核准联合国预算并确定会员国的分摊会费；选举安理会非常任理事国和联合国其他理事会及机

---

① 《海洋法公约》附件二第 2 条第 1 款规定，本委员会应由二十一名委员组成，委员应是地质学、地球物理学或水文学方面的专家，由本公约缔约国从其国民中选出，选举时应妥为顾及确保公平地区代表制的必要，委员应以个人身份任职。

② 参见《大会的职能和权力》，联合国网站：http：//www. un. org/zh/ga/about/background. shtml，2014 年 10 月 8 日最后访问。

关的成员，并根据安理会的推荐任命秘书长。① 根据上述职能和权力，大会虽然广泛讨论各个领域的问题或作出建议，但是一般从政治角度出发，因此是联合国的政治性机关。与大会广泛的职能相比，委员会的职能非常简单，就是两个方面：一是审议沿海国提交的关于200海里外大陆架的划界案并根据审议情况作出相应的建议；二是应沿海国请求就其准备划界案有关的资料提供咨询意见。由于委员会主要是因适用《公约》第76条规定而设立的，且其完全由科学和技术专家组成，因此在性质上是专门的技术性机构而不是政治性机构。

三、产生程序比较

因处理的事项不同，联合国大会在作出建议时采取的程序也有所差别。根据《宪章》第18条第2款的规定，大会对有关和平和安全的建议、选举安全理事会成员和经济及社会理事会以及预算问题等特定的重大议题的表决，应以到会及投票的会员国的三分之二多数票决定；对于其他一般性问题，则一般由到会及投票的简单多数来决定，也就是过半数即可。这是宪章的规定，不过在近年来的具体工作中，大会尽量争取就各种问题达成共识而不是通过正式表决作出决定，以加强对大会的支持，也就是先采取协商一致方式，协商不成的话再表决。② 大会的启动方式主要有两种，一是按照规定召开常会或者例会，二是召开特别会议，这种会议应由秘书长经安理会或联合国会员国过半数的请求召集才能召开。③ 委员会审议沿海国划界案与联合国大会有所不同，为提高处理划界案的效率，沿海国划界案需要先由7名委员组成的小组委员会审议，小组委员会

---

① 参见《大会的职能和权力》，联合国网站：http：//www. un. org/zh/ga/about/background. shtml，2014年10月8日最后访问。

② 参见《大会的职能和权力》，联合国网站：http：//www. un. org/zh/ga/about/background. shtml，2014年10月8日访问。

③ 《联合国宪章》第20条规定，大会每年应举行常会，并于必要时，举行特别会议。特别会议应由秘书长经安全理事会或联合国会员国过半数之请求召集之。

通过初步建议后，再提交全体大会审议。不过委员会通过沿海国划界案的程序要求与联合国大会基本一致，不论是小组委员会阶段还是全体大会审议阶段，都是先尽量采取协商一致的方式通过建议，如果协商不成，再以投票的方式表决；由出席并参加表决的委员以三分之二多数核准。① 在程序启动方面，委员会的召开是以沿海国提交划界案为前提的，而且召开的时间、次数与对沿海国划界案的审议紧密相关。

四、法律效力比较

根据联合国网站本身对大会职能和权力的介绍，大会的建议是没有法律效力的。② 然而，由于联大建议在国际实践中经常能反映很多国家的意见，对国际法发展有重大影响，因此，其法律效力引起了学者的各种争议。在我国国际经济法学界，关于国际经济秩序方面的联大建议的法律效力的争议主要有三种观点。一是“国际法渊源说”，即肯定联大建议的法律效力，认为应当将其纳入国际法渊源的范畴。③ 二是“非国际法渊源说”，认为联大决议不具有法律效力，反对纳入国际法渊源范畴。④ 三是“软法说”，认为联大的决议是趋向于形成而尚未形成的规则和原则，与成熟的国际法规则相比较而言，是“软法”。⑤ 在国际公法界，关于联大建议的法律效力认识也不统一。王铁崖主编的《国际法》教材中，一方面认

① 《海洋法公约》附件二第6条规定：“1. 小组委员会应将其建议提交委员会。2. 小组委员会的建议应由委员会以出席并参加表决的委员三分之二多数核准。3. 委员会的建议应以书面递交提出划界案的沿海国和联合国秘书长。”

② 参见《大会的职能和权力》，联合国网站：http：//www. un. org/zh/ga/about/background. shtml，2014年10月8日最后访问。

③ 参见陈安主编：《国际经济法总论》，法律出版社1991年版，第136～142页。

④ 参见陈安主编：《国际经济法总论》，法律出版社1991年版，第136～142页。

⑤ 参见曾华群著：《国际经济法导论》，法律出版社1997年版，第127页。

为："按照《联合国宪章》的规定，一般来说，联合国大会只有讨论和建议的职权。因此，在原则上，联合国大会的决议是属于建议性的性质，而不具有法律的拘束力。"①另一方面又认为，联合国大会的决议并不是一律没有法律的拘束力，按照《宪章》的规定，关于组织内部行政、财政事务方面的决议可以有法律拘束力。② 邵津主编的《国际法》也持类似观点。③ 伊恩·布朗利认为："一般来说，这些决议对成员国不具有约束力，但是，当它们涉及国际法的一般规范时，以多数票通过的接受，构成政府意见在这个最广泛的讲坛上得以表达的依据。"④他还认为："联大决议为逐步发展和习惯规则的快速形成提供了基础，也就是在国际'造法'方面起了重要作用，而且，在有些情况下，决议作为一种权威解释和联合国宪章之原则的适用，可以具有直接法律效力。"⑤由此可见，关于联大建议的法律效力问题，可能要具体问题具体分析，而联合国网站本身关于联大决议没有法律效力的介绍也可能比较过于简单和武断。实际上，联合国作为世界性的国际组织，其建议的法律效力问题可以放在国际组织决议的法律效力问题这个框架下进行考察。杨泽伟教授就采取了这种方法，他在着重分析联大建议法律效力问题后，得出结论认为，各个国际组织决议的法律效力问题不能一概而论，应在其组织章程规定的前提下具体决议具体分析。⑥ "有关国际组织内部事务的决议、技术领域内'准立法'的决议以及宣示一般国际法规范的决议应具有一定程度的法律约束力；其他诸如敦促建议性的

① 王铁崖主编：《国际法》，法律出版社 1995 年版，第 14 页。

② 参见王铁崖主编：《国际法》，法律出版社 1995 年版，第 14 页。

③ 参见邵津主编：《国际法》，北京大学出版社 2000 年版，第 15 页。

④ ［英］伊恩·布朗利著，曾令良、余敏友等译：《国际公法原理》，法律出版社 2003 年版，第 11~12 页。

⑤ ［英］伊恩·布朗利著，曾令良、余敏友等译：《国际公法原理》，法律出版社 2003 年版，第 12 页。

⑥ 参见杨泽伟：《再论国际组织决议的法律效力问题》，载《法商研究》1998 年第 6 期，第 91~96 页。

或宣告共同理想的决议，就不应具有法律约束力。”①联大建议的法律效力也应大致如此。

与联大建议可以分成关于国际组织内部的建议和其他建议相比，委员会的建议没有这种区分，只是针对沿海国提出的划界案作出有关200海里外大陆架划界问题的建议，委员会的建议不会涉及任何关于处理所谓“内部事务”的事项，这类事务通常由委员会其他会议解决，一般称为会议的决定。联大的建议可能针对全部会员国，也可能针对某一个会员国，而委员会的建议则只针对提出划界案的沿海国作出，不针对任何其他国家。在利益代表方面，由于《宪章》的目的和宗旨是维护国际和平与安全，因此联大建议主要维护的是国际社会的公共利益，而委员会成立的初衷是严格执行《公约》第76条的规定，具有相当的客观中立性。在法律效力问题上，如前所述，根据处理事务的不同，联大建议的法律效力可能不一样。相对而言，如果沿海国要获得200海里外大陆架权利，委员会的建议最终会产生法律效力，这一点是比较确定的，只是该效力的产生以沿海国同意接受委员会的建议为前提条件。在法律依据方面，《宪章》虽然对大会的职能做了很多列举式的详细规定，但除处理内部事务和履行国际托管职务涉及实质性权力外，其他都是建议性的职能，而且没有对这些建议的法律效力作出任何规定。委员会的建议则不同，《公约》第76条第8款规定沿海国必须在建议的基础上划定大陆架的外部界限，而且规定这种界限具有终局性和约束力。虽然这不是直接规定建议的法律效力，但是“在建议的基础上划定外部界限”的规定已经明确表明，沿海国划定大陆架的外部界限要受到委员会建议的约束，实际上等于规定了委员会建议的法律效力。

联大建议属于国际组织决议的一种，将委员会建议与联大建议进行对比，相当于与国际组织的决议进行对比。通过上述对比可知，委员会的建议在作出主体、针对事项、职能作用、程序启动、

① 杨泽伟：《再论国际组织决议的法律效力问题》，载《法商研究》1998年第6期，第96页。

代表的利益偏向、法律效力的法律依据等方面与联大建议差异较大，在通过建议的表决要求方面则比较相似，这些特征最终反映在法律效力问题上，就是二者存在显著差别，需要根据不同的情况来确定。但是，从总体上看，除处理内部事务的建议可能产生法律效力外，联大建议以不具有法律约束力为一般原则，而委员会的建议在确立沿海国200海里外大陆架权利方面，最终是会产生法律效力的，否则该权利不可能得到确立。

第四节　委员会建议与人权事务委员会建议比较

如果不强调辨别委员会建议的司法性、行政性或建议性等问题，而是注重对比委员会的组成方式和工作对象，或者说注重将委员会与其最相似的机构进行对比，那么根据一些人权公约建立的委员会及其意见或建议与大陆架界限委员会及其建议的可比性可能更强。目前，在这方面与大陆架界限委员会相似的关于人权方面的委员会有：根据《公民权利和政治权利国际公约》成立的人权事务委员会，根据《经济、社会和文化权利国际公约》设立的经济、社会和文化权利委员会，根据《消除对妇女一切形式歧视公约》成立的消除对妇女歧视委员会，根据《消除一切形式种族歧视国际公约》成立的消除种族歧视委员会，根据《禁止酷刑和其他残忍、不人道或有辱人格的待遇或处罚公约》成立的禁止酷刑委员会，根据《儿童权利公约》成立的儿童权利委员会，等等。这些委员会均由独立专家组成，而且在处理人权事务方面一般也只是针对单个缔约国，其中依据《公民权利和政治权利国际公约》成立的人权事务委员会由于在机制方面与其他委员会相比更为健全和完善而更具有代表性，因此，将该委员会及其意见或建议与大陆架界限委员会的建议进行对比，有助于更好地认识后者的性质问题。

一、作出的主体及其组成方式比较

从成立的依据看，人权事务委员会和大陆架界限委员会都是根据条约而成立的，都有明确的法律依据，只不过前者是《公民权利和政治权利国际公约》规定的唯一机构，而后者则是《海洋法公约》中规定的众多机构之一。从组成人员看，人权事务委员会由 18 名独立专家组成，以个人身份任职，任期 4 年，由缔约国通过无记名投票选出，每隔两年改选一半，可连选连任，不得有一个以上的委员为同一个国家的国民，同时应考虑到成员的公平地域分配和各种类型文化及各主要法系的代表性；① 大陆架界限委员会由 21 名专家组成，委员也是以个人身份任职，任期是 5 年，由缔约国代表投票选举产生，可连选连任，同样不得有一个以上的委员为一个国家的国民，选举时也应妥为顾及确保公平地区代表制的必要。当然，由于两个公约的目的和宗旨不同，这些组成人员也存在一定差别，如专家报酬或费用承担方面，人权事务委员会的专家可以领取联合国的薪酬②，活动费用也是联合国承担，而大陆架界限委员会的专家费用由专家本国承担。专业要求方面，人权事务委员会委员由具有崇高道义地位和在人权方面有公认的专长，并且还应考虑使若干具有法律经验的人参加，③ 大陆架界限委员会则要求委员应是地质学、地球物理学或水文学方面的专家④，追求通过科学和技术手段而非法律手段解决问题，因此不考虑法律专业的需求。

二、职能或作用比较

人权事务委员会和大陆架界限委员会都具有确保各自公约实施

---

① 《公民权利和政治权利国际公约》第 28、29、30、31、32 条对人权事务委员会委员的提名、选举、任期等作了详细的规定。

② 《公民权利和政治权利国际公约》第 35 条规定："委员会委员在获得联合国大会的同意时，可以按照大会鉴于委员会责任的重要性而决定的条件从联合国经费中领取薪俸。"

③ 《公民权利和政治权利国际公约》第 28 条第 2 款规定："委员应由本公约缔约国国民组成，他们应具有崇高道义地位和人权方面有公认的专长，并且还应考虑使若干具有法律经验的人参加委员会是有用的。"

④ 《联合国海洋法公约》附件二第 2 条第 1 款规定："本委员会应由二十一名委员组成，委员应是地质学、地球物理学或水文学方面的专家，由本公约缔约国从其国民中选出，选举时应妥为顾及确保公平地区代表制的必要，委员应以个人身份任职。"

的作用，但是二者因两个公约规定的实施机制不同而存在差异。《公民权利和政治权利国际公约》的实施机制具有多元性特点，由缔约国报告程序、国家间指控程序、个人申诉程序和监督机构——人权事务委员会组成。① 前三种程序都属于实施机制，最后都要统归人权事务委员会来进行落实和监督实行。缔约国报告程序是指缔约国应该定期向人权事务委员会提交公约所承认的各项权利得以落实的措施和关于在享受这些权利方面所作出的进展的报告。委员会在研究这些报告后，应把它自己的报告以及它可能认为适当的一般建议送交各缔约国，当然也可以把这些意见转交经济及社会理事会。② 缔约国报告程序是经常性监督手段，同时也是强制性程序。③ 国家间指控程序是指缔约国可以随时声明它承认委员会有权接受和审议另一缔约国指控其不履行公约下的义务，委员会按照有关规定处理后，应提出一项报告并送交各有关缔约国。④ 这项机制属于任意性程序，需要缔约国同意才能实行。个人申诉程序规定在公约《任意议定书》中，是指缔约国承认委员会有权接受并审查该国管辖下的个人声称为该缔约国侵害公约所载任何权利的受害者的来文。⑤ 这

① 参见朱晓青：《〈公民权利和政治权利国际公约〉的实施机制》，载《法学研究》2000 年第 2 期，第 103 页。

② 《公民权利和政治权利国际公约》第 40 条第 4 款规定："委员会应研究本公约各缔约国提出的报告，并应把它自己的报告以及它可能认为适当的一般建议送交各缔约国。委员会也可以把这些意见同它从本公约各缔约国收到的报告的副本一起转交经济及社会理事会。"

③ 参见彭锡华：《国际人权条约实施的国际监督制度》，载《西南民族学院学报》(哲学社会科学版)2001 年第 10 期，第 154 页。

④ 《公民权利和政治权利国际公约》第 41 条对国家间指控程序作了详细规定。

⑤ 《公民权利和政治权利国际公约任择议定书》第 1 条规定："成为本议定书缔约国的公约缔约国承认委员会有权接受并审查该国管辖下的个人声称为该缔约国侵害公约所载任何权利的受害者的来文。来文所涉公约缔约国如非本议定书的缔约国，委员会不得予以接受。"第 2 条规定："以不违反第一条的规定为限，凡声称其在公约规定下的任何权利遭受侵害的个人，如对可以运用的国内补救办法，悉已援用无遗，得向委员会书面提出申请，由委员会审查。"

项机制同样是任意性程序。不管是强制性还是任意性程序，人权事务委员会通过这些机制提出的报告、意见和建议主要是监督缔约国履行公约义务，在舆论、道义等方面对缔约国形成一定压力，从而起到一种督促作用，但是这种作用非常有限，不构成任何法律上的实质性影响。

与人权事务委员会处理整个公约的实施不同，大陆架界限委员会只处理《海洋法公约》中的有关沿海国 200 海里外大陆架外部界限的划界问题，而不是处理整个公约的实施问题。在处理机制方面，大陆架界限委员会只规定了接受并审议沿海国划界案的处理机制，相对比较单一。大陆架界限委员会的建议对沿海国 200 海里外大陆架权利的获得不仅仅起建议性或参考性作用，而是从程序法和实体法方面起实质性约束作用，因而对沿海国外大陆架权利构成实质性影响，这一点与人权事务委员会的意见或者建议所起的作用存在根本性差异。从发挥作用的立场看，人权事务委员会提出意见和建议的主要目的是为了监督缔约国履行条约，行动方面更为积极主动，与缔约国之间是一种“监督与被监督”的关系，而大陆架界限委员会建议的主要目的是确保《海洋法公约》第 76 条的正确实施，只有沿海国提交划界案后才能采取行动，具有被动性，在衡量国际社会共同利益与成员国利益上，立场也更具有中立性。

三、产生程序和针对对象比较

在产生程序方面，如果仅将人权事务委员会通过缔约国报告程序产生的意见或建议与大陆架界限委员会的建议进行对比，那么可以发现二者有着诸多的相似之处。一是都需要经联合国秘书长接收有关材料。对于前者，如果是缔约国报告程序，那么所有缔约国的报告都应送交联合国秘书长转交人权事务委员会审议。① 对于后者，《海洋法公约》附件二第 2 条第 5 款明确规定委员会秘书处由

① 《公民权利和政治权利国际公约》第 40 条第 2 款规定：“所有的报告应送交联合国秘书长转交委员会审议。报告中应指出影响实现本公约的因素和困难，如果存在着这种因素和困难的话。”

联合国秘书长提供。二是都是根据各自公约规定自行制定议事规则或程序。《公民权利和政治权利国际公约》第 30 条第 2 款对此作了明确规定，大陆架界限委员会也已经根据《海洋法公约》及其附件制定了自己的议事规则。三是两者针对的对象都是单一方面的，都不是居中裁判。人权事务委员会意见或建议指向的对象主要是提供报告的缔约国，大陆架界限委员会建议指向的对象则是提出划界案的沿海国。四是一般都经投票产生。人权事务委员会的决定由出席委员的多数票作出，12 名委员构成法定人数。① 大陆架界限委员会建议虽然一般尽量以协商一致决定，但大部分情况还是要靠投票产生，不管是小组委员会还是全体委员会，对实质性事项都以出席并参加表决的委员的三分之二多数作出，程序性事项则由出席并参加表决的成员过半数作出。在个人申诉程序方面，人权事务委员会决定的产生程序也与上述两者基本相同，所不同的是，《公民权利和政治权利国际公约任择议定书》没有规定个人申诉的材料要经联合国秘书长转交委员会。国家间指控程序方面，人权事务委员会的决定与大陆架界限委员会建议的产生程序差异比较大，其中最明显的差异是在指控国和被指控国经协商不能解决问题的情况下，人权事务委员会可能会从中充当斡旋或者和解的居中角色②，因此二者在这方面根本不同。

四、法律效力比较

无论是人权事务委员会的决定，还是大陆架界限委员会的建议，在各自的公约中都没有明确规定它们的法律效力。一般认为，人权事务委员会的意见或者建议没有法律上的约束力，而且不论这些决定是通过何种机制提出的。首先，这些意见或建议显然不具有

① 《公民权利和政治权利国际公约》第 39 条第 2 款规定：“委员会应制定自己的议事规则，但在这些规则中应当规定：(甲)十二名委员构成法定人数；(乙)委员会的决定由出席委员的多数票作出。”

② 《公民权利和政治权利国际公约》第 41、42、43 条对在国家间指控程序无法解决有关问题的情形下，人权事务委员会指派专设和解委员会的情况作了详细规定。

司法判决性质。人权事务委员会委员、意大利国际法教授波卡尔就持此观点。他认为："委员会不是司法机关，甚至不是半司法机关。其任务不是对某国实施公约规定的情况作出判决。委员会的主要职能是协助缔约国履行公约的义务，向缔约国提供委员会审议其他报告时取得的经验，并同缔约国讨论在该国享有公约规定权利的任何问题"。① 其次，不管这些建议或意见属于何种性质的文件，它们都没有法律效力。例如，克里斯多夫·哈兰德认为："《公民权利和政治权利国际公约》的监督机制没有正式的、严格意义上的法律约束力。"②中外学者也大多持此观点，这也成为此类人权公约受到批评的重要原因。有学者就指出："值得注意的是，一些西方国家的学者始终没有放弃将国际人权条约实施的国际监督制度演化为一种具有强制执行效力的压力机制的努力。他们对国际人权条约实施程序多持批评态度，并认为这种国际监督程序效力不高的主要原因是这种监督程序本身并不具有任何强制力。"③可见，人权事务委员会的意见或建议确实仅仅具有建议性，而不具有任何约束力。相比之下，大陆架界限委员会的建议对沿海国获得 200 海里外大陆架权利来说不可或缺，而且沿海国还必须在建议的基础上划定其大陆架外部界限，才能确保这种权利得到公约全体缔约国的承认，最终必须约束需要获得这种权利的缔约国，进而产生法律效力。因此，两者在法律效力这个问题上，存在根本区别。

应该说，从组成方式、主体构成、专业要求、产生程序、针对对象等外在特征看，与其他国际机构相比，像人权事务委员会这样的人权公约的监督机构与大陆架界限委员会更具有相似性，它们各

---

① 范国详：《国际人权公约的法律监督》，载《北京大学学报》(哲学社会科学版)1999 年第 5 期，第 41 页。

② Christopher Harland, The Status of the International Covenant on Civil and Political Rights (ICCPR) in the Domestic Law of State Parties: An Initial Global Survey Through UN Human Rights Committee Documents, Human Rights Quarterly 187, Vol. 22, 2000, p. 189.

③ 彭锡华：《国际人权条约实施的国际监督制度》，载《西南民族学院学报》(哲学社会科学版)2001 年第 10 期，第 156 页。

自作出的决定、意见或建议也因此更具有可比性。然而，经比较后，我们发现，这些外在特征的相似性并没有导致它们各自决定或建议最终在性质上也相似，而是完全相反，一个仅具有建议性，一个能产生法律效力。产生这种结果的最主要原因应该是各自公约规定或授权上的差别。两个公约虽然都没有明确上述两机构作出的决定的法律效力，但与《公民权利和政治权利国际公约》不同，《海洋法公约》规定了影响缔约国权利的实质性条款，这应该是导致二者性质差异的关键所在。

本章小结

将大陆架界限委员会的建议与其他国际国内机构作出的各种建议、决定或意见进行比较，寻找有效的参照物，有利于横向拓展分析委员会建议性质问题的维度。通过将委员会建议与 WTO 争端解决机构的建议、行政性许可、联合国大会的建议、人权事务委员会的意见或建议进行对比可知，委员会建议与它们既有相似点，也有不同点。认为委员会建议具有司法性特征，不是因为它是一个标准裁判，而是它背后所隐含的国际社会共同利益与沿海国国家利益的衡量和它在确定沿海国外大陆架权利中最终能够产生法律效力，但并不能说它在性质上就是司法性的。认为它具有行政性特征，是它作用的对象和运作方式与行政机关相似，但在性质上也不能说它就等于行政许可。如果认为它像联合国大会建议一样仅仅是建议性建议，那么就否定了它的作用，仅仅看到它能被沿海国拒绝，没有认识到缺少它和不按照它划定大陆架外部界限所导致的难以获得权利的后果。它与人权事务委员在外在特征上的相似性并非预示着它们在性质问题上也相似，二者没有必然的联系。因此，委员会建议与这些机构作出的各种类型的建议、决定或意见相比，仅仅是某些特征方面相似，在性质上无法完全等同。它是一种自成一体的、具有自己鲜明特征的、在满足一定条件下能产生法律效力的建议。

第五章　委员会建议的生效问题和影响委员会建议效力的例外因素

既然委员会建议在满足一定条件的情况下能产生法律效力，那么它对谁有效？在什么时间生效？有哪些因素会影响它的法律效力？这些都是必须研究的问题，也是反证委员会建议性质问题的最好方法。只有这些问题得到理清和解决，才能更好地解释清楚委员会的建议为什么能产生法律效力。另外，《公约》是一个完整的系统，规定了解决争端的各种机制和方法，其中包括导致有拘束力的争端解决机制。委员会作出建议后，是否会发生与其有关的纠纷？如果发生，如何解决这种纠纷？这些导致有拘束力的争端解决机制是否会对委员会建议的法律效力产生影响？如果有影响，如何协调二者的关系？所有这些问题都有必要进行研究和解决。

第一节　委员会建议生效的对象问题

委员会建议的生效对象是指委员会建议对哪些国家具有法律拘束力，因而这些国家应当予以遵守。由于委员会建议生效以沿海国同意为前提，因此这里主要讨论沿海国同意的情形下，委员会建议对提案国、《公约》缔约国和非缔约国的约束力问题。当然，在讨论这个问题前，首先要正确认识委员会建议的法律效力与沿海国大陆架外部界限的确定力和拘束力问题之间的关系。

一、委员会建议的法律效力与大陆架外部界限的确定性和拘束力

由于《公约》第 76 条第 8 款后半段的表述是“沿海国在这些建

议的基础上划定的大陆架外部界限应有确定性和拘束力”，这种将建议的基础性作用与界限的确定性和拘束力糅合在一起的表述导致一些学者将建议的法律效力问题与大陆架外部界限的确定性和拘束力问题混淆在一起，从而模糊了二者的关系或区别。例如，海伦娜·查纳在讨论如何解决北极主权问题时就表述道：“最后，尽管《海洋法公约》规定大陆架界限委员会的建议是确定性和有拘束力的，但它最终只针对主张界限的提案国，在这一点上它需要坚持。”①在这里，海伦娜·查纳直接将《公约》中本来用于描述大陆架外部界限的两个词“确定性和拘束力”套在委员会建议上了，相当于把委员会建议和大陆架外部界限等同起来了，如此表述是否科学准确值得研究。还有，吴迪在研究北极地区200海里外大陆架划界问题时先表述道：“《公约》第76条宣称‘根据委员会建议划定的大陆架的界限是具有终局性约束力的’。”②后又表述道：“目前相关国家实践并没有否定建议的‘终局性约束力’。”③同样将《公约》用来描述大陆架外部界限的词直接用在了委员会建议上。虽然这两位学者都认为委员会建议能产生法律效力，但是否能将委员会建议与大陆架外部界限等同确实是个问题。

事实上，委员会建议的效力问题与沿海国大陆架外部界限的确定性和拘束力问题是两个既相互联系又存在明显区别的问题。二者的联系体现在，委员会的建议是沿海国大陆架外部界限产生确定性和拘束力的前提和基础，因为沿海国只有在委员会的建议的基础上划定的200海里外大陆架外部界限才能产生确定性和拘束力。正如彼得·雷普利所说：“尽管不能规定有约束力的大陆架外部界限，

---

① Helena Traner, Resolving Arctic Sovereignty from a Scandinavian Perspective, Case Western Reserve Journal of International Law, Vol. 44, 2011, p. 505.

② 吴迪：《北极地区200海里外大陆架划界法律问题研究》，载《极地研究》2011年第3期，第220页。

③ 吴迪：《北极地区200海里外大陆架划界法律问题研究》，载《极地研究》2011年第3期，第220页。

但委员会在这个过程中扮演了有用的角色。”①缺少委员会的建议或者划定大陆架外部界限中的任何一个，沿海国的200海里外大陆架权利就不可能成立。二者的主要区别是两者根本不属于同一个问题。从概念上看，委员会建议的效力问题是指委员会通过审议沿海国提交的划界案后作出的建议是否具有法律上的拘束力，即对于一个国际机构的决定有关国家是否应该遵守的问题；大陆架外部界限的确定性和拘束力是指沿海国在委员会建议的基础上划定的界限是否确定和其他国家是否应当承认这条界限的法律效力从而遵守的问题。从职能或者权利角度看，委员会没有划定沿海国大陆架外部界限的权利，该权利属于沿海国自身。从过程上看，委员会作出建议和沿海国划定大陆架外部界限是前后两个可以截然分开的阶段。因此，没有理由将二者等同起来。

《公约》虽然明确规定了沿海国在委员会建议的基础上划定的大陆架外部界限拥有确定性和拘束力，但是并没有对这种“确定性和拘束力”做进一步解释和说明。泰德·麦克道曼认为，“‘终局性和约束力’最可信的解释是它只针对提案国，因为划定外部界限且没有被其他国家挑战的提案国不能改变外部界限的位置”②。从这句话可以看出，“终局性”主要是指提案国不能改变外部界限的位置，之所以这么理解界限的确定性概念，可以引用马尔科姆·肖在描述非洲国家边界问题时给出的观点，他将边界的“确定性”描述为一种稳定性。马尔科姆·肖认为，“由于界限的概念对国际社会是如此至关重要，划定和维持界限的稳定性因素一直得到强调”③。提案国本身遵守且不改变外部界限的位置显然与确保界限的稳定性是一致的。2002年的国际法协会报告也表达了对这个问题的关注，

① Peter Ripley, Unlocking Oil and Gas Reserves in the Arctic Ocean: Is there a Conventional Solution to Delimitation of the Maritime Boundaries?, Journal of Energy and Natural Resources Law, Vol. 29, 2011, p. 251.

② Ted L. McDorman, The Role of the Commission on the Limits of the Continental Shelf: A Technical Body in a Political World, The International Journal of Marine and Coastal Law, Vol. 17, 2002, p. 315.

③ M. Shaw, Title to Territory in Africa, Clarendon Press, 1986, p. 222.

该报告认为，对习惯国际法分析应包括大陆架外部界限的结果是永久性还是会发生相应的变化这个问题。① 其实，不管是稳定性还是永久性，表达的都是相似的意思。与界限的这种确定性问题形成对比的是，委员会的建议只存在约束力问题而没有确定性或者终局性问题。

泰德·麦克道曼对界限"确定性和拘束力"的解释中也包含了界限的约束对象或者生效对象问题，这个问题也应当与委员会建议的生效对象问题区别开来。学者们对"界限"的约束对象似乎分歧较大。有的学者认为只能约束提案国。泰德·麦克道曼就持此观点，理由是委员会不代表国家，不会也不能为国家发表意见，国家不同意另一个国家确定大陆架外部界限的权利没有被剥夺，即便该界限是在委员会建议的基础上划定的。② 他还认为，终局性和约束力并不意味着委员会和提案国在外部界限上达成一致后，该界限就对所有国家是终局性和有约束力的。③ 吴卡在评论日本宣称其冲之鸟外大陆架划界申请获得联合国批准时也认为，以冲之鸟为基点划定的外大陆架区块即便得到委员会肯定的建议，日本根据该建议确定的所谓冲之鸟大陆架外部界限也只对日本具有终局性和约束力，对中国等国家没有法律效力。④ 有的认为可以约束《公约》其他缔约国。莫索普·约安娜持此观点，认为尽管新西兰对海底资源的权利是在委员会的决定之前，但是一旦新西兰根据建议确定了自己的

---

① 参见 Members of the Committee, Committee on Legal Issues of the Outer Continental Shelf, International Law Association Reports, Vol. 70, 2002, p. 749。

② 参见 Ted L. McDorman, The Role of the Commission on the Limits of the Continental Shelf: A Technical Body in a Political World, The International Journal of Marine and Coastal Law, Vol. 17, 2002, p. 315。

③ Ted L. McDorman, The Role of the Commission on the Limits of the Continental Shelf: A Technical Body in a Political World, The International Journal of Marine and Coastal Law, Vol. 17, 2002, p. 315.

④ 参见吴卡：《冲之鸟不应拥有外大陆架——从大陆架界限委员会的职能展开》，载《大连海事大学学报》(社会科学版) 2013 年第 2 期，第 37 ~ 38 页。

大陆架界限，这些界限就约束其他国家。① 虽然上述观点各异，但是关于界限的约束对象问题，其实不应该存在太大的争议，因为这种界限的确定性和约束力是由《公约》所明确规定了的，有充分的条约依据。既然是条约的规定，又没有允许作出保留，根据条约必须信守原则，那么接受条约的国家都应该受该条款的约束，也就是说，这种界限应该约束《公约》所有缔约国而不仅仅是提案国。如果仅仅约束提案国，只让提案国承担被约束义务而其他国家对此可以置若罔闻或者随意进入该界限范围行使只有提案国才能行使的权利，那么《公约》规定界限的确定力和约束力就毫无意义可言。

以上是关于委员会建议的效力问题与沿海国划定的大陆架外部界限的确定性和拘束力之间的关系的分析，在探讨委员会建议的生效对象问题前，有必要先梳理清楚。

二、委员会建议对提案国的法律效力问题

委员会建议能产生法律效力的前提是必须满足一定的条件，即沿海国同意委员会的建议。因此委员会建议约束的对象首先指向沿海国或者说提案国，即作为《公约》的成员国根据条约规定向委员会提出划界案的国家。委员会建议之所以能约束提案国，主要有三个原因：一是委员会建议从一开始就是只针对提案国，因为是提案国向委员会提出了划界案申请，委员会的建议是因回应这种申请而作出的；二是提案国如果接受了委员会的建议，就等于满足了建议生效的条件，表明同意受约束；三是提案国为了从法律上获取200海里外大陆架权利，最终必须受委员会建议的约束，具有为获取权利而受约束的必然性。当然，由于委员会建议的内容并非千篇一律，建议的约束力和约束对象问题需要具体问题具体分析，才能作出准确的判断。根据权利主张是否得到支持，目前委员会建议的内容主要有三种：全部认可沿海国权利主张、没有认可沿海国权利主张同时要求提交补充证据或提出新的划界案、部分认可沿海国权利

① 参见 Mossop Joanna, Law of the Sea and Fisheries, New Zealand Yearbook of International Law, Vol. 6, 2008, p. 324。

主张同时要求对没有认可的部分提交补充证据或提出新的划界案。① 对于第一种建议，由于满足了沿海国权利主张，沿海国接受后会对其产生法律约束力。对于第二种情况，沿海国一般不会表示接受而是想方设法提交补充证据或提交新的划界案，此种情形下委员会的建议没有满足生效条件，因而不能约束沿海国。对于第三种建议，沿海国通常的做法是对建议中认可其权利主张的部分接受，对没有认可其权利主张的部分则继续努力提交补充证据或提交新的划界案，这种情况下，委员会作出的建议也能约束沿海国。除以上三种建议外，从理论而非实践角度讲，应该还有第四种建议，即委员会直接明确拒绝或者否定提案国权利主张的建议。对这种建议，提案国如果表示接受，那么由于没有获得外大陆架，通常只能划定200海里的大陆架。此时划界的依据应当是200海里距离标准确定界限而不应当是建立在委员会建议的基础上，因为根据《公约》规定，委员会建议针对的对象是从沿海国领海基线量起超过200海里的大陆架。

值得注意的是，对于委员会作出的建议，虽然会因提案国不同意而不能产生法律效力，但它仍然可以产生一定的法律后果。所谓法律后果，一般是指依照法律规定应承担的有利或不利的结果。②《公约》第76条第8款没有直接规定这种法律后果，但是这种法律后果可以比较容易地推导出来。对于提案国来说，不同意委员会建议的直接法律后果就是该国不能在建议的基础上划定相应的大陆架外部界限，因而也就无法通过委员会建议获得外大陆架权利。也就是说，委员会建议作出后，尽管不被提案国接受，没有产生法律效力，但依然会造成一种法律状态，即向委员会提出划界案申请的国家没有获得相应的外大陆架权利。例如，对于委员会作出部分认可

① 参见Anna Cavnar, Accountability and the Commission on the Limits of the Continental Shelf: Deciding Who Owns the Ocean Floor, Cornell International Law Journal, Vol. 42, 2009, p. 411。

② 参见陈仲：《关于法律后果的法理分析》，载《四川文理学院学报》(社会科学)2009年第3期，第12页。

沿海国权利主张的建议，如果沿海国全部不予接受，那么即便对于已经获得委员会建议肯定的那部分，该国也无法获得相应的外大陆架权利。

三、委员会建议对《公约》缔约国的法律效力问题

对于提案国以外的其他《公约》缔约国，委员会的建议是否也能产生法律约束力？目前大多数学者主要把焦点放在界限的拘束力对象问题上，例如，有学者认为，在委员会建议基础上划定的大陆架外部界限约束所有成员国。① 当然，也有一些学者讨论了委员会建议的约束对象问题。例如，李毅认为："对于《海洋法公约》缔约国而言，大陆架界限委员会的建议具有一定的法律效力。"②根据该观点，委员会建议的生效对象应当是《公约》的缔约国，也就是包括提案国和其他缔约国。然而，建议对提案国生效并不一定就代表对其他缔约国也生效，原因主要有以下几个方面：

首先，其他缔约国不具备像委员会建议约束提案国那样的条约依据。《公约》第 76 条第 8 款虽然没有直接规定委员会建议能够约束提案国，但毕竟规定了建议对提案国生效的条件，也明确规定了对提案国权利带来的实质性影响，这些规定足够推导出一旦提案国接受委员会建议，该建议就能约束提案国。然而，在该款和《公约》其他条款中，找不到任何有关其他缔约国受建议约束的直接或者间接的规定。

其次，从《公约》设定的外大陆架制度看，该制度的主体是委员会和提案国，委员会之所以作出建议，是基于提案国的划界案，作出的建议的内容也只是针对提案国的权利主张，与其他缔约国并没有直接的利益关系，也不会对它们外大陆架权利产生影响，因此

---

① 参见 Members of the Committee, Committee on Legal Issues of the Outer Continental Shelf, International Law Association Reports, Vol. 70, 2002, p. 765。

② 李毅：《论联合国大陆架界限委员会在外大陆架划界中的作用——兼谈中国及周边国家的外大陆架申请》，载《南洋问题研究》2010 年第 2 期，第 5 页。

没有理由约束其他缔约国。正如彼得·雷普利所言，“委员会的考虑和建议不会损害它们的权利”①。当然，在一些特定情况下，如存在划界争议，其他缔约国可能会要求委员会注意其权利，但《公约》对此已有明确规定，用来保护其权利不受委员会建议的影响。

再次，根据《公约》第76条第8款的规定，能同时约束提案国和公约其他缔约国的是“界限”的确定性和拘束力，而不是委员会的建议，不应该将二者混淆。要理解这一点，首先应当认识到，委员会建议对提案国的约束力和提案国在委员会建议的基础上划定的大陆架外部界限产生的确定性和拘束力之间存在一种衔接或者转化的问题。两者之间正确的逻辑关系应当是：委员会作出建议后，如果提案国表示接受，那么该建议即产生法律约束力，但只针对提案国生效，提案国根据委员会的建议划定大陆架外部界限后，该界限而不是建议即产生确定性和约束力，对所有《公约》缔约国生效。采用这种逻辑思路可以较好地解释委员会建议为什么能产生约束力但又可以被拒绝和沿海国为什么拥有最后划定自身大陆架外部界限的权利但又要受到委员会建议的制约这两个看起来似乎自相矛盾的问题。

最后，如果委员会的建议被提案国接受后对《公约》其他缔约国也具有法律约束力，那么如何解释这种法律约束力与沿海国在委员会建议的基础上划定的“大陆架外部界限的法律约束力”之间的关系？肯定这种法律约束力的后果显然会形成委员会建议和“界限”都对《公约》缔约国具有法律约束力的局面，此种情形下作为被约束对象的缔约国来说，应该遵守何者？若二者完全等同，也许不会产生争议，若二者不完全一致，例如由于其他原因导致沿海国划定的“界限”所包含外大陆架面积小于建议确定的范围，那么就必

① Peter Ripley, Unlocking Oil and Gas Reserves in the Arctic Ocean: Is there a Conventional Solution to Delimitation of the Maritime Boundaries? Journal of Energy and Natural Resources Law, Vol. 29, 2011, p. 270.

然产生应当优先遵守谁的问题，从而引起立法上的冲突。

四、委员会建议对《公约》非缔约国的法律效力问题

在讨论委员会建议对提案国和《公约》其他缔约国的法律效力问题的同时，有更多的学者探讨了它对《公约》非缔约国的法律效力问题。在这个问题上，主要有三类观点。第一类观点认为，委员会建议对非缔约国不具有法律效力，这种观点占大多数。例如，在讨论美国对俄罗斯划界案时，加森·霍瓦德认为："即便委员会裁定支持俄罗斯对北极海域的主张，美国还可以选择另一种方式抗辩，即美国不受委员会决定的约束，因为该公约不适用于非成员国。"①这类观点的主要依据是美国并没有加入《公约》。第二类观点认为，委员会建议对非缔约国具有法律约束力，持这种观点的学者不多。比如，安吉勒·史密斯认为："委员会暗示作为非缔约国的美国没有挑战任何委员会建议的平台。因为美国没有平台挑战它们，委员会的建议对美国是实质性地具有终局性和约束力。"②这种观点的主要理由是《公约》由于参与国家众多，包括第 76 条在内的很多条款都已形成国际习惯法。第三类观点一方面认同委员会建议对非缔约国不具有法律效力，另一方面又认为，委员会建议将来很可能形成习惯国际法，从而约束非缔约国。李毅就持此观点。他认为，在确认《公约》第 76 条构成国际习惯法规则之前，原则上某一沿海国在委员会建议的基础上划定的大陆架外部界限对非缔约国没有拘束力，但同时又认为，随着越来越多的国家成为《公约》缔约国，以及实践中更多的非缔约国对委员会建议效力的认可，该规则

---

① Jason Warren Howard, Don't be Left Out in the Cold: An Argument for Advancing American Interests in the Arctic outside the Ambits of the United Nations Convention on the Law of the Sea, Georgia Law Review, Vol. 42, 2008, p. 861.

② Angelle C. Smith, Frozen Assets: Ownership of Arctic Mineral Rights must be Resolved to Prevent the Really Cold War, The George Washington International Law Review, Vol. 41, 2010, p. 672.

也就有可能成为国际习惯法规则。①

关于委员会建议对非缔约国的约束力问题，如果从条约法的角度看，其实不应该存在争议。根据条约法规则，条约一般只约束缔约国，对非缔约国不具有约束力，这在条约法上称为“条约不为第三方创设权利或义务”，而且已经形成国际习惯法。委员会第76条属于《公约》的一部分，按理当然只能约束缔约国，对非缔约国无约束力。作为非缔约国，美国的例子最能说明这一问题。布雷德利·罗斯就认为：“美国是《公约》非缔约国，目前不被允许向委员会提交正式的主张，但是如果批准了公约的话，它会被允许这么做。”②罗博·胡博特在2004年指出：“加拿大和美国都还没有批准公约，因此没有资格提交划界案。”③针对北极五国中公约成员国与非成员国之比为四比一的情况，弗拉迪米尔·葛里森认为：“美国与其他北极国家相比有一种优势，即它不需要就其对大陆架外部界限的声称或主张接受大陆架界限委员会的审查。”④另外，米尔·韦比尔也持类似观点，认为美国还没有加入公约，尽管它能为确定大陆架外部界限准备科学数据，但它不能获得委员会的建议。⑤ 美国的例子说明，《公约》第76条关于委员会的建议无法约束非缔约国。当然，也有个别学者认为：“《公约》没有禁止美国向委员会提

① 参见李毅：《论联合国大陆架界限委员会在外大陆架划界中的作用——兼谈中国及周边国家的外大陆架申请》，载《南洋问题研究》2010年第2期，第6页。

② Bradley L. Roth, A Call for Mediated Solutions to Arctic Region Disputes, Cardozo Journal of International Law and Comparative Law, Vol. 19, 2011, p. 871.

③ Rob Huebert, The Law of the Sea and the Arctic: An Unfulfilled Legacy, Ocean Year Book, Vol. 18, 2004, p. 208.

④ Vladimir Golitsyn, Continental Shelf Claims in the Arctic Ocean: A Commentary, The International Journal of Marine and Coastal Law, Vol. 24, 2009, p. 405.

⑤ 参见 Mel Weber, Defining the Outer Limits of the Continental Shelf across the Arctic Bain: The Russian Submission, States' Rights, Boundary Delimitation and Arctic Regional Cooperation, The International Journal of Marine and Coastal Law, Vol. 24, 2009, p. 656。

交划界案的任何规定，尽管美国是非成员国。”①这种观点能否成立尚存疑问，毕竟《公约》是一个整体，对哪些条款可以保留已经作出了明确规定，一个国家可以不加入公约而单独选择其中对其有利的条款进行遵守，似乎逻辑上难以成立。

如果从一般国际法原则的角度看，该条属于一个比较具体性的规定，而非重要国际法规则的提炼，所以第 76 条也不可能属于一般国际法原则，更不属于国际强行法，也不可能对非缔约国生效。

既然从条约法和一般国际法原则两个角度看委员会建议对《公约》非缔约国约束力争议不大，那就只能看第 76 条第 8 款是否构成习惯国际法了。在这个问题上，同样存在分歧。莫莉·沃森在讨论北极条约问题时指出：“当前北极的国际习惯法存在争议，但是一些学者认为，很大程度上《公约》代表了习惯国际法。”②彼得·雷普利在这个问题上比较谨慎，他认为：“还不太确定第 76 条是否代表习惯国际法。”③一方面，北极国家在《格陵兰宣言》中所做的关于相邻国家间外大陆架划界的现存权利和义务的承诺只能指向《公约》第 76 条，这支持了一种观点，即至少在一些北极沿岸国家看来，第 76 条反映了习惯国际法规范；另一方面，不确定性依然存在，而且应该认识到，即使第 76 条中的一部分代表习惯法，其他部分则可能不代表。④ 对此，他继续解释到：“第 76 条第 1 段可

---

① Raul (Pete) Pedrozo, Is it Time for the United States to Join the Law of the Sea Convention?, Journal of Maritime Law and Commerce, Vol. 41, 2010, p. 152.

② Molly Watson, An Arctic Treaty: A Solution to the International Dispute over the Polar Region, Ocean and Coastal Law Journal, Vol. 14, 2009, p. 320.

③ Peter Riply, Unlocking Oil and Gas Reserves in the Arctic Ocean: Is There a Conventional Solution to Delimitation of the Maritime Boundaries?, Journal of Energy & Natural Resources Law, Vol. 29, 2011, p. 253.

④ 参见 Peter Riply, Unlocking Oil and Gas Reserves in the Arctic Ocean: Is There a Conventional Solution to Delimitation of the Maritime Boundaries?, Journal of Energy & Natural Resources Law, Vol. 29, 2011, p. 253。

以追根溯源到著名的1945年杜鲁门声明且被认为是习惯国际法部分，但是迄今为止提交到委员会的有限数量的划界案表明，关于第76条第8款还不能代表习惯国际法。”①安吉勒·史密斯则持明确否定的观点。他在解释为什么《公约》不是解决北极划界和资源争端的有效工具时给出了两个理由，一是仅有一些北极国家批准了《公约》，二是缺少已经接受的适用委员会建议的习惯国际法。②关于第76条第8款是否构成习惯国际法，根据一般国际法原理，还得从法律确信和国家实践两个角度进行考察才能得出结论。首先是法律确信方面，还没法完全确定世界各国已经认为该款构成习惯国际法。相反，美国的例子反而可以否认具有这种法律确信。例如，面对俄罗斯积极争取北极大陆架，美国参议院外交事务委员会副主席理查德·卢格指出，美国必须立即加入《公约》，以免俄罗斯将蕴藏着丰富资源的地区据为己有。③ 这说明，美国依然认为，一个国家只有加入《公约》，才能向委员会提交划界案和获取建议，第76条第8款还不是习惯国际法。其次是国家实践方面，尽管迄今为止《公约》已经获得152个国家签署并批准，但美国等非缔约国的做法也同样证明构成这种习惯国际法的国家实践依然不成立。所以，委员会的建议目前也不能以习惯国际法的形式约束《公约》非缔约国。

由此可见，在确定委员会建议生效对象问题前，首先要区分委员会建议的约束力和沿海国在委员会建议的基础上划定的大陆架外部界限的确定性和拘束力之间的区别和联系，才不至于将二者混为

---

① Peter Riply, Unlocking Oil and Gas Reserves in the Arctic Ocean: Is There a Conventional Solution to Delimitation of the Maritime Boundaries?, Journal of Energy & Natural Resources Law, Vol. 29, 2011, p. 253.

② 参见 Angelle C. Smith, Frozen Assets: Ownership of Arctic Mineral Rights Must be Resolved to Prevent the Really Cold War, The George Washington International Law Review, Vol. 41, 2010, p. 668。

③ 参见《俄罗斯插旗引爆北极争夺战》，环球周刊：http://www. Chinadaily. com. cnhqgj2007-08/09/content_6019638. htm，2014年11月8日最后访问。

一谈。“界限”的拘束力对提案国和其他《公约》缔约国都能生效，而建议的约束对象只能是提案国。“界限”和建议的内容可能大致相同，但它们在法律形式上差异巨大，前者代表委员会和提案国的协调意志，后者仅代表委员会本身的意见。因此，《公约》其他缔约国不受建议的直接约束，但很可能因受“界限”的约束而间接地受委员会建议的约束。对于委员会建议对《公约》非缔约国的约束力问题，无论从条约法、一般法律原则还是习惯国际法规则看，都无法得出肯定的结论。

第二节　委员会建议的生效时间和实施问题

目前已经可以确定，出于获取外大陆架权利的需要，沿海国最后不得不接受委员会作出的建议，委员会建议因此最终产生了法律效力。然而，这种法律效力具体在什么时候、什么形式下产生的问题却依然含糊不清。是提案国直接发布一个声明表示同意委员会的建议即可生效，还是该国必须在委员会建议的基础上完成大陆架外部界限的划定后才可生效？若一个提案国获得委员会支持的建议后既不表示接受也不在建议的基础上划定其外部界限，那么委员会建议的效力如何？谁来判断沿海国划定的界限是在委员会建议的基础上确定的？等等，这些问题似乎还没有引起国际法学界的重视，但在实践中却已经或者正在发生，有待探讨和解决。

一、委员会建议生效的时间节点

法律效力产生的时间节点有多种形式，这要根据不同的情形来确定。对于国内法来说，某部法律产生法律效力一般是在有权机关公布之日起或者公布后一段时间生效；对于具体行政行为来说，一般是该行政行为作出即生效或者送达后生效；对于一项民事合同来说，通常是双方当事人签订合同之日起或者达成口头协议之日起生效；对于一项条约来说，通常是一定数量的国家批准后生效或者按照该条约规定的其他方式生效。总之，这些法律效力的产生都有一个标志性的时间点。

那么，对于委员会建议来说，产生法律效力的标志性点在哪里呢？从委员会建议生效的条件看，这个时间点必须是在提案国接受之后，否则无法确定委员会建议是否生效。从《公约》目的和宗旨以及提案国的最终目标看，第 76 条第 8 款的履行完毕是以提案国在委员会建议的基础上划定大陆架外部界限为标志的，因此，委员会建议生效的时间点不应该晚于“界限”划定的时间点。在实践中，提案国可能采取“两步走”的方式，即先宣布接受委员会的建议，然后划定最终的“界限”，而这可能是一个较长的过程。例如，日本 2012 年 4 月获得委员会作出的关于其划界案的建议，其中肯定了日本主张的冲之鸟礁北部的四国海盆海域，总面积达 31 万平方公里，2014 年 9 月 9 日，日本在内阁会议上决定在委员会建议的基础上发布延伸上述四个海域大陆架的法令，2014 年 10 月 1 日，日本相关法令正式生效，其间经历了一个又一个阶段。① 当然，提案国也有可能不采取先宣布接受后划界的方式，而是采取“一步走”的方式，直接将宣布接受和划界两个行为融合在划定“界限”一个行为中，也就是以在委员会建议的基础上划定大陆架外部界限的行为表示对委员会建议的接受。

在“两步走”的情形下，会出现委员会建议是在提案国宣布接受后就生效还是必须要等到“界限”划定时才生效的问题。从《公约》规定来看，以划定“界限”的方式表示接受委员会建议的约束似乎比较正式，因为《公约》第 76 条第 8 款规定只有在委员会建议的基础上划定的大陆架外部界限才有终局性和约束力，以这种方式接受可以表明提案国最终以实际行动接受了委员会的建议，且不会随意发生改变，具有确定性和稳定性。然而，从委员会建议的法律约束力与“界限”的确定性和拘束力的逻辑关系看，毕竟是提案国接

① 参见 2012 年大陆架界限委员会会议文件 CLCS/74，第 4~5 页，大陆架界限委员会网站：http：//daccess-dds-ny. un. org/doc/UNDOC/GEN/N12/326/31/PDF/N1232631. pdf？OpenElement；同时参见“日本政府出台延伸大陆架政令推进开采海洋资源”，中国新闻网：http：//www. chinanews. com/gj/2014/09-09/6573495. shtml，2014 年 11 月 9 日最后访问。

受委员会的建议在先，“界限”的确定性和拘束力在后，只有先接受并受约束，才会在建议的基础上确定“界限”。因此，从这个角度看，似乎又应当以提案国接受为建议生效的时间节点。当然，在这种方式下又存在一定风险，即提案国接受委员会建议后是否可以根据《公约》附件二第 8 条的规定再次不同意委员会的建议从而否定其效力？一般来说，这种做法违背国际法上的禁止反言原则，而该原则已经成为国际习惯法。毕竟一国宣布接受委员会的建议相当于承担了一项国际义务和承诺，不应反反复复，而且这时受委员会建议的约束与沿海国拥有的不同意委员会建议的权利不相矛盾，因为该国在第一时间就可以直接表示不同意委员会的建议。所以，综合起来看，在“两步走”情形下，委员会的建议应当是在提案国接受后即生效。

在“一步走”的情形下，由于沿海国在委员会建议的基础上划定大陆架外部界限的行为同时也是表明同意接受委员会建议约束的行为，因此在时间点上不会发生“两步走”情形下谁先谁后的问题，但从逻辑角度看，依然要坚持沿海国接受在先而后才能划定“界限”的思路。也就是说，在法律形式上的表述依然是，委员会的建议在沿海国接受后即生效。

二、委员会建议作出后提案国不采取任何行动时的效力问题

有时候，委员会作出建议后，提案国并没有采取任何行动，既不表示接受该建议，也不表示不同意该建议，尤其是获得委员会支持的建议的沿海国，似乎也不着急表示接受，显得比较“淡定”。严格说来，这种情形下，委员会的建议由于没有满足生效的条件，对提案国没有法律约束力。但是，另一方面，提案国又可能随时接受这种建议，使其具有法律效力。这种不确定的状态与民法上附条件的民事法律行为在条件没有成就前所处的状态具有一定的相似性，因而可以称其为效力待定状态。

处于效力待定状态的委员会建议虽然没有产生法律效力，但是会产生一些法律效果。首先，它会影响到国际海底区域的活动。比如，一些国家可能向国际海底管理局申请开发该海域的自然资源，

但是由于提案国没有对委员会的建议作出任何表示，导致该海域的法律地位无法确定，这样就给国际海底管理局是否应该颁发有关的许可证提出了难题。如果颁发，那么一旦委员会的建议被提案国接受，该海域上的大陆架权利就由提案国享有，势必影响提案国在大陆架上原有的权利。如果不颁发，那么又可能影响到申请开发的国家的权利，因为委员会的建议此时并没有法律效力，不颁发许可证似乎在法律上站不住脚。如果国际海底管理局采取谨慎的态度，不颁发有关的许可证，待该海域的法律地位确定后再采取行动，那么如果沿海国一直不对委员会建议做任何表态，该海域的法律地位和能否开发的问题就可能长期无法解决。其次，对于提案国自身来说，对委员会作出的肯定其主张的建议既不明确接受，也不划定“界限”，对其有重要的意义，拥有对其有利的一面。因为一旦提案国接受了委员会建议的约束，按照《公约》的规定在建议的基础上划定了大陆架外部界限，那么该界限就变得有终局性和约束力了，就不能随意更改了，因为沿海国在委员会建议的基础上划定的大陆架外部界限是具有终局性和拘束力的，即便提案国后来发现在该海域界限外还存在属于其自身的大陆架，也难以主张了，如此一来，就可能造成权利的巨大损失。在地质学、地理学、水文学等科学和技术不断发展的今天，这种可能性在理论上和现实中都是存在的，尤其是一些海洋、海底方面的科学和技术落后或者不发达的国家，保持这种状态可能比划定“界限”趁早圈定权利显得更为重要。

三、委员会建议的实施问题

委员会建议的生效必然伴随着委员会建议的实施，如果委员会建议无法得到实施，那么它的生效也就失去了意义。根据《公约》规定的建议职能，委员会只负责审议沿海国提交的划界案和作出相应的建议，至于建议作出后的实施问题，似乎与委员会没有太大的关系。另外，根据《公约》第 76 条第 8 款的规定，是否接受委员会的建议和在建议的基础上划定大陆架外部界限的最后权利依然由沿海国自己所掌握，尽管沿海国为获取权利事实上最终不得不接受委员会建议并划定外部界限。因此，可以自然而然地推知，委员会建议的实施问题基本上由沿海国来进行。也就是说，实施委员会建议的主体不是委员会本身，而是沿海国。正如莫莉·沃森所言："尽管委员会的建议具有约束力，但这个机构没有权利强制实施它们。"①

委员会建议实施问题的核心是确保在建议的基础上划定沿海国的大陆架外部界限。这里面存在几个问题。首先，如何确保划定的界限符合委员会建议的要求。虽然实践中委员会所建议的界限一般比较明确具体，但是也必须坚持一个最基本的原则，那就是划定的大陆架外部界限不能超过委员会建议的界限的范围。许多学者提出的所谓"在建议的基础上"如何界定的问题就应当根据这个原则来解决。具体说来就是，沿海国既可以自动放弃一些权利，划定小于委员会建议范围的外大陆架界限，尽管一个国家通常不会这么做，也可以通过划定与委员会建议的界限相同的界限，使本国外大陆架权利最大化。其次，沿海国应该以什么样的形式划定"界限"。《公约》对此有比较明确的规定，要求沿海国应当以适当的国家程序划定其大陆架外部界限。② 但是对于何为适当的国家程序，公约没有做进一步说明。一般来讲，该程序应当是由沿海国有权机关作出的、对国内外进行宣布的、具有法律效力的一种权威决策。这种决策可以表现为政府颁布的法令，例如日本就采用这种方式，也可以表现为立法性规定。再次，判断是否正确实施委员会建议的主体应当是谁。《公约》规定由沿海国最后划定其大陆架外部界限，实际上等于赋予了沿海国实施建议的权利，然而，该权利行使是否正确应由谁来判断，却没有做任何说明。如果国际社会或者其他国家认为沿海国并没有在委员会建议的基础上划定其大陆架外部界限，那么这种界限的确定性和拘束力如何？在引起争议的情况下，应该由谁来解决？通常情况下，由于委员会建议的界限比较明确，有比较

① Molly Watson, An Arctic Treaty: A Solution to the International Dispute over the Polar Region, Ocean and Coastal Law Journal, Vol. 14, 2009, p. 329.

② 《海洋法公约》附件二第 7 条规定，沿海国应依第 76 条第 8 款的规定并按照适当国家程序划定大陆架的外部界限。

清晰的经纬度作为判断依据，这个问题出现的可能性应该不大，但是由于委员会并不是解决国际争端和法律问题的机构，这种不确定性的存在有可能导致与《公约》其他部分争端解决机制之间出现协调问题。最后是存档问题。根据《公约》第 76 条第 9 款的规定，沿海国应将永久标明其大陆架外部界限的海图和有关情报，包括大地基准点，交存于联合国秘书长。秘书长应将这些情报妥为公布。不过目前获得委员会基本认可的建议的沿海国中，绝大多数并没有划定相应的大陆架的外部界限，也没有一个国家向秘书长交存上述资料和情报。例如，2009 年朱莉·波尔森就指出："没有一个国家向联合国秘书处交存委员会建议的划界，因此很难评估第 76 条的成功性。"①虽然如此，但应该可以推定，秘书长公布这些情报的时间点可以被认为是委员会建议最终得到实施的标志。

可见，沿海国接受委员会建议后，建议的效力能否得到最终贯彻实施，依然存在一些不确定问题，在这其中，沿海国的作用至关重要。

第三节　影响委员会建议效力的例外因素

委员会建议产生法律效力是一种附条件但该条件最终会成就的生效，一般情况下，只要满足沿海国接受这个条件即可。然而，这一公式并不具有绝对适用性，一些特定情形的存在或出现，可能影响委员会建议的效力，进而影响委员会建议的生效问题。

一、大陆架划界争议和海洋或者陆地争端

如果相邻或相向国家间存在大陆架划界争议，那么委员会建议的效力如何？是否影响沿海国之间的划界？对此，《公约》作出了非常明确但又比较概括的回答。根据《公约》第 76 条第 10 款、附

① Julie A. Paulson, Melting Ice Causing the Arctic to Boil over: An Analysis of Possible Solutions to A Heated Problem, International Law and Comparative Law Review, Vol. 19, 2009, p. 360.

件二第 9 条等的规定①，委员会的建议不应该妨害沿海国之间的大陆架划界问题。这里的“妨害”一词应当是指不会造成不利影响的意思。大陆架划界争议对委员会建议效力的影响主要体现在两个方面。

首先是程序方面的影响，它能阻止沿海国提交的划界案进入委员会实质性审议程序，使委员会无法作出建议，因而就更谈不上建议产生法律效力的问题。所谓能否进入实质性审议程序，是指委员会收到划界案后，一般先进行初步审议，如果没有划界争议，则进入实质性审议环节，对有关的数据、图表等进行审核，最后作出相应的建议，反之则不做进一步审议。应该说，《公约》原则上并不禁止委员会在有划界争议的情形下作出建议，在《公约》中也找不到这样的条文依据，从第 76 条第 10 款和附件二第 9 条中，我们也无法得出这样的结论。然而，委员会制定的《议事规则》附件一第 5 条②实际上对上述规定作出了进一步的解释，规定在有大陆架划界争议以及其他陆地或海洋争端的情形下，委员会不应审议沿海国提交的划界案，只有在争端所有当事国同意后，该划界案才能得到审议。这实际上将《公约》原则上不禁止审议有争议的划界案变成有条件审议，同时还将委员会不应审议的情形由《公约》规定的大陆架划界争议扩大到包括其他陆地或海洋争端，从而变相缩小了委员会建议的生效范围。如此解释是否能准确反映《公约》的意图仍然值得商议，但实践中，委员会是完全按照该条的规定进行操作的。例如在第一次审议俄罗斯提交的划界案时，由于俄罗斯与挪威在巴伦支海、与美国在白令海等海域存在划界争议，委员会因此对俄罗斯这部分划界案没有进行实质性审议。另外，每一个沿海国在向委

---

① 《海洋法公约》第 76 条第 10 款规定，本条规定不妨害海岸相向或相邻国家间大陆架界限的划定问题。《海洋法公约》附件二第 9 条规定，委员会的行动应不妨害相向或相邻国家间划定界限的事项。

② 《大陆架界限委员会议事规则》附件一第 5 条规定：“如果已存在陆地或海洋争端，委员会不应审议和认定争端任一当事国提出的划界案。但在争端所有当事国事前表示同意的情形下，委员会可以审议争端区域内的一项或多项划界案。”

员会提交划界案时，都会按照《议事规则》附件一第 2 条①的规定告知是否存在划界争议。例如巴西②、墨西哥③、印度尼西亚④等在向委员会提交划界案执行摘要中，都向委员会表示其划界案不涉及划界争议。

其次是实体方面的影响。大陆架划界争议和其他陆地或海洋争端的存在能直接阻止委员会建议产生法律效力。根据《公约》第 83 条的规定，相邻或相向国家间大陆架划界争议应当由争端当事国协商解决或者通过其他途径解决，因此，在争端当事国已经就划界争议达成协议的情况下，委员会的建议不影响该协议的效力。也就是说，在有划界争议的情形下，即便所有争端当事国同意委员会审议沿海国提交的划界案，委员会针对该划界案作出的建议也不能产生法律效力，尽管该建议可能会满足了沿海国同意这个一般生效条件。《公约》作出如此规定的原因很明显，不希望委员会成为一种类似法院或仲裁方式的居中解决争议的机构，只要委员会建议可能影响国际争端的解决，就坚决不让它生效。所以，在此情形下，如果委员会建议不影响任何其他国家的边界利益，建议就可能变得有

① 《大陆架界限委员会议事规则》附件一第 2 条规定：“如果存在相向或相邻国家间的大陆架划界争端，或其他未解决的陆地或海洋争端，在提出划界案时，提出划界案的沿海国应：(a)将这些争端告知委员会；(b)尽可能向委员会保证，划界案不会妨害国家间划定边界的事项。”

② 参见《巴西划界案执行摘要》(中文)，第 5 页，大陆架界限委员会网站：http：//www. un. org/Depts/los/clcs _ new/submissions _ files/bra04/bra _ 2004_c. pdf。

③ 参见 Executive Summary of A Partial Submission of Data and Information on the Outer Limits of the Continental Shelf of the United Mexican States Pursuant to Convention on the Law of the Sea，p. 10，http：//www. un. org/Depts/los/clcs_ new/submissions_files/mex07/part_i_executive_summary. pdf。

④ 参见 Executive of Summary of Continental Shelf Submission of Indonesia：Partial Submission in respect of the area of North West of Sumatra，p. 6，http：//www. un. org/Depts/los/clcs _ new/submissions _ files/idn08/Executive20Summary. pdf。

拘束力。① 相反，提交的划界案中影响他国边界利益的潜在性能够有效摧毁委员会作出的任何建议的约束性质。② 实践中，在存在大陆架划界争议的情形下，不少国家虽然同意了委员会审议提案国提交的划界案，但一般都会说明该建议不影响双方之间解决划界争端。例如，针对澳大利亚提交的划界案，东帝汶在给委员会的照会中特别指出，委员会针对提案所做的建议，不应影响东帝汶和澳大利亚之间的划界问题。③ 挪威提交划界案后，丹麦、冰岛、俄罗斯等都做了和东帝汶类似的表述。④ 当然，这些国家在向委员会提交划界案时，也会主动说明对于涉及争议的地方作出的建议，不会影响划界问题。虽然如此，存在划界争议的情形下，委员会作出的建议并不是绝对不会产生约束力，如果有划界争议的当事国订立协议，同意根据委员会的建议确定它们之间的大陆架界限，那么委员会的建议对争端当事国就可能具有约束力，只是此时这种约束力并非来源于《公约》第 76 条第 8 款的规定，而是来源于双方之间签订的协议。例如，在挪威提交的划界案中，由于挪威西南森海盆构成挪威与俄罗斯之间的海洋争端，但俄挪两国并没有尝试划界，而是一致同意由委员会来决定挪威大陆架外部界限的东边的定点，这些

① 参见 Brian Spielman，An Evaluation of Russia's Impending Claim for Continental Shelf Expansion：Why Rule 5 will Shelve Russia's Submission，Emory International Law Review，Vol. 23，2009，p. 317。

② 参见 Brian Spielman，An Evaluation of Russia's Impending Claim for Continental Shelf Expansion：Why Rule 5 will Shelve Russia's Submission，Emory International Law Review，Vol. 23，2009，p. 317。

③ 参见东帝汶 2005 年 2 月 11 日给委员会的照会，大陆架界限委员会网站：http：//www. un. org/Depts/los/clcs_new/submissions_files/aus04/clcs_03_2004_los_tls. pdf。

④ 参见丹麦常驻联合国代表团 2007 年 1 月 24 日给委员会的照会；冰岛常驻联合国代表团 2007 年 1 月 29 日给委员会的照会；俄罗斯常驻联合国代表团 2 月 29 日给委员会的照会。上述照会详见大陆架界限委员会网站：http：//www. un. org/Depts/los/clcs _ new/submissions _ files/submission _ aus. htm。

点也同时是连接俄罗斯大陆架外部界限西边的定点。① 在这种框架下，委员会的建议才能对西南森海盆有约束力，有效消除划界争端。②

大陆架划界争议和其他海洋或陆地争端问题已经成为沿海国提交划界案和委员会审议划界案时必须考虑的前提问题，不仅因为它无论从程序还是实体角度都能直接影响委员会建议的效力，更重要的是划界争议问题归根结底不属于委员会的职能范畴。“在划界争议问题上，任何建议都不能逾越国家间的协商。”③所以，《议事规则》附件一第1条特别强调：委员会确认，对于在划定大陆架外部界限方面可能发生的争端，各国对争端的有关事项具有管辖权。

二、不存在划界争议但其他国家提出异议或者反对意见

不存在划界争议的情形下，对于沿海国提交的划界案，其他国家，包括公约缔约国和非缔约国，也有可能提出自己的评论意见，其中一些意见可能是对沿海国划界案的主张表示异议或者反对，这些意见通常以照会或者信函的形式通知委员会和其他缔约国。这些国家之所以对与自身没有划界争议的划界案提出意见，一是担心委员会没有注意到有关事项，在以后的审议和建议中损害本国利益，二是沿海国外大陆架界限的划定直接影响作为人类共同财产的海底区域的大小，间接上又事关每个国家的利益。当前的实践中，委员会经常收到来自各国的照会或信件充分证明了这一点。

---

① 参见 Brian Spielman, An Evaluation of Russia's Impending Claim for Continental Shelf Expansion: Why Rule 5 will Shelve Russia's Submission, Emory International Law Review, Vol. 23, 2009, p. 328。

② 参见 Brian Spielman, An Evaluation of Russia's Impending Claim for Continental Shelf Expansion: Why Rule 5 will Shelve Russia's Submission, Emory International Law Review, Vol. 23, 2009, p. 328。

③ Mel Weber, Defining the Outer Limits of the Continental Shelf across the Arctic Basin: The Russian Submission, State's Rights, Boundary Delimitation and Arctic Regional Cooperation, The International Journal of Marine and Coastal Law, Vol. 24, 2009, p. 674.

那么，其他国家通过照会向委员会提出反对或者异议意见是否会影响委员会作出建议和建议的效力呢？由于“《公约》没有包含第三方（指委员会和提案国以外的第三方）合理参与程序”①，因此，严格说来，除提案国和委员会外，应该没有其他国家能参与到委员会的审议程序中，委员会对这些国家的照会完全可以不理会，无论这些国家是公约缔约国还是非缔约国。例如，委员会在审议巴西提交的划界案中，针对与巴西没有任何划界争议的美国提出的照会，委员会在文件中描述了其处理方式和理由：“关于美国的来信，委员会注意到，对于沿海国就200海里以外的大陆架的外部界限提出的数据和其他资料的审议，《公约》附件二和委员会议事规则规定其他国家只能发挥一项作用，即只有在对向海岸或邻接海岸的国家之间发生争端或在未决的陆地或海洋争端情况下，委员会才须审议划界案国以外其他国家的来函。因此，委员会的结论是，委员会不应考虑到美国来信的内容。委员会又指示小组委员会在审查巴西划界案时不必理会该信所载的评论。”②另外，在第一次审议俄罗斯划界案时，委员会对挪威、丹麦、加拿大、日本和美国五国的普通照会的处理方式是，除要求俄罗斯与日本、挪威、美国先就划界争议达成协议外，其他方面都根据规则进行了审议并作出了相应的建议。③ 虽然这次建议中没有认可俄罗斯的主张，但委员会以是否存在划界争议来区别处理不同国家照会的方式就已经体现得相当明显。

虽然从《公约》规定和《议事规则》角度看，委员会对没有划界

① Ted L. MacDorman, The Role of the Commission on the Limits of the Continental Shelf: A Technical Body in a Political World, The International Journal of Marine and Coastal Law, Vol. 17, 2002, pp. 301-324.

② 2004年大陆架界限委员会文件，CLCS/42，第3页，大陆架界限委员会网站：http://daccess-dds-ny.un.org/doc/UNDOC/GEN/N04/510/11/PDF/N0451011.pdf? OpenElement。

③ 参见2002年联合国大会第57届会议文件，A/57/57/Add.1，第9~10页，联合国网站：http://www.un.org/zh/documents/view_doc.asp?symbol=A/57/57/Add.1。

争议的其他国家的意见可以完全不予考虑，但不代表这些意见就不会对委员会审议沿海国划界案产生判断性影响。例如，美国针对俄罗斯划界案的照会中，不仅就两国间争议部分提出了自己的意见，而且还反对将没有争议部分的罗蒙诺索夫海岭和门捷列夫海岭列入俄罗斯的大陆架，认为它们是北冰洋底深水区域的构造，中北冰洋构成国际海底区域。① "尽管美国不是公约缔约国，但其反对意见仍然能够严重损伤俄罗斯划界案，因为它的反对意见挑战了俄罗斯主张中的科学观点。"②还有，在日本提交的划界案中，虽然日本划界案与中国、韩国、美国、帕劳等不存在划界争议，但委员会对这些国家就南九州帕劳洋脊区块(即涉及"冲之鸟"的区域)提出的反对或者异议，却基于慎重的立场，没有就该部分的内容提出建议。③ 这些意见不能从法律程序上影响委员会的决定，委员会可能也不是完全基于这些意见而作出像在俄罗斯、日本划界案中的决定，但也不能否认，正是这些意见的存在，才使委员会不会"偏听偏信"，从而作出科学的决策。另外，从表达意见权利的角度看，对于其他国家在没有划界争议的情况下针对沿海国划界案提出照会或者发出信函，《公约》中没有禁止性规定，应当是允许的。《公约》缔约国会议也已经认识到允许其他国家有机会形成一项意见和对这些外部界限作出反应的重要性，尽管这些外部界限仅仅是初步性的。④

① 参见匡增军：《俄罗斯的外大陆架政策评析》，载《俄罗斯中亚东欧研究》2011 年第 2 期，第 74 页。

② Brian Spielman, An Evaluation of Russia's Impending Claim for Continental Shelf Expansion：Why Rule 5 will Shelve Russia's Submission, Emory International Law Review, Vol. 23, 2009, p. 329.

③ 参见 2012 年大陆架界限委员会文件，CLCS/74，第 4~5 页，大陆架界限委员会网站：http：//daccess-dds-ny. un. org/doc/UNDOC/GEN/N12/326/31/PDF/N1232631. pdf? OpenElement。

④ 参见 Alex G. Oude Elferink, The Establishment of Outer Limits of the Continental Shelf Beyond 200 Nautical Miles by the Coastal State：The Possibilities of Others States to Have an Impact on the Process, The International Journal of Marine and Coastal Law, Vol. 24, 2009, p. 542。

可见，以当前《公约》为200海里外大陆架划界制度设计的架构看，与沿海国划界案没有大陆架划界争议的国家提出的意见在法律上是不能影响委员会建议的效力的，但在实践中，这些国家提出的意见有可能会对委员会的决定产生一些判断性影响。

三、特定条约——《南极条约》及其体系的影响

有时候，某些特定的条约也可能直接影响委员会建议的法律效力，《南极条约》就是这方面的典型例子。该条约于1959年12月1日由阿根廷、澳大利亚、新西兰、美国、英国等12个国家共同签署，1961年6月23日开始生效。《南极条约》签订的主要目的是避免南极成为各国主权纷争的场所，其核心是第4条①，该条实际上暂时冻结了各国对南极的领土主权要求。同时，根据《南极条约》第6条的规定，该条约适用于南纬六十度以南的地区，包括一切冰架。因此，自该条约生效以来，南纬六十度以南的地区实际上一直适用南极条约法律制度。50多年来，以《南极条约》为核心的南极条约体系得到了成功运作，缔约国数量大大增加，为南极带来了持久的和平和良好的生态环境保护。然而，1994年《公约》生效后，建立了一套完整的大陆架法律制度，规定沿海国有权依第76条的规定向委员会主张相应的外大陆架权利，而一些靠近南极洲或者在南极洲主张权利的国家申请的外大陆架的范围"侵入"到南纬六十度以南的地区，进入到《南极条约》的管辖范围，从而与"冻结领土主权要求"的南极条约法律制度发生碰撞。有学者甚至指出："《联

---

① 《南极条约》第4条规定："1. 本条约中的任何规定不得解释为：(a)任何缔约国放弃它前已提出过的对在南极洲的领土主权的权利或要求；(b)任何缔约国放弃或缩小它可能得到的对在南极洲的领土主权的要求的任何根据，不论该缔约国提出这种要求是由于它本身或它的国民在南极洲活动的结果，或是由于其他原因；(c)损害任何缔约国关于承认或不承认任何其他国家对在南极洲的领土主权的权利、要求或要求根据的立场。2. 在本条约有效期间发生的任何行动或活动不得成为提出、支持或否认对在南极洲的领土主权的要求的根据，或创立在南极洲的任何主权权利。在本条约有效期间，不得提出对在南极洲的领土主权的任何新要求或扩大现有的要求。"

合国海洋法公约》大陆架制度催生的沿海国大陆架划界热潮的兴起对南极地区的染指，使南极条约体系受到前所未有的冲击和挑战。”①目前，7个南极领土主权要求国中，除智利提交关于大陆架外部界限的初步信息外，澳大利亚、英国、新西兰、法国、挪威和阿根廷均已向大陆架界限委员会正式提交划界案或部分划界案。其中，澳大利亚、阿根廷、挪威和英国已提交的大陆架主张涉及南极地区，其他三国虽未提交涉及南极地区的大陆架划界案，但都保留提出主张的权利。② 在两种制度发生冲突的情形下，到底该适用哪种法律制度直接影响委员会建议的法律效力。如果适用南极条约法律制度，那么委员会的建议在南纬六十度以南的地区应该不能产生法律效力。反之，如果适用《公约》中的大陆架制度，那么就应该能产生法律效力。到底适用何者，值得认真研究。

具体说来，委员会建议的法律效力之所以受《南极条约》的影响主要有三个方面的原因。一是《南极条约》本身的规定比较概括和模糊。该条约规定冻结领土主权要求，但没有对“领土主权”一词作出具体的解释，比如，它是否仅指南极的陆地地区，是否包含海底的大陆架，等等。因此，这里的领土主权是否包含《公约》中的沿海国对大陆架上的主权权利不清楚。二是适用范围的重合性。《南极条约》明确规定其仅适合南纬六十度以南的地区，但《公约》并没有规定自己不适用于南极地区，相反，它具有普遍适用性，包括南极地区。三是新法与旧法的冲突和一般法与特别法的冲突并存。从生效时间看，《南极条约》于1961年生效，《公约》是1994年才生效，按照新法优于旧法的原则，对南极地区应当适用《公约》的规定。然而，从解决问题的专门性角度看，《公约》涵盖了海洋法问题的方方面面，属于一般法的范畴，而《南极条约》专门用

① 朱瑛、薛桂芳、李金蓉：《南极地区大陆架划界引发的法律制度碰撞》，载《极地研究》2011年第4期，第319页。

② 参见朱瑛、薛桂芳、李金蓉：《南极地区大陆架划界引发的法律制度碰撞》，载《极地研究》2011年第4期，第320~321页。

来解决南极地区问题，属于特别法或者专门法的范畴，按照特别法优于一般法的原则，对南极地区应当适用《南极条约》的规定。这些法律层面的原因交织在一起，足以使《南极条约》直接影响委员会建议的法律效力问题。

两种法律制度碰撞的背后面临的是两种不同利益的冲突。如果适用《南极条约》的规定，那么南极现状应该得到维护，南极地区继续为全人类服务和使用，但南极附近国家可能对此不满意。如果适用《公约》的规定，委员会建议能产生法律效力，那么位于南极附近的那些国家就可以凭委员会建议进入南极地区划定自己的外大陆架，从而打破《南极条约》所维持的现状，对邻近南极地区的国家比较有利，而其他国家则可能表示反对。这样一来，似乎形成了"两难"的局面，解决起来比较棘手。亚历克斯·艾菲任克认为，处理这个问题应该采取这样一种方式：南极条约体系的结构性模糊不受到损害，并且沿海国根据《公约》规定确定大陆架外部界限的权利得到保障。① 这是一个两全其美的目标，但从可行性角度看过于理想化，难以实现，因为两种法律制度都有其存在的合理性和必要性，两个条约都是完全有效的，并且在可预见的将来也都会继续有效，双方都没有否定对方的充足理由。

理论上面临一种"两难"，那么实践中委员会又是如何处理这个问题的呢？在澳大利亚划界案中，澳大利亚共提交了 10 个区块的划界案，其中澳大利亚南极领地、凯尔盖朗深海高原和麦夸里海岭 3 个区块涉及南极地区。② 考虑到南极地区的法律地位，澳大利亚在给联合国秘书长的照会中请求委员会根据其规则暂不就划界案

---

① 参见 Alex G. Oude Elferink, The Continental Shelf of Antarctica: Implications of the Requirement to Make a Submission to the CLCS under Article 76 of the LOS Convention, The International Journal of Marine and Coastal Law, Vol. 17, 2002, p. 488。

② 参见《澳大利亚划界案执行摘要》(中文)，第 11、17、25 页，大陆架界限委员会网站：http://www.un.org/Depts/los/clcs_new/submissions_files/aus04/Documents/aus_2004_c.pdf。

中有关附属于南极洲的大陆架的资料采取任何行动。① 对于澳大利亚划界案，美国、俄罗斯和日本也通过照会表示不承认对《南极条约》所辖地区内的任何领土权利主张，不承认任何国家对南极洲以外和毗邻的海地区的海底和底土拥有权利，支持澳大利亚请求委员会不就划界案有关南极区域部分采取行动。② 荷兰、德国、印度等国也不支持涉南极部分的提案。但所有这些反对挑战南极地区法律制度的国家中，都只是针对澳大利亚划界案中的南极领地区块，而对澳大利亚南部岛屿的大陆架延伸至南纬六十度以南的问题却都没有提及。③ 对于划界案中所有涉及南极区块的部分，委员会最后作出的处理结果是，对南极领地区块涉及南纬六十度以南的地区，应澳大利亚的请求未采取任何行动，而对凯尔盖朗深海高原和麦夸里海岭地区大陆架延伸至南纬六十度以南则表示基本同意。④ 这个结果令人非常疑惑和不解，因为无论根据澳大利亚的请求还是基于尊重南极地区法律制度的立场，委员会应当对划界案中所有涉及南纬六十度以南的地区不采取行动，而不是一部分不采取行动，另一部分表示同意。“一些利益相关国因此对委员会的处理结果颇有微词。”⑤有的学者认为：“这是澳大利亚采取了声东击西策略的结

① 参见澳大利亚常驻代表团连同澳大利亚提交的划界案给联合国秘书长的照会，大陆架界限委员会网站：http：//www. un. org/Depts/los/clcs_new/submissions_files/aus04/Documents/aus_2004_c. pdf。

② 分别见2004年12月3日美国代表团给联合国的照会、2004年12月9日俄罗斯联邦常驻代表团给联合国的照会和2005年1月19日日本常驻代表团给联合国的照会。上述照会详见大陆架界限委员会网站：http：//www. un. org/Depts/los/clcs_new/submissions_files/submission_aus. htm。

③ 参见朱瑛、薛桂芳：《大陆架划界对南极条约体系的挑战》，载《中国海洋大学学报》(社会科学版)2012年第1期，第11页。

④ 参见 Recommendations of the Commission on the Limits of the Continental Shelf (CLCS) in Regard to the Submission Made by Australia on 15 November 2004, pp. 17-36, http：//www. un. org/Depts/los/clcs_new/submissions_files/aus04/Aus_Recommendations_FINAL. pdf。

⑤ 薛桂芳、王冠钰：《澳大利亚外大陆架划界案初探》，载《中国海洋大学学报》(社会科学版)2009年第6期，第23页。

果，一方面明知涉及南极大陆的大陆架即使提交也不会被审议，还不如借此机会展现国际姿态主动提出不要求委员会审议，事实上还博得了一些大国的赞赏和委员会的好感，把国际社会的注意力都吸引到其划界案的2号区域(南极领地区块)；另一方面，对4、6号区域(凯尔盖朗深海高原和麦夸里海岭地区)涉及侵入南极区域的问题避重就轻，只字不提，把国际社会可能产生的异议尽可能降到最低。”①也就是说，澳大利亚通过一些“技巧”获得了委员会对4、6号区域的认可。这种说法是否站得住脚值得怀疑，毕竟委员会和广大国际社会不是轻易能蒙蔽过去的。还有的学者认为，有关南极地区的大陆架主张可以分为两类，一是主张由南极大陆向南大洋自然延伸的大陆架，二是主张南极地区以外的岛屿或地区的大陆架向南延伸越过六十度进入南极地区。② 从地图上看，澳大利亚南极领地区块，属于上述第一类主张，其余9个区块包括4、6号区域均在澳大利亚周围，属于上述第二类主张。③ 委员会是否基于这两种不同情况采取了不同的态度，建议摘要中并没有对此作出说明，因此无从知晓。面对这种看起来自相矛盾的情况，一些学者认为，委员会已注意到在南极地区，《公约》和南极条约体系存在明显的冲突与矛盾，但作为一个由地质学家、地球物理学家和水文学家等组成的科学团队，委员会仅仅给与各国大陆架划界的科学和技术指导，法律制度上的冲突不是其考虑的范畴。④

可见，关于南极地区，两种法律制度冲突与并存是一个摆在眼

① 潘军：《一次卓有成效的国家实践——200海里外大陆架法律制度下澳大利亚划界案的实证分析》，载《太平洋学报》2012年第8期，第77页。

② 参见朱瑛、薛桂芳、李金蓉：《南极地区大陆架划界案引发的法律碰撞》，载《极地研究》2011年第4期，第319页。

③ 参见 Summary of the Recommendations of the Commission on the Limits of the Continental Shelf (CLCS) in Regard to the Submission Made by Australia on 15 November 2004, p. iv, http://www.un.org/Depts/los/clcs_new/submissions_files/aus04/Aus_Recommendations_FINAL.pdf。

④ 参见朱瑛、薛桂芳、李金蓉：《南极地区大陆架划界案引发的法律碰撞》，载《极地研究》2011年第4期，第319页。

前的现实的问题，解决这个问题的途径可能不在于法律问题，而在于国际社会大多数国家的利益与南极地区邻近的国家的利益之间的衡量问题。利益背后是力量的较量，哪方面力量更为强大，哪方面的利益就更可能得到保障。正如迪莫·科伊夫罗瓦所总结的那样："两极区域大陆架活动的现实证明，至少到目前为止，是权利规则而不是政治考量在主导国家的行为。"①以澳大利亚主动申请委员会不对涉南极地区的部分采取行动来看，主张维持南极现状的国家的力量应当占据优势地位，因此，南极地区法律制度在当前主要还是靠南极条约体系来维护。与此相对应，委员会的建议在这种形势下难以发挥其法律效力，一方面委员会作出涉及南极地区的建议面临更多阻力，另一方面即便委员会作出了相应的建议，该建议对沿海国是否能真正产生法律效力还有待观察，毕竟沿海国在这种建议的基础上划定的大陆架外部界限能否具有终局性和约束力令人怀疑。

四、《公约》中解决争端的强制程序的"司法审查"问题

委员会虽然是一个科学和技术机构，依据《公约》规定履行职能，但在具体实践中，与所有其他条约问题一样，不可避免也会因一些事项产生争端。而根据《公约》第十五部分第二节第 286 条的规定，有关本公约的解释或适用的任何争端，如已诉诸第一节而仍未得到解决，经争端任何一方请求，应提交根据本节具有管辖权的法院或者法庭。这就是导致有拘束力裁判的强制程序。那么，一旦发生与委员会有关的争端，能否将这种争端提交强制程序呢？如果可以，委员会建议的法律效力问题是否会受到影响？

对于委员会与《公约》解决争端的强制程序之间的关系，根据《公约》第十五部分第三节规定的适用强制程序的限制和例外，这些例外主要包括第 15、74 和 83 条以及有关的军事活动、安理会履行职责等，而涉及委员会的第 76 条并未包含在例外里面，因此有的学者认为，涉及与委员会有关的争端可以提交强制程序。例如，

① Timo Koivurova, Do the Continental Shelf Developments Challenge the Polar Regimes?, Year Book of Polar Law, Vol. 1, 2009, p. 497.

安德森在其著作中指出："既然第76条没有包含在例外中，而解释和适用第76条产生的争端也属于'有关解释或适用本公约的任何争端'，当然可以适用第十五部分第二节，这也符合公约建立强制争端解决程序的目的。"①国际法协会2002年报告一方面肯定安德森的观点，认为"公约第76条为确定大陆架外部界限确立了一个特殊的程序，这个程序没有排除公约第十五部分的争端解决强制程序对有关第76条争端的适用"②；另一方面认为，"《公约》第十五部分不能用于对已按照公约规定作出的委员会建议的审查。"③亚历克斯·艾菲任克则持基本否定的观点。他认为，"委员会在实践中很大程度上涉及对《公约》第76条的解释，由此而作出的建议是否还需要另外被第三方解释，并且《公约》没有规定能够对委员会的建议进行'司法审查'，由此不能将涉及委员会的争端提交强制争端解决程序"④。加森·霍瓦德也认为，"《公约》没有为第76条大陆架问题提供解决争端强制程序"⑤。

其实，涉及委员会的争端能否提交《公约》的争端解决强制程序，还要根据具体情况具体分析。如果涉及以委员会作为争端一方的主体，那么提交强制程序的可能性比较小。因为上述观点还忽视了《公约》中的一个重要条款——第291条⑥，该条规定适用强制程

① D. H. Anderson, Maritime Boundaries and Limits: Some Basic Legal Principles, Brown, 2014, p. 3.

② Members of the Committee, Committee on Legal Issues of the Outer Continental Shelf, International Law Association Reports, Vol. 70, 2002, p. 747.

③ Members of the Committee, Committee on Legal Issues of the Outer Continental Shelf, International Law Association Reports, Vol. 70, 2002, p. 747.

④ Alex G. Oude Elferink and Donald R. Rothwell, Oceans Management in the 21st Century: International Frameworks and Responses, Martinus Nijhoff Publishers, 2004, p. 108.

⑤ Jason Warren Howard, Don't be Left out in the Cold: An Argument for Advancing American Interests in the Arctic outside the Ambits of the United Nations Convention on the Law of the Sea, Georgia Law Review, Vol. 42, 2008, p. 850.

⑥ 《海洋法公约》第291条规定："1. 本部分规定的所有争端解决程序应对各缔约国开放；2. 本部分规定的争端解决程序应仅依本公约具体规定对缔约国以外的实体开放。"

序的机会主要是针对缔约国，而对缔约国以外的实体则只有在条约有具体规定的情况下才能适用，但第 76 条以及《公约》其他条款都没有关于委员会可以作为争端一方适用强制程序的规定。因此，如果涉及与委员会相关的争端并且进入强制程序，那么只能通过缔约国作为争端当事方以间接方式进入该程序。至于以何种间接方式进入该程序的具体争端，学者提出最多的情况是：委员会作出建议后，沿海国并没有按照规定，在委员会建议的基础上划定大陆架外部界限；或者在关于是否在建议的基础上划定界限这个问题上发生争端，发生这种情况后，相关国家将这种争端提交强制程序。因为委员会不是一个争端解决机构，它的职能基本上是在作出建议后就结束，并不会在事后处理这方面的问题。例如，安娜·卡夫纳对此问题的论述是："一些评论者认为，如果一个国家没有按照委员会的建议确定界限，那么其他国家可以在处理《公约》下争端的司法机构国际海洋法法庭或者国际法院中挑战这些界限。这从理论上会导致对委员会的建议和解释的司法审查。"①对此，她还指出："这种主张对于一个国家来说，是以一种迂回的方式挑战委员会——一个国家会设定不符合的界限，等着另一个国家提出反对的主张，然后以一种对这种主张进行辩护的方式挑战委员会的发现。"②国际法委员会 2006 年报告的观点可能更能全面而清楚地阐述这个问题。该报告认为："一个法院或者法庭将有能力在国家之间诉讼的框架下审查委员会的建议。但是，对这种审查有一些限制。关于《公约》第 76 条解释或适用的问题可能仍然排除在法院或者法庭审查之外，尤其是同时需要评估科学和技术数据的情形。后一种任务完全属于委员会职能范围，在相应的争端解决程序中限制

① Anna Cavnar, Accountability and the Commission on the Limits of the Continental Shelf: Deciding Who Owns the Ocean Floor, Cornell International Law Journal, Vol. 42, 2009, p. 406.

② Anna Cavnar, Accountability and the Commission on the Limits of the Continental Shelf: Deciding Who Owns the Ocean Floor, Cornell International Law Journal, Vol. 42, 2009, p. 406.

了审查条件。"①这句话的意思是：首先，在国家间的诉讼中法院或者法庭才可能审查委员会的建议，这一点满足了强制程序所要求的一般只对缔约国开放的条件；其次，如果涉及委员会职能范围内的事项，那么即便是国家间的诉讼中也不适用这种程序。那么由此可以推出，委员会建议适用强制程序的条件受到了非常苛刻的限制，可能只会出现在一国间接通过国家间的诉讼来挑战委员会是否在其职能范围内行事这种情况中。若出现这种情况，就可能由强制程序来判定委员会是否在规定的权限内履职。这时才会像弗拉迪米尔·葛里森说的那样，即"国际法院或者法庭等国际司法机构有资格确定委员会是否在其权能范围内行事"②。由于委员会针对沿海国划界案作出建议是其履行职能的重要方式，因此委员会不在其权限范围内行事，可能体现在委员会的建议中，一旦国际法院或者法庭获得审查委员会的机会，就不可避免会对其作出的建议进行审查，如果认定建议内容超出委员职能范畴，那么该建议的法律效力问题自然会受到影响。

从上面分析中，我们也可以得出，如果一个问题仅限于"沿海国是否在委员会建议的基础上划定大陆架外部界限"，而不是延伸到"委员会是否在其职能范围内行事"，那么，即便适用强制程序，也不会影响到委员会建议的生效问题。因为前面一种情形下，出现争议的不是委员会及其建议，而是沿海国是否按照《公约》规定履行其义务。只有在后一种情形下，才可能涉及委员会建议的"司法审查"问题，从而可能影响建议的法律效力。另外，即便理论上会发生因前一个问题导致后一个问题的情况，现实中由"谁"来对沿海国提起诉讼或者说"谁"有资格提起这种诉讼也是一个问题。2002 年国际法协会报告就指出："在确定哪一个实体有资格将这种

① Members of the Committee, Committee on Legal Issues of the Outer Continental Shelf, International Law Association Reports, Vol. 72, 2006, p. 248.

② Vladimir Golitsyn, Continental Shelf Claims in the Arctic Ocean: A Commentary, The International Journal of Marine and Coastal Law, Vol. 24, 2009, p. 408.

争端提交国际法院或者法庭时一点都不清楚，委员会没有被授予提交涉及自身争端的权力，国际海底管理局没有这方面资格，它仅能管理资源问题而不是划界问题。”①该报告因此得出结论，“这很明显留下了一个司法真空”②。所以，综合起来看，虽然理论上存在委员会建议受强制程序影响的可能性，但在现实中应该很难发生。

在影响委员会建议的法律效力问题上，如果把沿海国同意作为委员会建议生效的一般原则，那么划界争议和陆地或者海洋争端、南极条约体系中关于南极地区的法律制度以及《公约》第十五部分第二节规定的解决争端强制程序等影响建议生效的因素就是这个一般原则的例外。《公约》立法者有意避免委员会卷入划界争议，因此对这种情况作了较为详细且明确的规定，但对与南极条约体系法律制度冲突的问题则没有任何提及，这一点明显考虑不足。解决争端的强制程序与第 76 条的交叉问题虽然在《公约》中也没有提及，但是由于受适用该程序的争端方主体条件、委员会职能等多重因素限制，该程序对委员会建议效力的影响更多存在于理论中。提案国以外的国家从法律角度看无法影响委员会建议的效力，但在实践中通过向委员会提交普通照会的方式，反而可能对委员会审议划界案和作出建议造成实际的判断性的影响。

本章小结

委员会建议的生效问题是委员会建议能够产生法律效力的自然延伸，也是证明委员会建议本身具有法律效力的应有内容。它不是单一性的问题，而是一个系统性的问题，包括生效对象、生效时间、生效后的实施和其他影响建议效力的因素等各个方面。确定委员会建议的生效对象前，理清委员会建议的法律效力和沿海国在委

① Members of the Committee, Committee on Legal Issues of the Outer Continental Shelf, International Law Association Reports, Vol. 70, 2002, p. 765.

② Members of the Committee, Committee on Legal Issues of the Outer Continental Shelf, International Law Association Reports, Vol. 70, 2002, p. 765.

员会建议的基础上划定的大陆架外部界限的法律效力之间的逻辑关系是关键。它们在时间上是先后关系，沿海国是先接受委员会的建议后，才在建议的基础上划定大陆架外部界限。在条件上二者又互为因果关系，沿海国之所以在委员会建议的基础上划定大陆架外部界限是因为它愿意接受这种建议，沿海国之所以愿意接受这种建议是因为它必须在建议的基础上划定大陆架外部界限才能最终享有外大陆架权利。而且，这两者虽然在《公约》的一句话中却处在两种不同的机制中。委员会审议沿海国划界案并作出建议属于一个相对独立的机制，该机制中只有委员会和沿海国，因此委员会的建议只能对沿海国生效。沿海国在委员会建议的基础上划定大陆架外部界限又是一个相对独立的机制，该机制面向全体公约缔约国，因此这种界限可以对缔约国生效。委员会作出建议后，由于《公约》并没有明确规定沿海国应当以何种方式接受这种建议，因此就产生了委员会建议生效的时间问题。符合常理的理解应当是沿海国作出接受委员会建议的意思表示，这种接受的方式可以是宣布接受，也可以通过在建议的基础上划定界限的方式接受，总之，以委员会能够清晰被告知接受的方式即可。所以，委员会建议生效的时间点应当是沿海国接受后，只是接受方式并非固定。还应值得注意的是，沿海国接受只是委员会建议生效的一般原则或者条件，它同时还要受划界争议、没有划界争议下其他国家提出的异议或意见、《南极条约》及其体系、《公约》第十五部分第二节规定的解决争端的强制程序等一系列因素的影响。委员会建议的生效问题说明，认定委员会建议能够产生法律效力是符合法理和逻辑思维的，这也直接反证了委员会建议的性质不仅仅是建议性的建议。

第六章　委员会建议的性质问题与中国海洋权益的维护

委员会针对沿海国划界案作出建议是《公约》第 76 条所确立的外大陆架法律制度的集中体现，对沿海国海洋权益产生重大影响。中国是一个具有漫长海岸线的国家，拥有广阔的大陆架，但由于与周边国家存在复杂的领土和海洋划界纠纷，导致中国通过向委员会获取海洋权益变得极为困难。与此相对应，中国在外大陆架问题上的研究深度也不够。然而，随着周边和其他国家提交划界案的增多，外大陆架划界问题对中国海洋权益的影响日益显现。鉴于委员会建议在外大陆架制度中的核心作用，研究其本身及其性质对中国的影响以及中国在此基础上应当采取的措施具有非常重要的意义。

第一节　周边国家大陆架划界案情况及对中国海洋权益的影响

近年来，中国周边国家纷纷向委员会提交大陆架划界案，积极争取外大陆架权利。在海上与我国相邻或相向的国家有 8 个：朝鲜、韩国、日本、菲律宾、马来西亚、文莱、印度尼西亚和越南。① 其中，已经提交划界案的国家有日本、韩国、菲律宾、越南、马来西亚和印度尼西亚。这些国家提交的划界案有的是争取合

① 参见杨泽伟著：《国际法》(第二版)，高等教育出版社 2012 年版，第 174 页。

理的权利，有的与中国存在划界争议，还有的是不合理的主张，它们对中国海洋权益产生着不同程度的影响。

一、日本

（一）日本划界案情况

2008 年 11 月 12 日，日本向委员会提交了 200 海里外大陆架划界案。该划界案主张的区块包括七块海域，总面积约 740687 平方公里，分别是：四国海盆地区（Shikoku Basin Region，SKB），面积约 188789 平方公里；小笠原诸岛海台地区（Ggasawara Plateau，OGP）和南鸟岛地区（Minami-Rori Shima，MTS），面积约 261085 平方公里；九州南部-帕劳海脊（Southern Kyushu-Palau Ridge Region，KPR），面积约 182512 平方公里；冲大东海岭南部地区（Southern Oki-Daito Ridge Region，ODR），面积约 74260 平方公里；南硫黄岛地区（Minami-Io To Island Region，MIT），面积约 82555 平方公里；茂木海隆地区（Mogi Seamount Region，MGS），面积约 17758 平方公里。①

在划界争议方面，根据日本常驻联合国代表团在委员会的阐述，日本和美国之间在母岛和南鸟岛对开的地区以及南硫磺岛对开的地区有可能重叠，日本和帕劳共和国之间在冲之鸟对开地区有可能重叠。② 除这两国外，日本认为，其划界案不存在与其他国家之间的争端。而且，日本还在划界案执行摘要中表示，已经获得美国和帕劳对委员会审议其划界案并作出建议的同意。美国和帕劳确实在日本提交了划界案之后专门发出照会，在表示此种划界不影响划

---

① 参见 Executive Summary of Japan's Submission to the Commission on the Limits of the Continental Shelf，http：//www. un. org/Depts/los/clcs_new/submissions_files/jpn08/jpn_execsummary. pdf。

② 参见 2009 年大陆架界限委员会文件，CLCS/62，第 9 页，大陆架界限委员会网站：http：//daccess-dds-ny. un. org/doc/UNDOC/GEN/N09/307/57/PDF/N0930757. pdf？OpenElement。

界争端的同时，同意委员会审议日本划界案并作出建议。①

对于日本划界案，中韩两国提出了异议，主要理由是，日本以不具有岛屿资格的冲之鸟礁为基础划定外大陆架不符合《公约》第121条②第3款的内容。该款规定，不能维持人类居住或其本身的经济生活的岩礁，不应有专属经济区或大陆架。中国常驻联合国代表团在给委员会发送的照会中指出，现有的科学资料充分表明，冲之鸟礁依其自然状况，显然是不能维持人类居住或其本身的经济生活的岩礁，不应有专属经济区和大陆架，更不具备扩展200海里以外大陆架的权利。③ 鉴于此，中国政府认为，冲之鸟礁不具备拥有任何范围大陆架的权利基础，日本划界案中以冲之鸟礁为基点划出的200海里以内及以外的部分均超出了《公约》有关委员会作出建议的授权。中国政府因此提请委员会委员、《公约》缔约国和联合国会员国注意，日本将冲之鸟礁列入其划界案中是不符合《公约》的。④ 最后，中国政府要求委员会不对上述部分采取任何行动。中国政府在照会中还点明了中国就日本划界案提出异议意见的法理基础，即认为缔约国提交200海里以外大陆架的外部界限划界案，是依据《公约》享有的权利，但同时在行使这项权利时，也负有确保

---

① 参见美国常驻联合国代表团2008年12月22日给委员会的照会和帕劳常驻联合国代表团2009年6月15日给委员会的照会。上述照会详见大陆架界限委员会网站：http：//www. un. org/Depts/los/clcs_new/submissions_files/submission_jpn. htm。

② 《海洋法公约》第121条规定："1. 岛屿是四面环水并在高潮时高于水面的自然形成的陆地区域。2. 除第3款另有规定外，岛屿的领海、毗连区、专属经济区和大陆架应按照本公约适用于其他陆地领土的规定加以确定。3. 不能维持人类居住或其本身的经济生活的岩礁，不应有专属经济区或大陆架。"

③ 参见中华人民共和国常驻联合国代表团2009年2月6日给委员会的照会，大陆架界限委员会网站：http：//www. un. org/Depts/los/clcs_new/submissions_files/jpn08/chn_6feb09_c. pdf。

④ 参见中华人民共和国常驻联合国代表团2009年2月6日给委员会的照会，大陆架界限委员会网站：http：//www. un. org/Depts/los/clcs_new/submissions_files/jpn08/chn_6feb09_c. pdf。

尊重作为人类共同继承财产的国际海底区域范围的义务，不应影响国际社会的整体利益，特别是不使“区域”范围受到任何不合法的侵蚀。① 也就是说，即便中国不考虑自身利益，作为国际社会一员，站在国际社会整体利益的立场，也有理由提出照会。韩国常驻联合国代表团在 2009 年 2 月 27 日也向委员会提交了照会，同样认为冲之鸟礁属于《公约》第 121 条第 3 款中的岩礁，不应拥有任何扩展到 200 海里或者超过该范围的大陆架。② 韩国在照会中还认为，冲之鸟礁的法律地位问题不是一个包含确定大陆架外部界限的科学或技术问题，而是一个《公约》第 121 条的解释和适用的问题，这个问题超出了委员会的职权范围。③

对于中韩两国提出异议意见的照会，日本多次以普通照会的方式针锋相对作出了回应。在 2009 年 3 月 25 日给委员会的普通照会中，日本认为，中韩的立场是一个缔约国关于《公约》第 121 条的解释问题，然而，《委员会议事规则》中没有关于委员会处理《公约》这样一个条款的解释问题的条文或者规定，委员会没有被期望去考虑由个别缔约国针对其他国家的划界案所提出的《公约》的解释问题。④ 日本据此请求委员会不要考虑中国和韩国的意见。2009 年 8 月 26 日，针对中国在前一天给大会秘书处的照会，日本一方面重申了上次照会的理由，另一方面认为，如果委员会考虑中国的立场并作出不考虑日本划界案的决定，那么这个决定本身就会被认

① 参见中华人民共和国常驻联合国代表团 2009 年 2 月 6 日给委员会的照会，大陆架界限委员会网站：http：//www. un. org/Depts/los/clcs_new/submissions_files/jpn08/chn_6feb09_c. pdf。

② 参见韩国常驻联合国代表团 2009 年 2 月 27 日给委员会的照会，大陆架界限委员会网站：http：//www. un. org/Depts/los/clcs_new/submissions_files/jpn08/kor_27feb09. pdf。

③ 参见韩国常驻联合国代表团 2009 年 2 月 27 日给委员会的照会，大陆架界限委员会网站：http：//www. un. org/Depts/los/clcs_new/submissions_files/jpn08/kor_27feb09. pdf。

④ 参见日本常驻联合国代表团 2009 年 3 月 25 日给委员会的照会，大陆架界限委员会网站：http：//www. un. org/Depts/los/clcs_new/submissions_files/jpn08/jpn_25mar09. pdf。

为是《公约》的解释问题，而这不属于委员会的职权范围，日本因此请求委员会不考虑中国立场。①

在 2009 年 3 月 2 日至 3 月 9 日召开的委员会第二十三届会议上，委员会初步审议了日本划界案，并认识到它在《公约》第 121 条的法律诠释方面无法发挥作用。② 同年 8 月 10 日至 9 月 11 日召开的委员会第二十四届会议上，委员会一方面重申上述内容，认为它对划界案的审议只涉及与《公约》第 76 条和附件二有关的问题，并不妨碍对《公约》其他部分的解释或适用，同时，委员会决定暂时不对涉及冲之鸟的区域采取行动。③ 中国对委员会这两届会议的决定表示支持和赞赏。但 2011 年 8 月 9 日日本又在照会中提出了新的理由，认为根据《议事规则》附件一第 5 段(a)款的规定，在有陆地或者海洋争端存在的情形下，委员会不应该考虑一项划界案，而实际上没有任何一个国家与日本在冲之鸟礁上有主权纠纷，这块区域在地理上离中国很远，中国并非是“相邻或者相对”国家，还有，与日本在这块区域可能有重叠主张的是美国和帕劳，而这两个国家都已经同意委员会审议日本划界案并作出建议。④ 因此，日本认为，中国针对日本划界案表达的立场没有法律依据。如果委员会考虑这种意见，那么意味着随便一个国家都可以打断委员会对另一

① 参见日本常驻联合国代表团 2009 年 8 月 26 日给委员会的照会，大陆架界限委员会网站：http：//www. un. org/Depts/los/clcs_new/submissions_files/jpn08/jpn_26aug09. pdf。

② 参见 2009 年大陆架界限委员会文件，CLCS/62，第 10 页，大陆架界限委员会网站：http：//daccess-dds-ny. un. org/doc/UNDOC/GEN/N09/307/57/PDF/N0930757. pdf？OpenElement。

③ 参见 2009 年大陆架界限委员会文件，CLCS/64，第 7 页，大陆架界限委员会网站：http：//daccess-dds-ny. un. org/doc/UNDOC/GEN/N09/536/20/PDF/N0953620. pdf？OpenElement。

④ 参见日本常驻联合国代表团 2011 年 8 月 9 日给委员会的照会，大陆架界限委员会网站：http：//www. un. org/Depts/los/clcs_new/submissions_files/jpn08/jpn_09aug11. pdf。

个国家划界案的考虑。① 韩国在2011年8月11日也表达了对委员会第23和24届会议决定的认可并重申了关于冲之鸟礁不能拥有大陆架的主张，日本在随后的8月15日也再次重申了其理由。

2012年委员会第二十九届会议上，委员会审议并通过了小组委员会提交的关于日本划界案的建议。经过反复讨论，考虑到中韩两国的反对意见，委员会以5票赞成，8票反对，3票弃权决定对涉及冲之鸟礁部分不采取行动，即不予审议，除非委员会另有决定。② 总体看，委员会对日本划界案分别作出了三类建议：一是认可了4个区块，即ODR、SKB、MIT和OGP，总面积为31万平方公里，占日本所申请的外大陆架总面积的42%，其中MIT区块要求与冲之鸟礁脱钩，批准的面积减少了约80%，SKB区块的南部界限也要求脱离冲之鸟礁，以西侧的北大东岛、冲大东岛，东侧的鸟岛等岛屿为基点通过《公约》规定的公式线划定；二是否定了2个区块，即MGS和MTS，总面积为18万平方公里；三是对唯一一个以冲之鸟礁为基点的区块KPR作出推迟审议的决定，面积超过25万平方公里。③ 由此可见，委员会在建议中没有支持日本以冲之鸟礁为基础的大陆架主张。日本通过委员会建议可以获得的外大陆架面积为31万平方公里，与其总共主张的面积740687平方公里相差较大。

(二)日本划界案对中国海洋权益的影响

日本这次提交的划界案虽然与中国不存在海洋或陆地方面的划

---

① 参见日本常驻联合国代表团2011年8月9日给委员会的照会，大陆架界限委员会网站：http://www.un.org/Depts/los/clcs_new/submissions_files/jpn08/jpn_09aug11.pdf。

② 参见2012年大陆架界限委员会文件，CLCS/74，第4~5页，大陆架界限委员会网站：http://daccess-dds-ny.un.org/doc/UNDOC/GEN/N12/326/31/PDF/N1232631.pdf? OpenElement。

③ 参见Summary of Recommendations of the Commission on the Limits of the Continental Shelf in Regard to the Submission Made by Japan on 12 November 2008, pp. 1-32, http://www.un.org/Depts/los/clcs_new/submissions_files/jpn08/com_sumrec_jpn_fin.pdf。

界争端，但对中国海洋权益依然构成了重大影响。从宏观角度看，有学者认为，日本申请200海里外大陆架对我国的影响是长远的、战略性的和全方位的，其影响主要表现为：(1)日本将引发新一轮的"海洋圈地"运动，提升其在国际海洋政治领域的地位和影响力，使我国维护和争取海洋权益面临更加复杂的局面；(2)日本将获取极为丰富的海洋资源，占据重要的海上航线，使我国获取潜在海洋利益的难度增大；(3)日本极力扩建大洋孤立岛礁，构筑新的战略支点，使我国走向远海面临新的障碍和威胁；(4)日本依托大陆架的即有权利和暗含权利，实现第一、第二岛链间的"国土化"，将严重挤压我国海军的战略运用空间。① 特别是如果日本以冲之鸟礁为基础的大陆架申请获得委员会支持的建议，对中国海洋活动空间的挤压会更为明显，因为这会在国际上确立以不具有岛屿资格的岩礁来申请200海里外大陆架的先例，而日本以及中国其他周边国家都拥有许多这种岩礁，一旦这种模式得到推广，作为人类共同财产的国际海底区域显然会大大缩小，而中国作为外大陆架不利国的海洋权益毫无疑问会因此受到很大影响。

从委员会建议的性质问题这种微观角度看，一旦日本获得了委员会支持其划界案的全部或者部分建议，日本就可以通过宣布接受委员会的建议，使委员会的建议对日本产生法律效力，该建议虽然对其他国家没有约束力，但在日本以该建议为基础划定大陆架外部界限前，其他国家也仍然需要尊重，日本因此有了更大的权利空间。再进一步讲，日本如果在委员会建议的基础上划定其大陆架外部界限，该界限不但对日本而且对其他公约缔约国也将生效，相关大陆架区块因此完全属于日本的主权权利了。事实上，日本内阁已经作出了接受委员会建议的决定，并出台了大陆架延伸政令，委员会在建议中所认可的大陆架区块已经被日本纳入囊中。

对于冲之鸟礁，中韩两国的观点明显影响了委员会的决策，毫

① 参见卢芳华：《日本申请外大陆架及其对中国的影响》，载《国际论坛》2010年第4期，第52~53页。

无疑问在阻击日本肆无忌惮扩展外大陆架方面取得了阶段性胜利，但这种胜利仍然是暂时的，因为委员会只是作出了对以冲之鸟礁为基础的划界案部分暂时不采取行动的决定，委员会仍然随时可能重新审议该部分划界案。如果今后委员会就该部分划界案作出支持日本主张的建议，日本接受该建议并在此基础上划定大陆架外部界限，那么该界限对《公约》所有缔约国包括中国和韩国均会产生法律效力。除非通过影响委员会建议法律效力的例外因素来否定这种建议的法律效力，否则有的学者所认为的“从大陆架界限委员会的职能来看，以冲之鸟为基点划定的外大陆架区块即便得到委员会肯定的建议，日本根据该建议确定的所谓冲之鸟大陆架外部界限也只对日本具有终局性和约束力，对中国等国家没有法律效力”①的观点就是站不住脚或者没有说服力的。

二、韩国

(一)韩国东海部分划界案情况

2012 年 12 月 26 日，在中国提交东海部分海域划界案后不到半个月，韩国政府也向委员会提交了大陆架划界案。该划界案涉及的范围主要在中国东海海域，北面从韩国领海基线量起的 200 海里界限的纬度大约相当于中国长江口的纬度，东南方向延伸到冲绳海槽，最南边到达北纬 27 度到 28 度之间，以不超过 350 海里为标准，差不多和中国浙江省温州市同一个纬度，经度线方面与中国东海部分海域划界案也存在许多重叠之处，基本上也是处在东经 127 度到 129 度之间，也就是沿着冲绳海槽由东北向西南方向一路划下来。②

关于划界争议方面，韩国在执行摘要中表示，在中国东海海

① 吴卡：《冲之鸟不应拥有外大陆架——从大陆架界限委员会的职能展开》，载《大连海事大学学报》(社会科学版)2013 年第 2 期，第 37 页。

② 参见 Executive Summary of Partial Submission of Republic of Korea to the Commission on the Limits of the Continental Shelf, pp. 9-10, http://www.un.org/Depts/los/clcs_new/submissions_files/kor65_12/executive_summary.pdf。

域，其划界案与其他国家存在明显的海洋划界争端。① 当然，韩国同样表示，它尽力向邻国保证，该部分划界案不影响相邻或相向国家间的海洋划界，并且已经与中国政府进行了协商，同时也将尽力与日本政府进行协商。针对韩国划界案，日本在 2013 年 1 月 11 日向委员会提出了照会，要求委员会不要考虑韩国的划界案，理由是：在划界案所指的区域，日本与韩国之间的相对的海岸距离不足 400 海里；该区域的大陆架划界应当根据《公约》第 83 条的规定通过协议解决，韩国在该区域最终不能确定大陆架外部界限；根据《议事规则》附件一第 5 段(a)款，如果存在陆地或海洋争端，委员会不应该考虑或认可任何国家提交的划界案，除非争端另一当事国同意委员会这么做，而日本政府先前没有同意委员会考虑该划界案。② 2013 年 4 月 30 日和 8 月 28 日，日本又先后两次就韩国划界案发出照会，基于同样的理由要求委员会不要审议韩国的划界案。③ 中国就韩国划界案也向委员会发出了照会，但在东海大陆架延伸到冲绳海槽方面，两国观点和立场相近。④

在 2013 年第三十二届会议上，委员会考虑到各国普通照会以及代表团所作的陈述，决定对该划界案及普通照会的进一步审议推迟至该划界案按收件顺序排列成为下一个待审划界案之时。⑤

---

① 参见 Executive Summary of Partial Submission of Republic of Korea to the Commission on the Limits of the Continental Shelf, p. 6, http://www.un.org/Depts/los/clcs_new/submissions_files/kor65_12/executive_summary.pdf。

② 参见日本常驻联合国代表团 2013 年 1 月 11 日给委员会的照会，大陆架界限委员会网站：http://www.un.org/Depts/los/clcs_new/submissions_files/kor65_12/jpn_re_kor_11_01_2013.pdf。

③ 参见日本常驻联合国代表团 2013 年 4 月 30 日和 8 月 18 日给委员会的照会。上述两照会详见大陆架界限委员会网站：http://www.un.org/Depts/los/clcs_new/submissions_files/submission_kor_65_2012.htm。

④ 参见《韩国拟提交东海大陆架划界案与中国联手抗日》，中国青年网：http://news.youth.cn/jsxw/201211/t20121126_2650002_1.htm，2014 年 12 月 5 日最后访问。

⑤ 参见 2013 年大陆架界限委员会文件，CLCS/80，第 13 页，大陆架界限委员会网站：http://daccess-dds-ny.un.org/doc/UNDOC/GEN/N13/485/25/PDF/N1348525.pdf? OpenElement。

(二)韩国划界案对中国海洋权益的影响

韩国划界案对中国的影响当然主要在东海方向，这种影响是比较复杂的。一方面，由于中国与日本在东海存在大陆架和海洋划界争端，韩国提交划界案可能使中日东海争端更加复杂和难以解决；另一方面，该划界案的提交势必影响中国的大陆架权利，因为中国和朝鲜半岛的地理位置不像和日本那样，中间隔了一条冲绳海槽，在地理上存在巨大差异，可以以此为理由进行抗辩和主张权利。相反，中国和朝鲜半岛具有相连的特征，在同一个大陆架上，而且主要的海岸线也并非呈现类似一百八十度的特征，而是呈现九十度的直角状，这种地理分布状态并不利于两国划界。当然，在与日本进行抗争方面，两国地理上的特点又有一定的有利之处，因为中韩两国虽然存在划界争议，但都主张各自外大陆架延伸到冲绳海槽，中韩两国大陆架与日本大陆架完全属于两个不同的板块，冲绳海槽是两大板块间显著的地理隔断单元。正因为如此，有媒体甚至报道，在东海大陆架划界问题上可能形成中韩对日本的局面。① 然而，虽然中韩两国有些立场相近，可以互相同意委员会对对方划界案的审议和作出建议，甚至可以考虑共同提交大陆架划界案，但是由于日本与中韩两国都存在大陆架划界争议，再加上日本在冲绳海槽问题上面临“一对二”局面，必然会坚决要求委员会不要审议中韩两国的划界案。所以，以目前形势看，韩国部分划界案获得委员会建议的可能性比较低。另外，应该强调的是，由于获得委员会建议的划界案在谈判上能拥有一定的主动权，中国切不可为了对抗日本而单方面同意委员会审议韩国的划界案，相反，一旦作出这种决定，也应当同时要求韩国同意委员会审议中国划界案，而且必须放在整个中日韩三国划界的总体形势中进行考虑，以免造成今后在与韩国的大陆架和海洋划界谈判中处于被动的地位。

---

① 参见《韩国拟提东海大陆架划界案 或成中韩对日本局面》，腾讯网，http：//news. qq. com/a/20121023/000241. htm，2014 年 12 月 6 日访问。

三、菲律宾

(一) 菲律宾划界案情况

2009 年 4 月 8 日，菲律宾向委员会提交了关于宾汉隆起地区的大陆架划界案。① 宾汉隆起地区位于菲律宾吕宋岛东北方的海底，在菲律宾东面的太平洋中，总面积约 13 万平方公里，其面积比 3 个中国台湾岛还大，一旦获得委员会建议，菲律宾几乎等于再增加了 1 个吕宋岛，并可望因此取得海底蕴藏的丰富石油。②

根据菲律宾的描述，其划界案与任何国家不存在海洋或者划界争端。③ 从委员会接收照会情况看，确实没有任何其他国家就此划界案提交抗议照会或者发表意见。

2009 年 8 月 25 日，委员会听取了菲律宾代表的陈述。菲律宾在陈述时表示，这是关于宾汉隆起区大陆架外部界限的局部划界案，委员会决定在合适的时候设立小组委员会对菲律宾划界案进行审议。④ 2011 年第 27 届会议上，委员会设立了小组委员会审议菲律宾划界案。⑤ 最后，在 2012 年第 29 届会议上，委员会以协商一致的方式通过了关于菲律宾划界案的建议，同意菲律宾在划界案中

① 参见 U. N. Doc. CLCS. 22. 2009. LOS，http：//www. un. org/Depts/los/clcs_new/submissions_files/phl22_09/clcs22_2009e. pdf。

② 参见《菲律宾版图或向东北扩 43%》，东方早报网，http：//www. dfdaily. com/html/51/2011/8/17/649051. shtml，2014 年 12 月 7 日最后访问。

③ 参见 A Partial Submission of Data and Information on the Outer Limits of the Continental Shelf of the Republic of the Philippines Pursuant to Article 76 (8) of the United Nations Convention on the Law of the Sea，p. 13，http：//www. un. org/Depts/los/clcs_new/submissions_files/phl22_09/phl_esummary. pdf。

④ 参见 2009 年大陆架界限委员会文件，CLCS/64，第 12~13 页，大陆架界限委员会网站：http：//daccess-dds-ny. un. org/doc/UNDOC/GEN/N09/536/20/PDF/N0953620. pdf？OpenElement。

⑤ 参见 2011 年大陆架界限委员会文件，CLCS/70，第 11 页，大陆架界限委员会网站：http：//daccess-dds-ny. un. org/doc/UNDOC/GEN/N11/318/86/PDF/N1131886. pdf？OpenElement。

主张的区域。① 这样，菲律宾顺利获得了委员会支持的建议。

(二)菲律宾划界案对中国海洋权益的影响

应该说，菲律宾关于宾汉隆起地区的划界案确实与其他国家包括中国不存在划界争议或争端，毕竟该地区完全位于菲律宾面向太平洋的一面。从整个法律程序和地理位置看，我们不得不承认菲律宾在此区域的权利。然而，如果从中国海军远洋活动角度看，菲律宾划界案最北部毕竟差不多延伸到中国台湾与菲律宾之间的重要水道上，中国海军从台湾南部进入西太平洋的通道和安全问题难免受到一些影响。还有舆论分析认为，菲律宾此举意在为提交关于黄岩岛和南海区域的大陆架划界案探路，届时可能进一步恶化南海局势。②

四、越南和马来西亚

(一)越南北部区域划界案情况

越南于 2009 年 5 月 7 日向委员会提交了关于北部区域的划界案。所谓“北部区域”其实就是中国西沙群岛和南沙群岛之间的海域地区，在地理上归属于中国南沙群岛海域的范围。该划界案涉及的区域基本上呈一个三角形状，西部线是从越南领海基线量起的 200 海里线，东北方向的线是一条越南单方面划定的所谓的“等距离线”，东南方向是一条以离大陆坡脚定点的距离不超过 60 海里线，划界案最东边的点离越南领海基线差不多 350 海里。③

虽然与周边国家明显存在岛屿主权、大陆架划界等方面争端，

---

① 参见 Recommendations of the Commission on the Limits of the Continental Shelf in Regard to the Submission Made by the Philippines in Respect of the Benham Rise Region on 8 April 2009, pp. 8-12, http://www.un.org/Depts/los/clcs_new/submissions_files/phl22_09/phl_rec.pdf。

② 参见《菲律宾版图或向东北扩 43%》，东方早报网，http://www.dfdaily.com/html/51/2011/8/17/649051.shtml，2014 年 12 月 7 日最后访问。

③ 参见 Executive Summary of Partial Submission in Respect of Vietnam's Extended Continental Shelf: North Area (VNM-N), p. 5, http://www.un.org/Depts/los/clcs_new/submissions_files/vnm37_09/vnm2009n_executivesummary.pdf。

但越南居然在其划界案中大言不惭地声称不涉及任何争端。① 同时，越南又表示，已经为争取周边国家同意委员会审议其划界案并作出建议尽了最后的努力。针对越南划界案，中国在该划界案提交的当天即向委员会发出照会，强调中国对南海诸岛及其附近海域拥有无可争辩的主权，并对相关海域及其海床和底土享有主权权利和管辖权。② 中国在照会中表示，越南划界案严重侵害了中国在南海的主权、主权权利和管辖权，并根据《议事规则》附件一第 5 条(a)项的规定，郑重要求委员会对越南划界案不予审理。③菲律宾在 2009 年 8 月 4 日也就越南划界案向委员会发出普通照会，表示该案存在争议，因为所涉区域与菲律宾的权利存在重叠之处，同时也要求委员会不要考虑越南划界案，除非或者直到双方已经讨论并且解决了他们之间的争端。④

2009 年 8 月 28 日，委员会听取了越南代表团就其北部划界案的陈述。越南在介绍其划界案时表示，该划界案只是一个局部的划界案，是越南打算向委员会提交的一系列划界案之一。关于中国和菲律宾的照会，越南表示，黄沙(中国西沙)和长沙(中国南沙)群岛是越南领土的一部分，越南对这些岛屿拥有无可争辩的主权。委员会最后考虑到中国和菲律宾的普通照会以及越南的陈述，决定推迟对该划界案和普通照会的进一步审议，直至该划界案按照收件的

---

① 参见 Executive Summary of Partial Submission in Respect of Vietnam's Extended Continental Shelf: North Area (VNM-N), p. 3, http://www. un. org/Depts/los/clcs_new/submissions_files/vnm37_09/vnm2009n_executivesummary.pdf。

② 参见中国常驻联合国代表团 2009 年 5 月 7 日给委员会的照会，大陆架界限委员会网站：http://www. un. org/Depts/los/clcs_new/submissions_files/vnm37_09/chn_2009re_vnm_c. pdf。

③ 参见中国常驻联合国代表团 2009 年 5 月 7 日给委员会的照会，大陆架界限委员会网站：http://www. un. org/Depts/los/clcs_new/submissions_files/vnm37_09/chn_2009re_vnm_c. pdf。

④ 参见菲律宾常驻联合国代表团 2009 年 8 月 4 日给委员会的普通照会，大陆架界限委员会网站：http://www. un. org/Depts/los/clcs_new/submissions_files/vnm37_09/clcs_37_2009_los_phl. pdf。

先后顺序排列在先时再行审议。① 这实际上是暂不审议的决定。

(二)越南和马来西亚联合划界案情况

2009 年 5 月 6 日，就在越南提交其北部区域划界案的前一天，越南和马来西亚联合提交了关于南中国海南部的大陆架划界案。划界案所涉及的区域是从越南南部领海基线量起 200 海里界限外不超过 350 海里的地区和从东马来西亚领海基线量起 200 海里界限外不超过 350 海里的地区的重叠区。② 越南和马来西亚在这一片地区划定的大陆架(包括 200 海里内和 200 海里外的大陆架)把中国南沙群岛的大部分岛屿都囊括其中，差不多否定了中国对南海南部的所有主权或主权权利。

在提交的划界案执行摘要中，两国都承认该案所涉区域存在海洋争端，但表示委员会对该划界案的审议和作出的建议不影响相邻或相对国家间大陆架划界。中国在该划界案提交后的第二天即向委员会发出照会，认为中国对南海诸岛及其附近海域拥有无可争辩的主权，并对相关海域及其海床和底土享有主权权利和管辖权，马来西亚和越南联合划界案所涉二百海里以外大陆架区块，严重侵害了中国在南海的主权、主权权利和管辖权。③ 中国因此根据《议事规则》附件一第 5 条(a)项，郑重要求委员会对马来西亚和越南联合划界案不予审理。菲律宾在 2009 年 8 月 4 日就该联合划界案和越南北部区域划界案向委员会发出了照会，认为两个划界案不仅与菲律宾存在重叠，而且在岛屿的领土主张上存在争议，最后同样请求

---

① 参见 2009 年大陆架界限委员会文件，CLCS/64，第 20 页，大陆架界限委员会网站：http：//daccess-dds-ny. un. org/doc/UNDOC/GEN/N09/536/20/PDF/N0953620. pdf? OpenElement。

② 参见 Executive Summary of Joint Submission by Malaysia and Vietnam in the Southern Part of the South China Sea，p. 5，http：//www. un. org/Depts/los/clcs_new/submissions_files/mysvnm33_09/mys_vnm2009excutivesummary. pdf。

③ 参见中国常驻联合国代表团 2009 年 5 月 7 日给委员会的普通照会，大陆架界限委员会网站：http：//www. un. org/Depts/los/clcs _ new/submissions_files/mysvnm33_09/chn_2009re_mys_vnm. pdf。

委员会不要考虑马来西亚和越南的联合案。①

同样在2009年的第二十四届会议上，委员会听取了马来西亚和越南联合划界案的陈述。考虑到各国照会和各国代表团所做的介绍，委员会最后决定暂不对划界案和普通照会进行进一步审议。②

（三）越南北部区域划界案和越马联合案对中国海洋权益的影响

越南划界案和越马联合案最大的共同点是所涉区域都位于中国南海的南沙群岛海域，因此都明显侵犯了中国在南海的主权、主权权利和管辖权。不管是越南还是马来西亚，从其划界案中所涉区域的图形来看，都完全无视中国对南沙群岛的领土主权，只从各自领海基线起划定大陆架外部界限，划定的外大陆架区域甚至把中国南沙群岛中的一些岛屿都囊括进去，而不考虑这些岛屿本身具有的领土主权性质问题和这些岛屿可能产生的领海、专属经济区以及大陆架问题。例如，越马联合案把目前中国台湾当局控制的南沙太平岛也划入其200海里外大陆架区域中，而该岛很明显拥有自己的领海和大陆架，但是这两国根本没有考虑这个问题，只是一味地根据自己的利益需要，简单地划定了一块重叠区，偌大一个太平岛在划界案中相当于不存在。另外，从政治、经济、军事等战略层面讲，南海是中国进出东南亚和其他海洋的交通要道，具有极其重要的战略价值，而位于南海南部的南沙群岛海域在这个价值链中显得尤为关键，因为该海域直接连接著名的马六甲海峡。若这片海域下的大陆架被越马两国所获得，必然对中国赖以生存的海上生命线构成不利影响，进而影响到整个中国发展的战略大局。

五、印度尼西亚

印度尼西亚于2008年6月16日向委员会提交了关于苏门答腊

---

① 参见菲律宾常驻联合国代表团2009年8月4日给委员会的普通照会，大陆架界限委员会网站：http：//www. un. org/Depts/los/clcs _ new/submissions_files/vnm37_09/clcs_37_2009_los_phl. pdf。

② 参见2009年大陆架界限委员会会议文件，CLCS/64，第17~18页，大陆架界限委员会网站：http：//daccess-dds-ny. un. org/doc/UNDOC/GEN/N09/536/20/PDF/N0953620. pdf？OpenElement。

岛西北部的划界案，这也是印尼提交的第一份划界案。不过印尼表示，这是一份局部的划界案，且今后会陆续向委员会提交其他划界案。从地图上看，印尼西苏门答腊岛濒临印度洋，在该岛的北面、西面和南面都是相对比较深的海域，因此西苏门答腊岛虽然有很长的海岸线，但200海里以外的大陆架区域不一定广阔。印尼这次提交划界案也仅是涉及一片面积较小的海域，最初的资料显示该海域由五个定点连接而成，形成一片类似三角形的区域。① 后来，印尼又补充了一些资料，增加了一个定点，略微扩大了原来的面积。

印尼向委员会表示其划界案不存在争议，其他国家也没有对其划界案表示反对。印度虽然针对印尼划界案提出了照会，但主要强调印尼的划界案不应该影响两国间已经通过签订协议解决的大陆架划界问题。② 印尼对此也做了回应，认为与印度之间的协议是在1974年和1977年达成的，并且分别在1974年和1977年已经生效。③ 对于两国间已经生效的大陆架划界协议，由于相关问题已经解决并且对双方都产生了法律效力，双方当然应当遵守，即便后来出现了《公约》，也不应影响这种协定的法律效力。因此，印度对印尼划界案其实是没有必要担心的。当然，印度发出照会可能更多是提醒委员会和国际社会要注意尊重其利益。

在2009年的第二十三届会议上，委员会听取了印尼对其划界案的陈述并设立了相应的小组委员会。④ 2011年，委员会结束了

① 参见 Executive Summary of Partial Submission in respect of the area of North West of Sumatra by Indonesia, p. 7, http://www.un.org/Depts/los/clcs_new/submissions_files/idn08/Executive20Summary.pdf。

② 参见印度常驻联合国代表团2009年3月25日给委员会的照会，大陆架界限委员会网站：http://www.un.org/Depts/los/clcs_new/submissions_files/idn08/clcs12_2008_ind_e.pdf。

③ 参见印尼常驻联合国代表团2009年4月30日给委员会的照会，大陆架界限委员会网站：http://www.un.org/Depts/los/clcs_new/submissions_files/idn08/clcs12_2008_idn_e.pdf。

④ 参见2009年大陆架界限委员会会议文件，CLCS/62，第7~8页，大陆架界限委员会网站：http://daccess-dds-ny.un.org/doc/UNDOC/GEN/N09/307/57/PDF/N0930757.pdf?OpenElement。

对印尼划界案的审议，并作出了肯定其主张的建议。①

印尼关于西苏门答腊岛西北部的划界案与中国不存在任何海洋或者领土划界纠纷，对中国海上通道和海洋战略也联系不大，因此对中国海洋权益不会造成不利影响。

由此可见，上述中国周边国家中，除印尼提交的划界案对中国海洋权益不会造成影响外，其他国家提交的划界案都不同程度对中国产生了影响。其中，越南北部区域划界案、越南与马来西亚联合案、韩国东海部分划界案三个划界案很明显与中国权利主张存在争议和冲突，对中国领土主权、主权权利或管辖权造成了直接影响。日本和菲律宾的划界案虽然与中国不存在争议，但由于都位于中国进出西太平洋的交通要道上，因而对中国远洋战略产生了明显影响。产生这些影响的原因最终都离不开委员会的建议这个问题。根据前文的研究，委员会的建议能够产生法律效力，一国获得这种建议后，如果接受该建议，即表明该国愿意受建议的约束或者说建议即对该国生效，该国接下来就可以在建议的基础上划定相应的有确定性和拘束力的200海里以外大陆架外部界限，也就是可以获得相应的外大陆架权利。将这种推理放在中国周边国家提交的划界案中就是，一旦周边国家获得委员会支持的建议，那么这些国家就可能获取相应的外大陆架权利，进而对中国海洋权利构成重大影响。因此，委员会的建议及其性质问题已成为周边国家影响中国海洋权益的重要平台或者工具。

第二节　涉及两极地区的划界案对中国海洋权益的影响

严格意义讲，由于沿海国划定大陆架外部界限直接关系作为人

① 参见 Summary of Recommendations of the Commission on the Limits of the Continental Shelf in Regard to the Submission Made by Indonesia in Respect of the Area North West of Sumatra on 16 June 2008，pp. 1-21，http：//www. un. org/Depts/los/clcs _ new/submissions _ files/idn08/Summary% 20Recommendations% 20for%20Indonesia. pdf。

类共同继承财产的国际海底区域面积的大小，对于其他国家的划界案，各国一般基于相互尊重对方利益的原则，不随便加以置评或者反驳。但在有的情形下，也不排除一些国家钻法律上的漏洞、歪曲解释《公约》、借助地缘或政治上的优势地位不合理地进行“圈地”，从而不正当地影响到其他国家利益。例如，南极和北极两个海域就或多或少存在这种情况。这两块海域虽然并没有与中国海域直接相连，但对中国海域权益同样构成重大影响，有必要加以分析。

一、涉及南极地区的划界案对中国海洋权益的影响

前文已经提到，目前南极地区(国际法上一般指南纬 60 度以南的地区)同时并存着两种法律制度或者体系，一种是以《公约》为代表的国际海洋法体系，主张《公约》适用于世界上任何海域，因此其中的外大陆架制度也应在南极地区适用；另一种是以《南极条约》为核心的南极条约体系，主张南极地区只受该体系的管辖和约束。毫无疑问，前一种体系对南极地区附近国家或其他早先提出南极领土主权要求的国家而言比较有利，后一种体系则对广大的地理不利国或者没有对南极提出领土主权要求的国家比较有利。历史上，对南极提出领土主权要求的国家先后提出了发现、有效占领、象征性兼并、国家行为、通告、南极扇形等理论①，试图使它们对南极的主张合法化。但是，所有这些理论在国际法上都无法站住脚，得不到国际社会广泛认同或支持。然而，《公约》所规定的外大陆架制度的出现，似乎为这些国家主张权利找到了一个在法律上“拿得出”的理由，因而再次激发了一些国家对南极的欲望。例如，澳大利亚就通过巧妙地提交划界案，成为首个获得涉南极地区的外大陆架的国家。澳大利亚虽然不能成为南极条约体系被完全突破的例子，但至少给这个体系捅了一个窟窿。若这种做法不断被复制，国际社会好不容易建立起来的南极条约体系很可能就会逐渐崩塌。如此一来，南极附近国家和那些较早提出南极领土主权要求的国家

① 参见梁咏：《对南极地区的国际法展望与中国立场：人类共同遗产的视角》，载《法学评论》2011 年第 5 期，第 84~85 页。

就会不断扩展其在南极地区的大陆架，其他国家由于地理不利或者对南极提出主权要求较晚，在法律上就会处于非常不利的地位。

中国是南极条约协商国，不但在地理上距离南极非常遥远，而且迄今为止也没有对南极领土提出任何主权或者主权权利要求，南极条约体系若受《公约》规定的外大陆架制度的影响而崩溃或者部分崩溃，对中国来说显然是不利的。首先，南极地区拥有丰富的资源。南极是迄今为止地球上未被开发利用的一块宝地，虽然是寒冷的冰雪世界，但却是一个储藏丰富物质财富的巨大“资源宝库”。① 一旦处于优势地位的国家将南极海底划为其外大陆架，这些国家就拥有优先开采的权利，与此相对应的是，包括中国在内的很多域外国家就将处于不利地位。其次，南极地区的气候环境对全球来说都是极其重要的，保护南极环境已经成为大多数国家的共识，一旦某些国家为了抢夺南极的资源而不顾全人类的居住环境，那么全球都将因此而遭殃。中国虽然位于北半球，同样无法置身事外。再次，南极一向不属于任何一个国家的主权之下，民族国家最早对南极领土提出主权要求也就始于 1908 年英国的主张。② 虽然后来有其他国家陆续提出主张，但由于缺乏普遍承认的法理依据而没有获得国际社会的最终认可。若因少数国家的主张而放弃南极条约体系的地位，对大多数国家而言显然是极为不公平的。中国是一个后来才崛起的民族国家，在所谓的南极领土主权要求问题上早就落后西方国家半个世纪以上，即便提出对南极的领土主权要求，在时间和空间上于中国也并非有利。因此，无论从国家利益还是法律依据角度看，维持南极条约体系的地位对中国来说，目前似乎是最佳的选择。不论是将南极定位为人类共同遗产还是主权“冻结”理论，都比一些国家通过《公约》规定的外大陆架法律制度来试图打破或者挑战南极条约体系要有利得多。

---

① 参见刘秀：《可持续利用和保护南极资源的法律研究及中国的战略选择》，载《青岛科技大学学报》(社会科学版)2013 年第 1 期，第 110~111 页。

② 参见甘露：《南极主权问题及其国际法依据探析》，载《复旦学报》(社会科学版)2011 年第 4 期，第 119~125 页。

二、涉及北极地区的划界案对中国海洋权益的影响

从本质上来说，北极最初本来与南极一样，不属于任何国家的主权之下。19世纪末至20世纪初，北极的领土主权争端还在白热化时期。直到1933年海牙国际法庭宣布丹麦拥有格陵兰岛的全部主权后，北极的陆地领土版图才基本划定。① 然而，在海洋权益的争夺方面，北极争端到现在仍在进行中。虽然北极附近国家如前苏联、加拿大等国先后主张依“先占原则”和“扇形理论”对北极地区拥有主权，但并没有获得国际社会的承认。《公约》的制定和生效，为这些极力主张北极权利的国家提供了一次难得的机遇，这些国家可以通过《公约》的规定最大限度向北极扩展其大陆架外部界限从而获得更广泛的外大陆架权利。而且，北极与南极不一样，不存在类似南极条约体系这样的法律制度的牵制或制约，北极附近国家可以“毫无顾忌”地依法主张外大陆架权利。以北极理事会成员为参照，靠近北极地区国家有八个，分别是：俄罗斯、美国、加拿大、挪威、芬兰、瑞典、丹麦和冰岛。已经向委员会提交涉及北极地区的划界案的国家有：俄罗斯、挪威、冰岛和丹麦。加拿大等国也正在积极收集有关的科学证据。美国虽然没有加入《公约》，但同样积极主张在北极的权利。因此，北极尤其是北极海底的大陆架正面临被北极八国瓜分的局面。最为棘手的是，提交北极划界案的国家都是凭借《公约》这个“法律武器”。

北极在全球具有重要的地位，这种重要性主要体现在四个方面：一是北极地区气候变化对全球具有重要影响；二是拥有极其丰富的自然资源，尤其是蕴含大量的油气资源；三是具有重要的地缘政治地位，特别是在军事方面能对北极国家构成有效的威慑；四是北极新航道价值凸显，直接穿过北冰洋的大西洋——太平洋航线将

① 参见胡德坤、邓肖婷：《20世纪初期北极地区领土争端及其解决》，载《武汉大学学报》(人文科学版)2011年第1期，第87~92页。

比绕道印度洋的航线缩短约40%甚至更多的距离。① 一旦北极附近国家以提交划界案的方式不断“瓜分”北极，那么包括中国在内的广大非北极国家，尤其是北半球国家，在分享北极权益方面显然要受到重要影响。中国虽然不属于北极国家之列，但北极对中国的重要性同样不言而喻。例如，在环境和气候方面，我国的自然生态环境系统、农林牧渔系统乃至旅游经济等都会因为北极地区的环境和气候变化而受到各种影响；② 在军事价值方面，遍布浮冰、目前难以完全通航的北极海域，反倒是潜艇消声隐蔽航行的最佳场所，也是最安全、最理想的导弹发射阵地和飞机待机要地，是北半球军事强国以导弹互相攻击对方可选择的最短路径；③ 在航道价值方面，“我国是当今世界第二大经济体和第一大贸易国，其中大部分贸易是与西欧和北美国家进行的，因此北极航路一旦可以运用，将对我国经济和对外贸易的发展产生重大积极意义”④。有的学者还专门从中国海外安全利益的视角下阐述了北极对中国的重要性，包括海上战略通道安全、能源安全、中国对北极区域国际机制的参与权利、北极气候变化带来的环境安全、北极空域的信息与太空安全等，与此相对应，北极地区的海洋法律问题分为北极航线的通航权法律问题、北极海域的大陆架划界法律问题、北极海域的专属经济区及剩余权利利用问题、北极冰封区域的生态保护法律问题等。⑤ 其中，北极海域的外大陆架划界问题堪称北极问题中争议面最大、最难解决的问题，其实质是北极的总体法律地位与北极外大陆架资

① 参见张耀：《我国要积极参与北极事务》，载《中国国情国力》2013年第6期，第52~54页。

② 参见张耀：《我国要积极参与北极事务》，载《中国国情国力》2013年第6期，第53页。

③ 参见刘惠荣、董跃著：《海洋法视角下的北极法律问题研究》，中国政法大学出版社2012年版，第9页。

④ 张耀：《我国要积极参与北极事务》，载《中国国情国力》2013年第6期，第54页。

⑤ 参见黄德明、章成：《中国海外安全利益视角下的北极外大陆架划界法律问题》，载《南京社会科学》2014年第7期，第86页。

源开发的利益分享问题。① 依此逻辑，北极国家提交涉北极区域的大陆架划界案对包括中国在内的非北极国家的首要影响是能源利益问题，导致此问题产生的原因是北极附近国家"侵蚀"了原先预期可能成为国际海底区域的部分，从而导致北极域外国家可享受开采的权利减少或丧失。

对于中国来说，在没有类似南极条约体系这样的法律制度对北极进行管制的情形下，面对越来越多的北极大陆架划界案，如何在尊重北极国家基本权利的同时，最大限度争取非北极国家的利益，似乎是一个非常具有挑战性的难题。

进入21世纪后，一些国家对南北两极的争夺体现出一个共同特点，即都是根据《公约》规定的大陆架法律制度来主张权利。这种方式虽然比之前的先占原则、有效占领、扇形原则等文明了不少，但本质上都是对原来不属于任何国家主权或者管辖之下的极地利益的争夺。正如绿色和平组织发言人马克·汤斯利针对2008年北极五国就如何解决北极领土归属举行会议所言："正在发生的一切很清楚，他们正在利用海洋法来瓜分原材料资源。"②从委员会建议的性质角度看，一旦提交涉及南极或北极的划界案的国家获得了委员会支持的建议并且予以接受，这些建议就能够对它们产生法律效力，从而这些国家就可以根据委员会的建议划定大陆架外部界限，将南极或者北极海底的某一部分置于其主权权利之下，如此一来其他国家可能享受到的权利范围也就因此而相应缩小。由于中国在南北两极都具有重要利益，因此，提交涉及南北两极的大陆架划界案也必然会影响中国的海洋权利。

第三节 中国东海部分海域大陆架划界案评析

早在2009年5月11日，中国就已经根据《公约》缔约国会议第

① 参见黄德明、章成：《中国海外安全利益视角下的北极外大陆架划界法律问题》，载《南京社会科学》2014年第7期，第86页。

② 任转正、吕云、惠泽宇：《第三次世界大战可能从这里开始——环保名义下的北极资源争夺战》，载《今日国土》2008年第7期，第42~43页。

72 号文件和《公约》缔约国会议第 183 号文件的有关决定，通过联合国秘书长向委员会提交了关于中国东海海域 200 海里外大陆架划界的初步信息，并且在其中表示，中国保留在东海和其他海域提交 200 海里以外大陆架外部界限划界案的权利。① 中国在初步信息中还表示，中国正在进行提交 200 海里以外大陆架划界案的准备工作。2012 年 12 月 14 日，中国正式向委员会提交了东海部分海域划界案。划界案的主要内容是：东海位于中国东侧，由东海陆架、东海陆坡和冲绳海槽三大地貌单元组成；地质与地貌特征表明东海大陆架是中国陆地领土的自然延伸，冲绳海槽是具有显著隔断特征的重要地理单元，是中国东海大陆架延伸的终止；中国东海大陆架宽度从测算中国领海宽度的基线量起超过 200 海里，外部界限由位于冲绳海槽的 10 个定点连接而成，均为冲绳海槽轴部最大水深点。② 对于划界争端，中国在执行摘要中明确通知委员会，中国与韩国、日本在本划界案涉及的海域尚未完成大陆架划界，委员会对划界案的建议将不妨害今后中国与相关国家之间的大陆架划界。

针对中国划界案，日本向委员会发出了照会，主要观点是：中日两国在这片海域相对海岸的距离不足 400 海里；这个区域的划界应根据《公约》第 83 条的规定通过协议解决，因此毫无疑问中国不能单方面确定该区域的大陆架外部界限；根据《议事规则》附件一第 5 段(a)款的规定，一旦存在海洋或陆地争端，委员会不应该考虑任何一国提交的涉及这些争议的划界案，委员会若要考虑需获得

① 参见《中华人民共和国关于确定二百海里以外大陆架外部界限的初步信息》(中文)，第 3~4 页，大陆架界限委员会网站：http://www.un.org/Depts/los/clcs_new/submissions_files/preliminary/chn2009preliminaryinformation_chinese.pdf。

② 参见《中华人民共和国东海部分海域二百海里以外大陆架外部界限划界案执行摘要》(中文)，第 1、2、6 页，大陆架界限委员会网站：http://www.un.org/Depts/los/clcs_new/submissions_files/chn63_12/executive%20summary_CH.pdf。

争端当事国的先前的同意，而在这片海域日本没有给予中国此种同意。① 日本还在照会中不忘其钓鱼岛主张，认为中国在此基础上确定的领海基线没有法律依据。中国随后也向委员会发出了照会，其中一份照会重申中国对钓鱼岛拥有无可争辩的主权，另一份照会对日方照会中的一些观点予以回应。例如，认为日方所谓“中日在划界案涉及海域相向海岸之间的距离不足 400 海里”的情况，在《公约》和《议事规则》中都没有任何根据，不应影响和妨碍中国提交确定大陆架外部界限的划界案以及委员会对本划界案的审议。② 日本在最后一份照会中除了重复其原有观点外，再次要求委员会不要考虑中国的划界案。韩国虽然也与中国存在大陆架划界争议，但并没有向委员会发出有关照会，主要原因可能是两国在东海大陆架地理特征的认定方面拥有共同的观点，因为双方都认为冲绳海槽将东海大陆架与日本大陆架自然分开。另外根据有关媒体的报道，中韩两国在东海大陆架问题上的协商是比较充分的，两国都不反对对方提出划界案，甚至也不反对委员会对各自划界案的审议和作出建议。③ 韩国确实也在中国提交东海部分海域大陆架划界案后 12 天即提交了自己关于东海方向的大陆架划界案，而中国虽然向委员会发出了有关照会，但并没有要求委员会不要考虑其划界案。这说明中韩两国在东海大陆架划界问题上确实有一定的默契。

2013 年第 32 届会议上，委员会听取了中国代表团对东海部分海域划界案的陈述。中国代表团除介绍划界案外，还表示，划界案中扩展大陆架是中国大陆领土的自然延伸，该划界案并未提及钓鱼

① 参见日本常驻联合国代表团 2012 年 12 月 28 日给委员会的照会，大陆架界限委员会网站：http：//www. un. org/Depts/los/clcs_new/submissions_files/chn63_12/jpn_re_chn_28_12_2012. pdf。

② 参见中国常驻联合国代表团 2013 年 8 月 5 日给委员会的照会，大陆架界限委员会网站：http：//www. un. org/Depts/los/clcs_new/submissions_files/chn63_12/chn_re_clcs63_08_2013_c. pdf。

③ 参见“韩国拟提交东海大陆架划界案与中国联手抗日”，腾讯网：http：//news. qq. com/a/20121126/000307. htm，2014 年 12 月 13 日最后访问。

岛及其附属岛屿。① 委员会考虑到所述普通照会以及代表团的陈述，最后决定，对该划界案及普通照会的进一步审议将推迟至该划界案按收件顺序排到下一个待审划界案之时。② 这个决定事实上是暂时不考虑中国划界案。

结合《公约》、《议事规则》的有关规定和委员会建议的性质问题，可以对中国东海部分海域划界案做以下几个方面的分析：

一、提交划界案有利于中国向国际社会重申权利主张

《公约》第 76 条第 8 款第一句的规定是，“从测算领海宽度的基线量起二百海里以外大陆架界限的情报应由沿海国提交根据附件二在公平地区代表制基础上成立的大陆架界限委员会。”这说明，根据《公约》的规定，沿海国有义务将其 200 海里以外大陆架外部界限的情报提交给委员会。而且，《公约》也没有排除有关国家在通过协议解决了相互间的大陆架划界争议的情况下可以免除这种义务。也就是说，无论沿海国与其他国家是否存在划界争议以及是否已经解决这种争议，只要沿海国主张拥有超过 200 海里以外的大陆架，都有义务将其中的情报提交给委员会。规定该义务不仅是为了促使沿海国尽快确定其大陆架外部界限，也是为了国际社会能知晓沿海国大陆架外部界限的范围在哪里，从而方便各国遵守，确保沿海国外大陆架权利不受侵犯。《公约》第 76 条第 9 款的规定即是为此而设。该款规定：“沿海国应将永久标明其大陆架外部界限的海图和有关情报，包括大地基准点，交存于联合国秘书长。秘书长应将这些情报妥为公布。”《公约》附件二第 4 条更是为这种义务规定了时间表，该条规定：“拟按照第七十六条划定其二百海里以外大陆架外部界限的沿海国，应将这种界限的详情连同支持这种界限的

① 参见 2013 年大陆架界限委员会文件，CLCS/80，第 11～12 页，大陆架界限委员会网站：http：//daccess-dds-ny. un. org/doc/UNDOC/GEN/N13/485/25/PDF/N1348525. pdf? OpenElement。

② 参见 2013 年大陆架界限委员会文件，CLCS/80，第 12 页，大陆架界限委员会网站：http：//daccess-dds-ny. un. org/doc/UNDOC/GEN/N13/485/25/PDF/N1348525. pdf? OpenElement。

科学和技术资料，尽早提交委员会，而且无论如何应于本公约对该国生效后十年内提出……”根据缔约国会议第 11 次会议的决定，对于《公约》在 1999 年 5 月 13 日以前开始对其生效的缔约国来说，这个十年的起算期限是 1999 年 5 月 13 日。① 当然，后来由于委员会工作量大和各国尤其是发展中国家提交资料面临具体困难，在缔约国第 18 次会议上，各国又达成谅解可以先提交初步资料而非正式的划界案。② 在《议事规则》第 46 条、第 47 条和附件一中，委员会对沿海国的提交义务做了更为周详的规定。这种周详体现为两点：一是继续重申和肯定存在海岸相向或相邻国家间的争端或其他未解决的陆地或海洋争端的情况下提交划界案的义务，同时对这种提交所面临的各种情况做了具体规定；二是在时间上对有争议情况下提交划界案或初步信息的期限做了放宽规定，实际上不受 10 年期限的限制，这等于规定了一个例外；③ 三是规定了履行提交信息或者划界案义务还可以提交部分划界案和与其他国家联合提交划界案这两种方式。由此可见，沿海国向委员会提交 200 海里外大陆架划界案是《公约》及一系列文件明确规定的义务。

中国作为一个沿海国，在 1982 年 12 月 10 日就签署了《公约》，并于 1996 年 5 月 15 日批准了《公约》，根据“条约必须信守原则”和《维也纳条约法公约》的规定，缔约国当然应当履行条约规定的义务。因此，中国向委员会提交包括东海部分海域在内的划界案是履行《公约》义务的行为。当然，权利与义务通常是相对应的。《公

---

① 参见 2001 年《联合国海洋法公约》第 11 次缔约国会议文件，SPLOS/72，第 1 页，联合国网站：http：//www. un. org/zh/documents/view_doc. asp? symbol=SPLOS/72。

② 参见 2008 年《联合国海洋法公约》第 18 次缔约国会议文件，SPLOS/183，第 1～2 页，联合国网站：http：//www. un. org/zh/documents/view_doc. asp? symbol=SPLOS/183。

③ 《议事规则》附件一第 3 段规定，虽有《公约》附件二第四条规定的十年期间，沿海国可以就其一部分的大陆架提出划界案，以避免妨害在大陆架其他部分划定国家间边界的问题，有关大陆架其他部分的划界案可以在以后提出。

约》并不是要求沿海国为履行义务而履行义务，而是因为沿海国只有通过履行提交划界案的义务，才有可能从法律上真正获得 200 海里外大陆架权利。所以，沿海国提交划界案的行为，本身就是一种主张权利的行为。在东海方向，中国一直以来就主张东海大陆架是中国陆地领土的自然延伸，冲绳海槽是中日两国大陆架的天然分界线，这种主张已经在中国历届政府的声明和有关文件中无数次得到体现。中国政府这次提交东海部分海域划界案的行为，毫无疑问再次重申了中国的权利主张。国家海洋局海洋发展战略研究所的专家对此予以了肯定，认为提交划界案不仅是为了划定 200 海里以外大陆架的外部界限，更重要的是重申一国大陆架权利主张的重要手段。①

二、中国划界案难以进入委员会实质性审议环节

根据《议事规则》附件一第 5 条(a)款，如果沿海国提交的划界案与有关国家存在划界争议，除非提案国之前已经获得所有争议国家的同意，否则该划界案将不被委员会做实质性审议。虽然有专家指出，“本东海部分划界案所包含的外大陆架区域涉及争议最少，比较适合作为先期提交的区域”②，但不得不面对的事实是，日本对中国提交的划界案多次提出反对照会，其中一条理由就是，根据《议事规则》附件一第 5 条(a)款，中日东海大陆架划界存在争议，该案如要获得委员会的审议，那么必须先得到日本的同意，但日本先前并没有给予中国此种同意，因此委员会对中国划界案应不予审议。对于东海划界案存在的争议，中国根据《议事规则》附件一第 2 条的规定，在提交的划界案中明确告知委员会，中国与韩国、日本在本划界案涉及的海域尚未完成大陆架划界，同时向委员会承诺，

① 参见《中国提交东海部分划界案举措意义重大》，中华网：http://military.china.com/news/568/20121219/17590303.html，2014 年 12 月 14 日最后访问。

② 《中国提交东海部分划界案举措意义重大》，中华网：http://military.china.com/news/568/20121219/17590303.html，2014 年 12 月 14 日最后访问。

委员会对本划界案的建议将不妨碍今后中国与相关国家之间的大陆架划界。但这依然无济于事，因为中国确实没有满足获得日本、韩国同意委员会审议划界案这个先决条件，所以以目前情况看，中国划界案得到委员会建议的可能性微乎其微。

如果得不到委员会的建议，那么就不具备接受委员会建议并使其对中国生效的机会，因而也无法在其基础上划定自己的大陆架外部界限。这样一来，中国就没法获得相应的外大陆架权利了。从这方面看，大陆架划界争议问题还能从程序法角度阻碍委员会审议沿海国划界案。当然，这种阻碍并不是绝对的，如果提案国获得争端当事国同意，那么这种程序上的阻碍是可以去除的。

三、委员会针对中国划界案作出建议的假设分析

虽然可能性很小，但若中国取得与自己有大陆架划界争议的韩国、日本的同意，使划界案进入委员会实质审议环节，那么结果会如何呢？我们不妨做一番假设分析。在这种情况下，委员会当然可以进一步审议中国划界案。按照委员会的做法，应该是先设立专门的小组委员会审议中国划界案并作出建议，最后经委员会全体审议通过。然而，根据对委员会建议的性质和影响其效力的因素的研究可知，大陆架划界争议是影响委员会建议效力的因素之一，具有阻止委员会建议生效的效果，所以中国即便获得委员会支持的建议，并且愿意接受这种建议，该建议也无法对中国产生法律效力，中国因而不能在此基础上划定大陆架外部界限并获得相应的外大陆架权利。如果委员会作出了建议，但是中国不满意，那么中国就不会接受该建议，该建议又因缺乏沿海国接受这个生效条件而不可能产生法律效力，最后中国也无法获得相应的外大陆架权利。

通过这种假设分析可知，划界争议的存在不仅能从程序法上影响建议的效力，因为它能使委员会根本无法作出建议，而且还能从实体法上阻止委员会的建议生效。当然，程序法上的影响相对较弱一点，因为它可以因争端当事国的同意审议而排除，实体法上的影响则比较强，即便委员会作出了建议，也无法对沿海国生效。

四、中国提交划界案的法律效果不应高估

从履行《公约》义务和维护我国大陆架权利看，中国 2009 年提交的初步信息其实已经足以表明我国已经履行条约义务，也能够确保我国未来主张 200 海里外大陆架权利的机会。而且，中国提交的划界案很明显与日本、韩国存在划界争议，一方面很难进入委员会实质性审议环节，另一方面即便委员会作出任何建议，对解决划界争端也无任何帮助。可以说，从国际法角度看，中国此时提交划界案除了起到履行公约义务和重申大陆架权利主张两个作用外，对维护我国海洋权益似乎没有很明显的有利之处。但是，中国为什么依然要选择此时提交划界案？是因为受中日钓鱼岛争端的影响？应该说这种可能性比较大。外交部有关官员就表示，这是为了表明中国政府维护国家主权的坚定决心和意志。① 从政治角度看，此时提交划界案短期内确实能取得一定效果，尤其在当时中日钓鱼岛争端比较敏感的时刻，让民众感受到政府有所作为。因此，中国此时提交东海部分海域划界案，所取得的政治效果似乎超过法律效果。然而，这种所谓的政治效果也是极其有限的，除了在国际上重申权利主张外，对促进争端解决其实并无任何益处，有时候反过来甚至会促使争端另一方极力反对委员会审议中国划界案，日本给委员会的照会就已经很好的说明了这一点。也就是说，对于存在划界争议的划界案的提交，特别要注意考虑争端当事国之间的政治环境。在政治环境比较恶劣的情形下提交划界案，不但不能达到理想效果，反而会激发阻碍力量，相反，如果在政治环境比较好的情形下提交，则有可能消融这种阻碍力量，使划界案得到审议。例如，中韩相互间对对方划界案就表示了一种宽容的态度。在比较理想的情形下，如果争端对方同意委员会审议有争议的划界案，那么提案国在获得委员会建议的情形下，在日后的谈判中是可能占有一定优势的。当

① 参见《外交部：中国政府提交东海外大陆架划界案体现了维护国家海洋权益的坚定决心和意志》，新华网：http://news.xinhuanet.com/world/2012-09/16/c_113095503.htm，2014 年 12 月 15 日最后访问。

然，这并不是说中国提交东海部分划界案是错误的选择，毕竟中日关系很难达到同意对方审议委员会提交有争议的划界案的程度，而且即便中日中的任何一方获得委员会的建议，最终大陆架划界争议也依然需要通过谈判和协议来解决。所以，与其如此，还不如在两国间围绕钓鱼岛问题比较敏感的时刻提交，还能取得政治上的维权效果和法律上的重申权利主张效果。

因此，中国作为沿海国，虽然已经向委员会提交了东海部分海域划界案，履行了自己的条约义务，重申了自己的主张和权利，但客观地讲，根据对委员会处理划界案的方式和委员会建议的性质问题的研究，该划界案在委员会很难获得对中国有利的法律支持，我们不能期望通过委员会来解决东海大陆架的划界问题。在这个问题上，走政治协商解决的道路恐怕是一个无法回避的选择。

第四节　中国在委员会建议的性质问题上应当采取的措施

中国虽然是一个拥有漫长海岸线的国家，但由于周边海洋环境比较复杂，对于《公约》为沿海国所规定的外大陆架制度，中国似乎并没有享受到多少好处。例如，尽管中国提交了东海部分海域划界案，但由于划界争议的存在，中国并不能像澳大利亚等国家一样，只要有证据证明本国陆地领土自然延伸超过 200 海里就能比较顺利地获得委员会支持的建议，从而获取相应的外大陆架权利。事实上，一些代表我国参与海洋法公约谈判的专家也承认，在 200 海里海洋权益问题上，中国其实是一个地理不利国。① 因此，中国的主张在国际上获得认同面临的困难也不少，尽管这种认同需以科学证据为准而非以国际舆论为准。另外，在东海或者南海方向，周边一些国家还通过向委员会提交划界案的方式来主张或者试图侵占属

① 参见《联合国海洋法公约谈判始末：中日交锋大陆架划界》，腾讯网，http://news.qq.com/a/20121211/000740_all.htm，2014 年 12 月 16 日最后访问。

于中国的海域。因此，虽然从理论上看，外大陆架制度对中国既有利也有弊，但是从目前周边国家提交大陆架划界案和南北两极大陆架划界案的实践角度看，外大陆架制度给中国带来的不利之处似乎更多。那么，面对各国积极主张外大陆架权利和向委员会提交划界案，中国应该如何在纷繁复杂的国际社会中更好地维护自身权益呢？鉴于委员会建议在外大陆架制度中的核心作用和地位，正确认识它的性质问题并根据不同的情况采取相应的对策或措施就显得相当重要。

一、与我国有划界争议情形下的应对措施

在委员会建议及其性质问题上对中国海洋权益造成影响的首先是那些与我国有划界争议的划界案。虽然划界争议的存在会影响委员会的建议对这些国家产生法律效力，导致这些国家无法在建议的基础上划定大陆架外部界限，但这些国家如果获得委员会支持的建议，就可以证明划界案中主张的大陆架区块至少在地理上是这些国家陆地领土的自然延伸，从而说明其主张是有一定的法理依据的。这样，在以后的协商中，这些国家就可能多了一个向我国谈判的重要筹码，增加我国主张的通过协议解决问题的难度。因此，总体上来说，对这种情形下的划界案，我国应当采取的措施就是尽力向委员会说明存在划界争议，同时请求委员会不要考虑这种划界案，也就是尽最大努力阻止委员会审议这类划界案，将危险消除在程序环节。因为存在划界争议的划界案早晚都需要争端当事国通过协议去解决，委员会的建议在其中并不起决定性作用。当然，我们也无法否认一些争端当事国之间会有一方同意委员会审议另一方划界案并作出建议，但这只是代表他们愿意参考委员会的建议而已，并不代表争端就依照该建议去解决。如果他们最后是完全根据委员会的建议解决划界争议的，那么说明他们之间存在一个按照委员会的建议解决争议的协议，最终是这个协议而非委员会的建议解决争端并约束争端当事国的。当然，具体情形下应该采取何种措施还要根据具体的划界案来决定。

目前，我国周边国家中韩国、越南、马来西亚已经提交了与我

国有争议的划界案，其他国家日本、菲律宾、文莱、印度尼西亚等也都可能向委员会提交这种划界案。除韩国划界案外，我国对其他国家提交的划界案基本上是按照尽力阻止委员会审议这个思路进行的。对韩国划界案只是向委员会说明争议的存在而没有明确要求委员会不予考虑的原因应该是韩国对东海大陆架的看法与我国相似，两国都认为冲绳海槽是东海大陆架与日本所处大陆架的自然隔断单元，在这方面意见上的统一可以在与日本的斗争中增加一份力量。越南北部海域划界案、马来西亚涉南海划界案和越马联合案与韩国划界案至少有两方面不同。首先，韩国划界案与中国不存在岛屿争端问题，只是单纯的大陆架划界争端，而且韩国根据其本国地理状况在东海划出外大陆架似乎也并非完全没有法律依据，而越南案和越马联合案都明显侵犯中国对南沙群岛及其海域的主权、主权权利和管辖权，至少是涉及与中国的岛屿争端，相应的，他们在此基础上划定外大陆架就是一种侵权的行为。其次，两类划界案所处的国际关系状况不一样。东海方面，中国和韩国在冲绳海槽问题上具有共识，与日本针锋相对，而在南海方向，这种关系似乎颠倒过来了，是越南和马来西亚共同针对中国。基于以上两点，再加上委员会建议的性质特点，中国当然要阻止委员会审议越南案、马来西亚案和越马联合案，以免这两个国家以后在与我国协商的过程中握有不应属于他们的谈判筹码。不仅如此，对于以后其他周边国家提交的与我国有争议的划界案，我们也应当遵循这个思路。除非存在像韩国案这种特殊情况，否则以在程序上阻止这类划界案进入委员会审议环节最为妥当。

二、与我国无划界争议但可能影响我国权益时的应对措施

由于沿海国的外大陆架划界行为与作为人类共同继承财产的国际海底区域面积大小呈反相关关系，因此，影响我国海洋权益的不仅仅是与我国存在划界争议的划界案。有的时候，一些国家提交的划界案虽然与我国不存在划界争议，但同样可能直接或者间接影响我国海洋权益。日本以冲之鸟礁为基点划定外大陆架的行为就是一个典型例子。如果日本以岛礁为基点成功划定外大陆架，不仅其所

申请的海域严重影响中国进出西太平洋的战略通道和中国在相关海域开采资源的优先权利，而且这种以岛礁为基点申请外大陆架的模式一旦成功建立，就完全可能被日本自己和其他国家复制，这样一来，国际海底区域的面积势必会大大缩小，而中国作为在外大陆架划界问题上不利的国家，所能享受到的权利也就相应减少。又如，关于南极地区的划界案，就可能在法律依据并不充分的情形下，将原本不属于任何国家主权、主权权利或管辖权之下的大陆架划归个别国家，减少国际海底区域面积大小，从而影响到中国的海洋权利。

对于没有涉及两极地区的与中国不存在划界争议的划界案，中国不能像对待有划界争议的划界案那样，以存在划界争议为由要求委员会不要审议所提交的划界案或者主张委员会建议不能产生法律效力，只能寻找其他法律上的理由或者采取其他应对措施。在应对日本以冲之鸟礁为基点申请划界案方面，我国采取的措施应该算是比较成功的，至少目前可以这么认为。在该案上，日本成功获得了与该区块可能有划界争议的美国和帕劳同意委员会审议其划界案，可以说已经做足了工作，眼看就要达成目的。然而，日本没有想到的是，中国率先提出照会，以冲之鸟礁不符合《公约》第 121 条第 3 款的规定从而不具备申请大陆架划界资格为由，要求委员会不要审议涉及该区域的划界案。韩国随后也向委员会提出了与中国相似的理由和要求。虽然日本也提出了委员会不应该听取中国和韩国意见的一些理由，并且我们也无法考证委员会是否基于中韩的要求而没有采取行动，但在美国和帕劳这样存在划界争议的国家都同意审议日本划界案，委员会极易“被麻痹”的情形下，中韩意见对委员会最后关注到岛礁是否能拥有大陆架的问题至少起了一种提醒作用。因此，以后中国如果遇到类似的问题或者其他不符合《公约》规定的外大陆架划界问题，不管是否在本国周边，是否直接影响中国的海洋权益，都应当大胆而及时地向委员会和国际社会提出来。否则，一旦对中国不利的案例被确立，最终肯定会损害中国的权利。这也是中国在参与塑造国际法过程中，为维护国家利益而应当扮演的角色。

对于涉及南极地区的划界案，中国当然应当坚决捍卫南极条约体系，利用南极条约体系对委员会建议效力的阻却作用，尽力阻止其他国家获得南极地区的外大陆架。然而，从几个国家提交的划界案情况看，中国在此问题上反应似乎比较迟钝。例如，对澳大利亚提交的涉及南极的划界案，中国没有发出任何照会，也没有发表任何意见，似乎任凭事态发展。与我国相反，德国、美国、俄罗斯、荷兰、印度和日本等6个国家则明确发出照会，反对委员会审议澳大利亚案中涉及南极的部分。如果说中国是为维护与澳大利亚的友好关系而不愿意发出反对的照会的话，那么从国际关系角度看，美欧等国与澳大利亚的关系毫无疑问超越了中国与澳大利亚的关系，而且它们也同样是北半球国家，这些国家尚且能在此问题上直接表明态度，更不用说中国了。所以，中国应当改变在南极问题上消极被动的做法，代之以积极应对的策略，利用我国日益强大的国际影响力，在国际上勤发声，增强南极条约体系的维护力量。

对于涉及北极地区的划界案，应当采取何种应对措施，要根据北极的具体情况进行分析。北极地区是地球上的“未定区域”之一，从国际法看，北极地区尚未形成一个完整的、被世人公认的条约体系。① 对于北极的法律属性，有的学者认为，应该尽快在联合国的主持下成立一个北极委员会，并就《北极条约》进行谈判，该条约在承认北极国家有权根据《公约》划定内水、领海、专属经济区和大陆架的前提下，冻结或者取消《公约》有关外大陆架划界规定在北极海域的适用，同时确立各国管辖范围之外的北极海域(包括根据《公约》应属于公海、国际海底区域和外大陆架的部分)作为“人类共同继承财产”的法律地位。② 有的学者认为，“北极属于全人类”、“北极是人类共同继承财产”等观点，会加重北极国家对包括

① 参见柳思思：《“近北极机制”的提出与中国参与北极》，载《社会科学》2012年第10期，第28页。

② 参见黄志雄：《北极问题的国际法分析和思考》，载《国际论坛》2009年第6期，第11~12页。

中国在内的非北极国家的误解和担忧。① 由于《公约》并没有明确排除在北极的适用，北极不像南极那样，存在一个南极条约体系，因此对于北极国家根据该《公约》享有的领海、毗连区、专属经济区、大陆架等权利，其他国家事实上面临不得不尊重的境地。要想从法理上否认北极国家在北冰洋边缘海域享有基于《公约》规定的权利至难。② 事实上，从俄罗斯和挪威已提交的针对北极海域的两个外大陆架划界申请案所获得的反响情况中，不难提炼出这样的信息：即无论是俄罗斯还是挪威在北极海域的外大陆架划界主张，都未收到非北极国家的反应照会和评论意见。③ 另外，从政治形势看，目前的北极事务很大程度上被北极沿岸国家和北极理事会所控制。北极理事会成立于 1996 年，是由美国、加拿大、丹麦、芬兰、冰岛、挪威、瑞典及俄罗斯 8 个成员国组成的政府间组织，主要协商讨论与北极有关的事务。一方面，这些国家在内部为争夺北极权利，竞争非常激烈；另一方面，他们又一致对外，试图将非北极国家排除在北极核心权利范围之外，仅允许其他国家参与北极环境保护、科学考察等非主权方面的内容。非北极国家虽然内心希望北极地区变成像南极地区一样，可以共享北极各种权利，但面临的阻力显然也非常大，在外大陆架划界方面尤其如此。目前非北极国家也很难拿出有效的针对涉北极地区划界案的政治措施，毕竟北极国家以强国和发达国家居多。面对北极地区的国际法和国际政治现实对非北极国家均不利的状况，一些学者提出了“近北极国家”的主张，认为这种身份定位既充分反映我国较其他非北极国家与北极联系更为密切，又巧妙显示我国与北极国家的区别，表明我国与北极地区特殊的地缘关系，减少外方对我国参与北极事务的疑虑。④ “近北

① 参见贾桂德、石午虹：《对新形势下中国参与北极事务的思考》，载《国际展望》2014 年第 4 期，第 25~26 页。

② 参见黄德明、章成：《北极海域 200 海里外大陆架划界与北极区域法律制度的建构》，载《法学家》2013 年第 6 期，第 169 页。

③ 参见黄德明、章成：《北极海域 200 海里外大陆架划界与北极区域法律制度的建构》，载《法学家》2013 年第 6 期，第 171 页。

④ 参见贾桂德、石午虹：《对新形势下中国参与北极事务的思考》，载《国际展望》2014 年第 4 期，第 26 页。

极国家”理论要求在尊重北极国家的主权、主权权利和管辖权的基础上，谋求非北极国家的权利，其实质是维持北极国家与非北极国家间权利的平衡。根据该观点，《公约》是处理北极问题的国际法基础，那么主张在北极地区的外大陆架就是符合逻辑的。如果北极海域沿岸国家最终都能够按照其已申请或正在计划中的方案取得各自主张的200海里外大陆架面积，那么将来北冰洋的国际海底区域就将比现在大幅缩水90%。① 也就是说，北极的国际海底区域基本上会被北极国家瓜分殆尽，而非北极国家是否愿意接受这样一个后果似乎又是一个问题。毫无疑问可以预见的是，接下来的北极权利争夺中，大陆架界限委员会将起极其重要的推动作用，而且这种作用会朝对北极国家有利的方向发展，非北极国家如果再不行动起来，北极国际海底区域必将大幅缩小。总之，北极各种利益结合在一起，对世界影响重大，天平似乎朝北极国家倾斜。然而，虽然北极与北极国家利益直接相关，但有一点也不要忽略了，即“北极不仅仅是北极国家的北极，也是全球的北极，北极的国际合作需要国际社会广泛平等的参与”②。尤其在环境保护、北极通航、资源开采等问题上，离不开非北极国家的参与。中国作为非北极但又邻近北极的国家，对北极有重大战略利益，当然应当积极参与北极事务，在成为北极理事会正式观察员后更应当如此。③ 具体到北极海域外大陆架划界问题上，应当巧妙利用北极问题的全球性特点，采取将外大陆架划界问题与北极通航、环境保护、资源开采等问题结合起来进行协商的策略，而不应单独就外大陆架问题进行博弈，毕竟北极国家在许多问题上离不开非北极国家的合作。

---

① 参见 Kurt M. Shusterich, International Jurisdictions Issues in the Arctic Ocean, United States Arctic Interests: The 1980s and 1990s, London: Taylor & Francis, 1984, p. 252。

② 陈玉刚：《北极理事会与北极国际合作研究》，载《国际观察》2011年第4期，第23页。

③ 参见《中国成为北极理事会正式观察员国》，新华网：http://news.xinhuanet.com/world/2013-05/15/c_115782682.htm，2014年12月24日最后访问。

三、本国提交划界案时应当采取的措施

在外大陆架问题上，除应对来自其他国家提交的划界案对我国海洋权益可能造成的影响外，我国自身应通过积极提交外大陆架划界案争取海洋权益，东海部分海域大陆架划界案即是一次有益的尝试。中国在向委员会提交的初步信息中，明确了东海方向有外大陆架并延伸到冲绳海槽，同时也表示，保留在东海和其他海域提交二百海里以外大陆架外部界限划界案的权利。① 这说明，中国还可能提交其他海域划界案。例如，在台湾岛的东部、东南部方向不能排除存在外大陆架。还有，在南海方向，鉴于越南已经提交了北部区域划界案和越马联合案，也不能完全排除中国在此海域提交划界案。那么，根据委员会建议的性质特点，结合其他国家提交划界案的经验和中国东海部分海域划界案的实践，中国未来提交划界案应当采取哪些措施或者注意哪些问题呢？

首先，要做好科学调查和数据准备。不管是否存在划界争议，任何划界案都要有充足的证据证明有关外大陆架是我国陆地领土的自然延伸，否则就可能像俄罗斯外大陆架划界案刚开始那样，被委员会认为证据不足而无法获得委员会建议。

其次，在有划界争议的情形下，要选择有利的政治时机提交划界案。一方面，划界争议不但能阻止委员会审议沿海国划界案，而且还能排除委员会建议对沿海国生效，导致沿海国无法获取相应的外大陆架权利。另一方面，在有争议的情形下，如果取得了争端当事国对委员会审议我国划界案的同意，那么在以后的协商过程中，我国至少多了一个主张权利的有利理由。在东海、南海方向，中国与周边国家都存在领土或者海洋争端，除非像东海部分海域划界案那样，因为政治形势的迫切需要而提交划界案，否则应尽可能在我

---

① 参见《中华人民共和国关于确定二百海里以外大陆架外部界限的初步信息》（中文），第 4 页，大陆架界限委员会网站：http：//www. un. org/Depts/los/clcs _ new/submissions _ files/preliminary/chn2009preliminaryinformation_chinese. pdf。

国与争议国家政治氛围较好的国际环境下，取得争端当事国的同意后，再提交划界案，这样虽然不能最终解决划界争议，但至少能取得一定的谈判筹码。

第三，即便中国未来提交的划界案获得了委员会的建议，也应认真审视后再决定是否接受。通常来说，获得委员会的建议意味着可以享有一定的外大陆架权利，但权利也伴随一定的义务。因为沿海国一旦接受委员会的建议，就应当受其约束，并在此基础上划定外部界限，而这条界限是具有终局性和约束力的，难以更改的，不论是提案国还是其他国家都应当予以遵守的。在科技迅猛发展的今天，不排除在委员会作出建议后，沿海国大陆架外部界限还有发生变动的可能，一旦发现该界限外还有权利，难以再次申请。因此这种情形下，要穷尽一切科技手段确定按照公约公式没有再多外大陆架的情况下，再予以接受。毕竟委员会建议作出后但没有被接受前也能产生一定的法律后果，其他国家和国际海底管理局都不会轻易触动受到建议支持的划界案所涵盖的区块。如果接受了委员会建议后又否认，那么就很可能违反习惯国际法上禁止反言的原则，引起不必要纠葛，也有可能损害我国一贯遵守国际法的形象。因此，中国即便获得委员会的建议，在接受之前，也应预留一段足够的时间来检视将要划定的大陆架外部界限是否最大限度反映了国家利益。

在当今世界各国越来越积极主张外大陆架权利的环境下，为维护国家海洋权益，中国应当采取更加积极的态度和更加灵活的应对措施。总的来说，可以把思路分为两个方面，一是如何应对其他国家提交的划界案，二是自身如何通过提交划界案实现最大权利。对于前者，又可以分为应对与我国有划界争议和没有划界争议的划界案。对有划界争议的划界案通常的做法当然是以存在争议为由阻止其进入委员会审议环节。对没有划界争议但又可能不正当或者不合理影响中国权利的划界案，中国也应当尽量采取包括法律措施在内的各种方法进行阻止。自身提交划界案方面，如果所提交的划界案与周边国家存在划界争议，那么应当注重选择提交划界案的有利时机，确保实现最大的效果。

本章小结

委员会建议的性质问题对中国产生的影响与中国所处的国际环境和海洋地理环境紧密相关。总体上看，在外大陆架问题上，中国在地理上并不是一个有利的国家，众多的周边国家与中国存在的海洋和领土争端严重制约了中国扩展外大陆架权利的机会和空间，而且这些国家还试图反过来利用委员会及其建议的性质特点来达到其主张或侵蚀中国海洋权利的目的。如果将视野扩大到全球，我们还会发现，有些划界案虽然与中国并不存在划界争议，但是同样会对中国海洋权益造成重大影响，尤其是对我国具有战略意义的邻近地理区块和对全球环境与安全有重要影响的南极和北极两大海域。个别国家不合理利用《公约》申请外大陆架的企图也可能树立典型的坏例，直接或间接影响到中国的海洋权利。中国为维护自身海洋权益，也向委员会提交了大陆架划界案，但由于划界争议等因素的影响，除在国际上重申权利主张和履行《公约》义务外，很难取得理想的法律效果。面对这种纷繁复杂的形势，中国也并非没有破解之策。由于划界争议会阻止委员会建议对沿海国生效，中国与周边国家间的外大陆架争议问题通过委员会解决不具有现实性，当事各方最后依然要返回谈判桌。因此，处理与周边国家的划界案问题就成为争取谈判桌上有利筹码的问题，这个筹码就是委员会的建议，谁拥有它谁就能多一份筹码，尽管这个筹码此时不具有决定性作用。简单说来，应对他国提交的划界案最好的措施是阻止其进入委员会审议环节，而本国提交划界案时则是尽力争取争端对方同意委员会审议并尽力获得建议。这是一个矛和盾的两难问题，需要我国利用时间和空间，结合其他措施，进行精妙运作方有可能实现。对于那些与我国没有划界争议但又可能不合理影响我国海洋权利的划界案，我们应当积极采取各种法律措施并告知委员会，以尽可能影响委员会的决策。

结　　论

英国古典政治经济学家威廉·配第有一句名言：土地是财富之母。实际上，对于国家来说，土地的价值远远超出财富的范畴。土地不仅是国家的基本构成要素之一，而且决定了地缘政治利益，对国家生存和发展产生重大而持久的影响。不仅陆地上的土地，海洋下的土地对国家而言也具有同样的重要性。在陆地和海洋被基本"瓜分"完毕的情形下，200 海里外大陆架目前已成为世界各国最后争夺的宝地。根据《公约》成立的大陆架界限委员会是处理沿海国 200 海里外大陆架外部界限的专门机构，沿海国要想获得 200 海里外大陆架权利，必须向委员会提交划界案并获得委员会的建议。委员会建议具有如此重要的作用，以致与其名称"建议"的性质非常不相称，尤其在委员会的实践越来越深入的情形下，把委员会建议的性质理解为仅仅具有建议性既不符合《公约》的原本意图，更不符合现实发展的需要。由于《公约》在此问题上的模糊性，委员会建议的性质问题所引发的争论或者理解上的混乱已经出现了由学术层面向实践层面渗透的苗头，因此，对该问题进行专门研究可谓恰逢其时，具有相当的必要性。

看问题的视角总是存在多个维度。为解决委员会建议到底仅仅是一种建议性建议，还是能够产生法律效力这个基本问题或者说委员会建议的性质问题，本书从法理、历史、实践、比较等多个角度出发，做了全面、客观、详细的论证。

由于委员会及其建议的有关内容规定在《海洋法公约》的条文中，因此，从法理或者规范分析的视角出发去探寻委员会建议的性质问题是一种自然而然的选择。通过仔细辨别委员会建议的英文和中文译文的概念和含义，可以发现，单纯从词义角度看，它们在性质上通常都是一种“建议性”的意见或者主张，而这与委员会建议在沿海国200海里外大陆架权利的获取中所处的地位极不相称。对此，一些学者在对大陆架界限委员会或者沿海国200海里外大陆架相关问题研究时就已经提出或者涉及到委员会建议的性质问题，并且形成了各自观点。通过认真辨别和归类，我们可以将他们划分为五类观点：一是认为委员会建议的性质是确认沿海国外大陆架权利主张的合法性；二是认为委员会的建议具有准司法或者类似准司法的性质；三是认为委员会建议具有或者能够产生法律效力；四是认为委员会建议仅仅具有建议性；五是认为委员会的建议纯粹是一种技术性意见。不管这五大类观点科学与否，它们都为全面系统研究和阐述委员会建议的性质问题提供了丰富的素材和有益的启发。委员会建议的性质与委员会本身尤其是其作出建议的行为密切相关。最关键的是，这种行为能够最终引发权利义务关系的变动，导致法律后果产生，这是委员会行为与一般行为的根本区别。由于委员会及其建议的有关问题规定在《公约》具体条款中，因此，对委员会建议进行规范分析具有相当的必要性。通过对《公约》条文本身的研究，我们发现，《公约》不仅在程序法上赋予了委员会建议生效的必然性，而且从实体法上赋予委员会建议影响沿海国外大陆架权利有无和大小的能力。这说明，委员会建议能够产生法律效力实际上是有条约依据的。

虽然不难从《公约》条文中推知委员会建议能够产生法律效力，但毕竟《公约》对此并没有作出直接的规定，因此需要从历史的视角对委员会及其建议进行研究，探寻当初条约立法者的真正意图。委员会成立的历史与大陆架法律制度的产生史紧密相关。大陆架概念虽然最早产生于主权国家内部，但它从一开始就具有了国际性因素，单个国家不能随意地圈定自己的大陆架。大陆架问题的这种特征为后来出现一个国际机构埋下了伏笔。1945年《杜鲁门声明》发表后，关于大陆架的国际法虽然有了长足的发展，但大陆架法律制度直到第三次联合国海洋法会议结束时才得以最终确定。在第三次海洋法会议谈判过程中，由国际机构而不是单个国家来确定沿海国的大陆架外部界限的观点始终占据上风，尤其在受到国际海底区域概念的影响下，这种趋势更加明显，委员会建议最终能够产生法律效力也因此被事实上确定下来。当然，由于一些国家基于维护主权的担心，完全由国际机构决定沿海国大陆架外部界限的观点才被适当修正，这成为委员会建议产生法律约束力需要满足沿海国接受这个条件的缘由。

法律的生命在于实践，实践也是检验法律实效的标准。委员会丰富的实践为判断委员会建议的性质提供了现成的案例参考。通过对俄罗斯划界案、澳大利亚划界案和法国、爱尔兰、西班牙、英国四国联合案以及其他国家划界案的分析可知，委员会在处理沿海国划界案过程中，确实以建议的方式从程序法和实体法两个层面影响着沿海国外大陆架权利的有无和大小，而且这种影响均是根据《公约》规定进行的，这直接印证委员会建议具有产生法律效力的能力。沿海国向委员会提交划界案表明，为获取外大陆架权利，沿海国最终必然要接受委员会建议的约束。对于需要获取外大陆架权利的沿海国来说，其所谓不同意委员会建议的权利，实际上已经演变为一种程序上的再次争取委员会重新审议其划界案并作出建议的权利，与司法中的上诉权或者行政法中的申请复议权具有一定的相似性，只是没有规定“不同意”的次数而已。委员会的实践还表明，其建议产生法律效力的能力事实上得到了加强，一些学者所担心的《公约》规定的“在委员会建议的基础上划定大陆架外部界限”的表述的模糊性问题和因沿海国拥有不同意委员会建议的权利可能导致的“乒乓程序”问题基本上是多余的。还有，委员会在处理划界案的过程中事实上也参与了法律解释并在其中占据主导地位，它还以不直接否定沿海国权利主张而是给与沿海国提交修正案机会的形式巧妙地“剥夺”了沿海国行使不同意委员会建议的权利。

在探究委员会建议的性质问题过程中，将委员会建议与其他机构作出的决定进行对比，可以起到另辟蹊径的效果，尤其有利于厘清委员会建议在性质上是否属于司法或者准司法性、行政性、建议性等问题。在国际法中，各种国际机构作出的决定形式多样，有WTO争端解决机构的建议、行政性许可、联合国大会的建议、人权事务委员会建议，等等。对于WTO争端解决机构的建议，委员会建议与其在能够产生法律效力问题上具有一定的相似性，但在司法性或者准司法性特征方面比较缺乏。对于国际法或者国内法中的行政许可，委员会建议与其产生的形式和过程大体上相似，但委员会建议需要满足沿海国同意才能生效，而行政许可通常没有这种要求。对于联合国大会的建议，通常认为没有法律约束力，不会对国家权利造成法律上影响，因此与委员会建议存在本质上的不同。从外形的相似性角度看，大陆架界限委员会在机构组成方面与人权事务委员会相似点尤其多，但后者的建议对国家来说，一般没有任何法律效力，仅仅具有建议性。由于当前国际法中不存在与委员会建议完全一致的参照物，因此它事实上是独一无二的，这进一步彰显了委员会建议的独特性。

总之，无论从《公约》本身的规定、委员会及其建议产生的历史过程、委员会自身的实践还是与其他国际国内机构决定的对比看，委员会建议都不是一种无关紧要的、可有可无的、建议性的建议，而是在满足一定条件后能够产生法律效力的建议。当然，需要指出的是，在生效对象问题上，委员会建议虽只能约束沿海国本身，但对其他国家也会产生法律影响。沿海国要使其外大陆架权利得到所有缔约国的尊重，需要进一步在委员会建议的基础上划定大陆架外部界限。在生效的时间点问题上，由于只针对沿海国，委员会建议经沿海国接受后即生效。除此之外，委员会建议的效力还要受多种因素的影响。存在大陆架划界争议和海洋或者陆地争端的情形下，委员会建议对沿海国不具有法律效力。在特定海域如南极海域，由于《公约》与南极条约法律制度相互冲突，委员会建议也不应具有法律效力。基于委员会是否在其职能范围内行事，《公约》第十五部分导致有拘束力的争端解决程序虽然在理论上能影响委员会建议的效力，但实践中很难发生。

综上，尽管对委员会建议的性质问题有了一个全面系统的认识，但通过本书研究我们也知道，目前国际法理论界和各国实务界对委员会建议的性质问题依然存在较大分歧。尤其在实践中，相关国家在一些问题上已经发生了争议，这给委员会的工作带来很大的不确定性。为促进《公约》规定的 200 海里外大陆架制度的实施，本书结合得出的研究结论，提出以下几个方面的观点或者建议：

一、委员会建议的性质问题应当在国际法上得到明确和澄清，而且当前条件也已基本成熟。“《公约》是国际社会各种力量妥协折中的产物。”①《公约》立法者当初之所以对委员会建议的性质问题做模糊处理，是因为立法的需要，否则《公约》难以顺利通过。对于为推动立法来说，这种做法在当时复杂局面下无可厚非。然而，站在法的运行的角度看，这种模糊性立法势必难以满足法的实践发展的需要。委员会成立后，已经开始接收和审议沿海国划界案，并且也作出了不少建议，这说明《公约》已经从立法阶段走向了真正的法的运行和实施阶段。既然涉及法的运行，那么就需要比较详细的规则来进行规范。虽然委员会成立后制定了《议事规则》和《科学和技术准则》，很大程度上解决了《公约》第76条的运作问题。但是，这两个“细则”解决的主要是第76条前半部分的运作问题，也就是沿海国提交划界案和委员会接收划界案并且作出建议的问题，至于建议作出后的法律地位问题则完全没有涉及。例如，目前委员会已经作出35份建议，但相关国家最终完成划定大陆架外部界限的只有极少数国家，那么各国该如何对待这些由委员会已经作出但又还没有被沿海国明确表示接受的建议？国际海底管理局又该如何对待这种建议涉及的大陆架区块？又如，有的国家对委员会作出的建议已经明确表示了同意，但是还未在此基础上划定大陆架外部界限，那么这种情况下的建议又具有什么样的法律地位？该建议所涉及的大陆架区块或者权利的定位又该如何？这些都是当前已经出现的问题，但是从《公约》和两个“细则”中都难以找到应对方法。如果能以一定的方式将委员会建议的性质明确规定在国际法中，那么，这些问题都将迎刃而解。而且，一旦委员会建议的性质得到明确，那么建议的遵守问题、执行问题等也都容易解决。鉴于目前委员会已经作出了多份建议，积累了足够的实践，我们认为，在国际法中明确委员会建议性质的条件已经基本成熟。当然，由于修改

① 杨泽伟：《〈联合国海洋法公约〉的主要缺陷及其完善》，载《法学评论》2012年第5期，第63页。

《公约》规定比较困难，而《科学和技术准则》又主要解决技术性问题，因此，委员会可以在《议事规则》上下功夫。就像当初处理法国、爱尔兰、西班牙和英国联合划界案时设定联合划界案申请的大陆架面积之和不能超过各国单独提交划界案面积之和的规则一样，委员会也可以在不超出《公约》权限范围的情况下对其建议的性质问题适当作出规定。

二、鉴于委员会建议能够产生法律效力，国际社会要争取进一步完善委员会及其建议的产生方式，以便委员会作出更加科学准确的建议。“在风云变幻的国际社会中，如果把法律仅仅视为一种永恒性的工具，那么它就不能有效地发挥其作用”①。纵然目前委员会已经成功处理了不少国家的划界案，但其缺陷也是显而易见的，需要我们发展和完善。例如，委员会在履行职能过程中，不可避免要运用和解释《公约》，但《公约》又没有明确授予委员会这方面的权利，以致在实践中委员会经常因此受到指责。在对澳大利亚划界案作出的建议中，委员会对其涉及南极地区划界案一部分表示认可，另一部分不予认可的做法就被一些学者批评。因此，一些学者提出的在委员会中增加拥有法律专业背景的委员的建议也并非不可取，这样对提升委员会处理不可避免的法律问题的能力多少有一些帮助作用。还有，委员会在处理提案国以外国家意见方面也应适当改进。例如，对于提案国以外国家提出的意见，如果没有涉及到划界争端，委员会也应当听取，但是采纳与否全凭委员会决定，而不能对这类意见一概不予理会，毕竟有时候这些意见可以为委员会决策提供有益的参考。在某些情况下，委员会还要防止自己被不合理地利用，成为个别国家不合理扩张权利的工具。例如，针对日本以冲之鸟礁为基础的划界案，委员会如果不慎重处理，就可能确立以不具有人类生存能力的岩礁划定大陆架的危险先例。又比如，在委员会委员的报酬和费用方面，委员会完全应当拥有自己独立的经费预算，而不能一直依赖委员的派遣国承担，这样才能确保委员全心

① 杨泽伟：《论〈联合国海洋法公约〉解决南海争端的非适用性》，载《法学杂志》2012年第10期，第7页。

无私履行职能。在目前划界案越来越多，委员会工作任务非常繁重的现实情形下，这些委员完全可以由兼职变为专职，从而提高委员会的工作效力和独立性。总之，完善大陆架制度，确保委员会建议的科学性和准确性，不仅是为了维护好提案国的权益和国际社会的整体利益，更是为了在委员会建议产生法律效力后，避免因科学性和准确性问题发生不必要的争议和纠纷，损害其权威性，影响其最终落实或执行。

三、沿海国应当加深对委员会建议性质的认识，更好地维护自身权利。中国在外大陆架上面临的问题说明，委员会建议的性质问题直接影响沿海国在维护海洋权益方面应当采取的措施。沿海国基于获取200海里外大陆架权利的目的，虽然已经认识到了委员会建议的重要性，但是对于委员会建议的性质问题，很多国家并没有给予足够的注意或重视。之所以造成这种局面，是因为这些沿海国的注意力都放在获取权利上，对委员会建议作出后的问题考虑较少。然而，正确认识委员会建议的性质对沿海国有诸多的益处。首先，能使沿海国意识到委员会建议的严肃性并在获取委员会建议的问题上秉持慎重态度。例如，如果沿海国仅把委员会的建议当作一种建议性建议，认为其可有可无，那么在编制其本国划界案或者向委员会提交划界案时就可能比较随性或者漫不经心，在是否接受委员会已经作出的建议问题上也可能比较草率。而沿海国如果认识到了委员会建议能够产生法律效力，在获取外大陆架权利的各个环节就会慎之又慎。其次，区分不同情形下委员会建议的性质能使沿海国在提交划界案时采取正确的策略。例如，澳大利亚认识到在南极地区委员会的建议可能不适用，事实上也就是可能不能对澳大利亚产生法律效力，因此主动申请委员会不要审议涉及该地区的划界案，最后成功获取了最大范围的外大陆架权利。再次，明确委员会建议性质的范围能使沿海国有效处理与其他国家和国际社会之间的权利义务关系。委员会建议仅能对沿海国生效，不能对《公约》其他缔约国和非缔约国生效，而在委员会建议基础上划定的大陆架外部界限则能对沿海国和其他缔约国生效。明确这一点，就能清晰地界定委员会建议作出后，沿海国和其他缔约国何时享有权利或者承担义务。总之，正确认识委员会建议的性质对沿海国具有重要意义。

四、通过对委员会建议性质问题的研究可知，《公约》规定的200海里外大陆架制度依然处在发展和变化中，还远没有定型，需要持续密切追踪。从国际法的编纂和形成看，《公约》只是为200海里外大陆架法律制度设定了基本框架，而委员会的工作和实践则是对这个基本框架的不断补充和完善。沿海国越来越多的划界案为这种实践提供了源源不断的动力。在此过程中，委员会一方面遵循《公约》关于外大陆架法律制度的基本规定处理沿海国划界案，另一方面根据实践发展的需要，利用有限的职权对这个制度做了适当变通和发展。例如，针对一些学者所担心的《公约》规定的“沿海国在委员会建议的基础上划定大陆架外部界限”的表述比较模糊的问题，委员会以在建议中推出高度精确的界限的做法使沿海国能顺利划界，从而灵活地解决了这个问题。有关委员会推动200海里外大陆架法律制度发展的努力体现在许多细节中，无法一一论及，但需要指出的是，委员会所做的这些努力基本上都是围绕委员会建议这个核心进行的，最终目的是希望委员会作出有权威的建议，并得到沿海国的接受和遵守。可见，对于委员会已经发生或者正在发生的演变，我们应当仔细观察，及时掌握动态情况，并认真提炼总结，以更好地理解和运用国际法。

参考文献

一、条约及相关文献

(一)条约及有关规定

[1]《大陆架界限委员会议事规则》(2008 年)
[2]《大陆架界限委员会科学和技术准则》(1999 年)
[3]《关于争端解决规则与程序的谅解》(1994 年)
[4]《联合国海洋法公约》(1982 年)
[5]《维也纳条约法公约》(1969 年)
[6]《公民权利和政治权利国际公约》(1966 年)
[7]《南极条约》(1959 年)
[8]《联合国宪章》(1945 年)
[9]《国际法院规约》(1945 年)

(二)外大陆架划界案例

[1]马来西亚划界案(2019 年)
[2]中国划界案(2012 年)
[3]韩国划界案(2012 年)
[4]越南划界案(2009 年)
[5]马来西亚和越南联合划界案(2009 年)
[6]爱尔兰划界案(2009 年)
[7]菲律宾划界案(2009 年)
[8]日本划界案(2008 年)
[9]印度尼西亚划界案(2008 年)
[10]墨西哥划界案(2007 年)
[11]法国、爱尔兰、西班牙、英国联合划界案(2006 年)

[12]巴西划界案(2004年)
[13]澳大利亚划界案(2004年)
[14]俄罗斯划界案(2001年)

(三)网站资源

[1]大陆架界限委员会网站：http://www.un.org/Depts/los/clcs_new/clcs_home.htm。
[2]联合国网站：http://www.un.org/en/。

二、中文部分

(一)著作

[1]杨泽伟.中国国家权益维护的国际法问题研究[M].北京：法律出版社，2019.
[2]杨泽伟.《联合国海洋法公约》若干制度评价与实施问题研究[M].武汉：武汉大学出版社，2018.
[3]杨泽伟.国际法(第三版)[M].北京：高等教育出版社，2017.
[4]杨泽伟.国际法析论(第四版)[M].北京：中国人民大学出版社，2017.
[5]杨泽伟.海上共同开发协定汇编(中英对照)[M].北京：社会科学文献出版社，2016.
[6]杨泽伟.海上共同开发国际法问题研究[M].北京：社会科学文献出版社，2016.
[7]王建廷，许浩.海洋法基本问题研究[M].北京：海洋出版社，2013.
[8]冯学智.中国海洋权益争端的国际法分析[Z].北京：中国政法大学出版社，2013.
[9]刘惠荣，董跃.海洋法视角下的北极法律问题研究[M].北京：中国政法大学出版社，2012.
[10]梁西.国际法[Z].曾令良修订.武汉：武汉大学出版社，2011.
[11]梁西，梁著国际组织法(第六版)[M].杨泽伟修订.武汉：武汉大学出版社，2011.

[12]薛桂芳.《海洋法公约》与国家实践[M]. 北京：海洋出版社，2011.

[13]高之国，贾宇，张海文. 国际海洋法问题研究[Z]. 北京：海洋出版社，2011.

[14]金永明. 海洋法问题专论[M]. 北京：海洋出版社，2011.

[15]佛吉尼亚大学海洋法论文三十年精选集[C]. 傅崐成等编译. 厦门：厦门大学出版社，2010.

[16]高健军.《联合国海洋法公约》争端解决机制研究[M]. 北京：中国政法大学出版社，2010.

[17]杨泽伟. 联合国改革的国际法问题研究[M]. 武汉：武汉大学出版社，2009.

[18]陈德恭. 现代国际海洋法[M]. 北京：海洋出版社，2009.

[19]薛桂芳，胡增详. 海洋法理论与实践[M]. 北京：海洋出版社，2009.

[20]张海文.《联合国海洋法公约》释义集[Z]. 北京：海洋出版社，2006.

[21]慕亚平. 国际法原理[M]. 北京：人民法院出版社，2005.

[22]孙国华，朱景文. 法理学(第二版)[Z]. 北京：中国人民大学出版社，2004.

[23][英]伊恩·布朗利. 国际公法原理[M]. 曾令良，余敏友等译. 北京：法律出版社，2003.

[24]李寿平. 现代国际责任法律制度[M]. 武汉：武汉大学出版社，2003.

[25]张文显. 法哲学范畴研究[M]. 北京：中国政法大学出版社，2001.

[26]万鄂湘，石磊，杨成铭，邓洪武. 国际条约法[M]. 武汉：武汉大学出版社，1998.

[27]李浩培. 国际法的概念和渊源[M]. 贵阳：贵州人民出版社，1994.

[28][奥]阿·菲德罗斯等. 国际法(上册)[M]. 北京：商务印书馆，1981.

（二）期刊论文

[1]杨泽伟. 论“海洋命运共同体”构建中海洋危机管控国际合作的法律问题[J]. 中国海洋大学学报(社会科学版), 2020(3).

[2]杨泽伟. 新时代中国深度参与全球海洋治理体系的变革：理念与路径[J]. 法律科学, 2019(6).

[3]贾桂德, 石午虹. 对新形势下中国参与北极事务的思考[J]. 国际展望, 2014(4).

[4]李金蓉, 罗婷婷, 万芳芳. 200 海里外大陆架划界案审议进程及发展趋势研究[J]. 国际论坛, 2014(3).

[5]桂静, 姜丽, 万芳芳, 王琦, 王群.《公约》背景下加拿大外大陆架收益分享制度及其法律问题探析[J]. 海洋开发与管理, 2013(10).

[6]黄德明, 章成. 北极海域 200 海里外大陆架划界与北极区域法律制度的建构[J]. 法学家, 2013(6).

[7]张耀. 我国要积极参与北极事务[J]. 中国国情国力, 2013(6).

[8]桂静. 外大陆架划界中的不确定因素及其在北极的国际实践[J]. 法治研究, 2013(5).

[9]方银霞, 李家彪, 黎明碧, 唐勇, 尹洁. 大陆架界限委员会审议划界案的原则和方法——委员会建议摘要案例分析[J]. 海洋学研究, 2013(2).

[10]吴卡. 冲之鸟不应拥有外大陆架——从大陆架界限委员会的职能展开[J]. 大连海事大学学报(社会科学版), 2013(2).

[11]刘秀. 可持续利用和保护南极资源的法律研究及中国的战略选择[J]. 青岛科技大学学报(社会科学版), 2013(1).

[12]廖强. 北极大陆架法律制度[J]. 辽宁行政学院学报, 2012(12).

[13]杨泽伟. 论《联合国海洋法公约》解决南海争端的非适用性[J]. 法学杂志, 2012(10).

[14]丘君, 张海文. 提交东海 200 海里外大陆架划界案是应然之举[J]. 海洋开发与管理, 2012(10).

[15]柳思思. “近北极机制”的提出与中国参与北极[J]. 社会科学,

2012(10).
[16]李金蓉．我国提交东海部分海域二百海里以外大陆架划界案有充分的科学和法律依据[J]．海洋开发与管理，2012(10).
[17]潘军．《联合国海洋法公约》第76条与《大陆架界限委员会科学和技术准则》探析[J]．鸡西大学学报，2012(9).
[18]潘军．联合国大陆架界限委员会评析[J]．长春理工大学学报(社会科学版)，2012(9).
[19]潘军．一次卓有成效的国家实践——200海里外大陆架法律制度下澳大利亚划界案的实证分析[J]．太平洋学报，2012(8).
[20]杨泽伟．《联合国海洋法公约》的主要缺陷及其完善[J]．法学评论，2012(5).
[21]孟详春，韩成标．200海里以外大陆架法律制度与中国[J]．河北法学，2012(5).
[22]赵竹君．北极外大陆架划界争端及其解决机制分析[J]．法制与经济，2012(5).
[23]卢芳华．从日本外大陆架划界案看冲之鸟礁之法律属性[J]．华北科技学院学报，2012(3).
[24]张湘兰，田辽．大陆架外部边界规则研究[J]．中国海商法研究，2012(3).
[25]朱瑛，薛桂芳．大陆架划界对南极条约体系的挑战[J]．中国海洋大学学报(社会科学版)，2012(1).
[26]吴家鸣．根据《联合国海洋法公约》设立的机构简介[J]．海洋开发与管理，2011(10).
[27]匡增军．2010年俄挪北极海洋划界条约评析[J]．东北亚论坛，2011(5).
[28]朱瑛，薛桂芳，李金蓉．南极地区大陆架划界引发的法律制度碰撞[J]．极地研究，2011(4).
[29]甘露．南极主权问题及其国际法依据探析[J]．复旦学报(社会科学版)，2011(4).
[30]陈玉刚．北极理事会与北极国际合作研究[J]．国际观察，2011(4).

[31]吴迪．北极地区200海里外大陆架划界法律问题研究[J]．极地研究，2011(3)．
[32]唐佳．大陆架界限委员会及其有关问题探讨[J]．中国水运，2011(2)．
[33]匡增军．俄罗斯的外大陆架政策评析[J]．俄罗斯中亚东欧研究，2011(2)．
[34]金永明．联合国海洋法公约组织机构特质研究[J]．东方法学，2011(1)．
[35]胡德坤，邓肖婷．20世纪初期北极地区领土争端及其解决[J]．武汉大学学报(人文科学版)，2011(1)．
[36]金永明．岛屿与岩礁的法律要件论析——以冲之鸟问题为研究视角[J]．政治与法律，2010(12)．
[37]卢芳华．从岩礁概念的确立看“冲之鸟”的属性[J]．国际关系学院学报，2010(5)．
[38]冯洁菡．大陆架的权利基础：自然延伸与距离标准[J]．法学论坛，2010(5)．
[39]曾令良．WTO：一种自成体系的国际法治模式[J]．国际经济法学刊，2010(4)．
[40]卢芳华．日本申请外大陆架及其对中国的影响[J]．国际论坛，2010(4)．
[41]金永明．日本海洋立法新动向[J]．现代国际关系，2010(3)．
[42]李毅．论联合国大陆架界限委员会在外大陆架划界中的作用——兼谈中国及周边国家的外大陆架申请[J]．南洋问题研究，2010(2)．
[43]李金明．南海问题的最新动态与发展趋势[J]．东南亚研究，2010(1)．
[44]张卫彬．公平原则及相关情况规则探讨——兼析中国东海大陆架划界基本主张[J]．当代亚太，2010(1)．
[45]薛桂芳，王冠钰．澳大利亚外大陆架划界初探[J]．中国海洋大学学报(社会科学版)，2009(6)．

[46]黄志雄. 北极问题的国际法分析和思考[J]. 国际论坛, 2009(6).
[47]王玫黎. 外大陆架争端解决机制探讨[J]. 理论与现代化, 2009(6).
[48]徐家驹. 日本“冲之鸟”法律属性解读[J]. 国际关系学院学报, 2009(4).
[49]任转正, 吕云, 惠泽宇. 第三次世界大战可能从这里开始——环保名义下的北极资源争夺战[J]. 今日国土, 2008(7).
[50]周忠海, 张卫华. 试论国家单方法律行为的若干基本问题[J]. 河南省政法管理干部学院学报, 2007(6).
[51]吴慧. “北极争夺战”的国际法分析[J]. 国际关系学院学报, 2007(5).
[52]梁咏. 从国际法视角看中日东海大陆架划界争端[J]. 法学, 2006(8).
[53]张耀光, 刘锴. 东海油气资源及中国、日本在东海大陆架划界问题的研究[J]. 资源科学, 2005(6).
[54]左海聪. 论 GATT/WTO 争端解决机制的性质[J]. 法学家, 2004(5).
[55]邓永军. 大陆架与专属经济区法律地位和法律制度的比较研究[J]. 中山大学学报论丛, 2004(5).
[56]李令华. 外大陆架划界面临挑战[J]. 海洋信息, 2004(4).
[57]江国青. 略论国际法实施机制与程序法制度的发展[J]. 法学评论, 2004(1).
[58]高战朝. 大陆架的法律制度[J]. 海洋测绘, 2003(1).
[59]杨泽伟. 再论国际组织决议的法律效力问题[J]. 法商研究, 1998(6).
[60]陈正容.《联合国海洋法公约》有关大陆架划界的几个原则问题[J]. 外交学院学报, 1988(1).

三、英文部分

(一) Works

[1]Del Vecchio, Angela (ed.), International Law of the Sea: Current Trends and Controversial Issues [M]. Hague: Eleven International Publishing, 2014.

[2]Sohn, Louis B., Cases and Materials on the Law of the Sea [M]. Leiden: Brill Nijhoff, 2014.

[3]Molenaar, Erik Jaap (ed.), The Law of the Sea and the Polar Regions: Interactions between Glogal and Regional Regimes [M]. Leiden: Martinus Nijhoff Publishers, 2013.

[4] Tanaka, Yoshifumi, The International Law of the Sea [M]. Cambridge: Cambridge University Press, 2012.

[5] Zou, Keyuan, Law of the Sea in East Asia: Issues and Propects [M]. London: Routledge, 2012.

[6] Harrison, James, Making the Law of the Sea: A Study in the Development of International Law [M]. Cambridge: Cambridge University Press, 2011.

[7]Kwiatkowska, Barbara, Decisions of the World Court Relevant to the UN Convention on the Law of the Sea: A Reference Guide [M]. Leiden: Martinus Nijhoff Publishers, 2010.

[8]University of Virginia, Changes in the Arctic Environment and the Law of the Sea [M]. Leiden: Martinus Nijhoff Publishers, 2010.

[9]Anderson, David, Modern Law of the Sea: Selected Essays [M]. Leiden: Martinus Nijhoff Publishers, 2008.

[10]Freestone, David, The Law of the Sea: Progress and Prospects [M]. Oxford: Oxford University Press, 2006.

[11]Markus Burgstaller, Theories of Compliance with International Law [M]. Leiden/Boston, Leiden: Martinus Nijhoff Publishers, 2005.

[12]Antonio Cassese, International Law [M]. Oxford: Oxford University Press, 2001.

[13] Caminos, Hugo, Law of the Sea [M]. Sydney: Ashgate/Dartmouth, 2001.

[14] Scheiber, Harry N, Law of the Sea: the Common Heritage and Emerging Challenges [M]. Leiden: Martinus Nijhoff Publishers, 2000.

[15] Joyner, Christopher C, Antarctica and the Law of the Sea [M]. Leiden: Martinus Nijhoff Publishers, 1993.

(二) **Articles**

[1] Edwin Egede. Africa and the Extended Continental Shelf under the Law of the Sea Convention (LOSC) 1982 [J]. The Journal Jurisprudence, Vol. 14, 2012.

[2] Robert C. "Rock" De Tolve, JAGC, USN. At What Cost? America's UNCLOS Allergy in the Time of "Lawfare" [J]. Naval Law Review, Vol. 61, 2012.

[3] Robin Churchill. The Bangladesh/Myanmar Case: Continuity and Novelty in the Law of Maritime Boundary Delimitation [J]. Cambridge Journal of International and Comparative Law, Vol. 1, 2012.

[4] John E. Noyes. The Common Heritage of Mankind: Past, Present, and Future [J]. Denver Journal of International Law and Policy, Vol. 40, 2012.

[5] David Scott. Conflict Irresolution in the South China Sea [J]. Asian Survey, Vol. 52, 2012.

[6] Clive Schofield. Parting the Waves: Claims to Maritime Jurisdiction and the Division of Ocean Space [J]. Penn State Journal of Law and International Affairs, Vol. 1, 2012.

[7] Bradley L. Roth. A Call for Mediated Solutions to Arctic Region Disputes [J]. Cardozo Journal of International law and Comparative Law, Vol. 19, 2011.

[8] Monique Andree Allain. Canada's Claim to the Arctic: A Study in Overlapping Claims to the Outer Continental Shelf [J]. Journal of Maritime Law and Commerce, Vol. 42, 2011.

[9] Andrew Serdy. The Commission on the Limits of the Continental Shelf and its Disturbing Propensity to Legislate [J]. The International Journal of Marine and Coastal Law, Vol. 26, 2011.

[10] Bjorn Kunoy. Establishment of the Outer Limits of the Continental Shelf: Is Crossing Boundaries Trespassing? [J]. The International Journal of Marine and Coastal Law, Vol. 26, 2011.

[11] Helena Traner. Resolving Arctic Sovereignty from a Scandinavian Perspective [J]. Case Western Reserve Journal of International Law, Vol. 44, 2011.

[12] Surya P. Subedi. Problems and Prospects for the Commission on the Limits of the Continental Shelf in Dealing with Submissions by Coastal States in Relation to the Ocean Territory Beyond 200 Nautical Miles [J]. The International Journal of Marine and Coastal Law, Vol. 26, 2011.

[13] Yoshifumi Tanaka. Reflections on Arctic Maritime Delimitations: A Comparative Analysis between the Case Law and State Practice [J]. Nordic Journal of International Law, Vol. 80, 2011.

[14] Raul (Pete) Pedrozo. A Response to Cartner's and Gold's Commentary on "Is it Time for the United States to Join the Law of the Sea Convention?" [J]. Journal of Maritime Law and Commerce, Vol. 42, 2011.

[15] Suzette V. Suarez. Commission on the Limits of the Continental Shelf [J]. Max Planck UNYB, Vol. 14, 2010.

[16] Raul (Pete) Pedrozo. Is it Time for the United States to Join the Law of the Sea Convention? [J]. Journal of Maritime Law and Commerce, Vol. 41, 2010.

[17] Lawrence Apaalse & Dr. Edwin Egede. Ghana's Extended Continental Shelf and Submission on the Commission on the Limits of the Continental Shelf under Article 76 of the Law of the Sea Convention 1982 [J]. Sri Lanka Journal of International Law, Vol. 22, 2010.

[18] Michael A. Becker & Ernesto J. Sanchez. International Law of the Sea. The International Lawyer, Vol. 44, 2010.

[19] Eva Ingenfeld. Just in Case Policy in the Arctic [J]. Arctic Institute of North America, Vol. 63, 2010.

[20] Ron Macnab. Nationalizing the Arctic Maritime Commons: UNCLOS Article 76 and the Polar Sea [J]. Yearbook of Polar Law, Vol. 2, 2010.

[21] Kyriaki Noussia. On International Arbitrations for the Settlement of Boundary Maritime Delimitation Disputes and Disputes from Joint Development Agreements for the Exploitation of Offshore Natural Resources [J]. The International Journal of Marine and Coastal Law, Vol. 25, 2010.

[22] Michael A. Becker. Russia and the Arctic: Opportunities for Engagement within the Existing Legal Framework [J]. Am. U. Int'l L. Rev, Vol. 25, 2010.

[23] Angelle C. Smith. Frozen Assets: Ownership of Arctic Mineral Rights must be Resolved to Prevent the Really Cold War [J]. The George Washington International Law Review, Vol. 41, 2010.

[24] Anna Cavnar. Accountability and the Commission on the Limits of the Continental Shelf: Deciding Who Owns the Ocean Floor [J]. Cornell International Law Journal, Vol. 42, 2009.

[25] J. Trent Warner. One Small Step for a Submersible, One Giant Land Grab For Russian-Kind: An Evaluation of Russia's Claim to the North Pole Under International Law [J]. Naval Law Review, Vol. 57, 2009.

[26] Molly Watson. An Arctic Treaty: A Solution to the International Dispute over the Polar Region [J]. Ocean and Coastal Law Journal, Vol. 14, 2009.

[27] John Kennair. An Inconsistent Truth: Canadian Foreign Policy and the Northwest Passage [J]. Vermont Law Review, Vol. 34, 2009.

[28] TED L. McDorman. The Continental Shelf Beyond 200 NM: Law

and Politics in the Arctic Ocean[J]. Journal of Transnational Law and Policy, Vol. 18, 2009.

[29] Vladimir Golitsyn. Continental Shelf Claims in the Arctic Ocean: A Commentary[J]. The International Journal of Marine and Coastal Law, Vol. 24, 2009.

[30] Mel Weber. Defining the Outer Limits of the Continental Shelf across the Arctic Basin: The Russian Submission, States' Rights, Boundary Delimitation and Arctic Regional Cooperation[J]. The International Journal of Marine and Coastal Law, Vol. 24, 2009.

[31] Christian Reichert. Determination of the Outer Continental Shelf Limits and the Role of the Commission on the Limits of the Continental Shelf[J]. The International Journal of Marine and Coastal Law, Vol. 24, 2009.

[32] Timo Koivurova. Do the Continental Shelf Developments Challenge the Polar Regimes? [J]. Year Book of Polar Law, Vol. 1, 2009.

[33] Alex G. Oude Elferink. The Establishment of Outer Limits of the Continental Shelf Beyond 200 Nautical Miles by the Coastal State: The Possibilities of Other States to Have an Impact on the Process[J]. The International Journal of Marine and Coastal Law, Vol. 24, 2009.

[34] Brian Spielman. An Evaluation of Russia's Impending Claim for Continental Shelf Expansion: Why Rule 5 Will Shelve Russia's Submission[J]. Emory International Law Review, Vol. 23, 2009.

[35] Julie A. Paulson. Melting Ice Causing the Arctic to Boil over: An Analysis of Possible Solutions to a Heated Problem[J]. Indian International and Comparative Law Review, Vol. 19, 2009.

[36] Clive Schofield & I Made Andi Arsana. Outer Continental Shelf Opportunities and Challenges in East and Southeast Asia[J]. Contemporary Southeast Asia, Vol. 31, 2009.

[37] Marta Kolcz-Ryan. An Arctic Race: How the United State's Failure to Ratify the Law of the Sea Convention could Adversely Affect Its

Interests in the Arctic [J]. University of Dayton Law Review, Vol. 35, 2009.

[38] Harry N. Scheiber. Introduction: Perspectives on the History of U. S. Non-Ratification of the U. N. Convention on the Law of the Sea, and on the Prospects for an Early Reversal [J]. Berkeley Journal of International Law Publicist, Vol. 1, 2009.

[39] Andrew Serdy. Reactions and Overreactions to the Russian Flag on the Seabed at the North Pole [J]. Yearbook of Polar Law, Vol. 1, 2009.

[40] L. D. M. Nelson. The Settlement of Disputes Arising from Conflicting Outer Continental Shelf Claims [J]. The International Journal of Marine and Coastal Law, Vol. 24, 2009.

[41] Andrew Serdy. Some Views are More Equal than Others: Submissions to the Commission on the Limits of the Continental Shelf and the Strange Loss of Confidence in Article IV of the Antarctic Treaty [J]. Australian Year Book of International Law, Vol. 28, 2009.

[42] Donald Rothwell. The Arctic in International Affairs: Time for a New Regime? [J]. Brown Journal of World Affairs, Vol. 15, 2008.

[43] Tavis Potts & Clive Schofield. Current Legal Developments the Arctic [J]. The International Journal of Marine and Coastal Law, Vol. 23, 2008.

[44] Jason Warren Howard. Don't be Left out in the Cold: An Argument for Advancing American Interests in the Arctic outside the Ambits of the United Nations Convention on the Law of the Sea [J]. Georgia Law Review, Vol. 42, 2008.

[45] Donald R. Rothwell. Issues and Strategies for Outer Continental Shelf Claims [J]. The International Journal of Marine and Coastal Law, Vol. 23, 2008.

[46] Alex G. Oude Elferink. Current Legal Developments Meetings of

States Parties to the UN Law of the Sea Convention [J]. The International Journal of Marine and Coastal Law, Vol. 23, 2008.

[47] Alan D Hemmings & Tim Stephens. Reconciling Regional and Global Dispensations: The Implications of Sub-Antarctic Extended Continental Shelf Penetration of the Antarctic Treaty Area [J]. New Zealand Yearbook of International Law, Vol. 6, 2008.

[48] Bill Campbell QC. Commonwealth Developments-Australia's Extended Continental Shelf Confirmed[J]. Australian Resources and Energy Law Journal, Vol. 27, 2008.

[49] Ruth Davis. Commentaries Enforcing Australian Law in Antarctica: the HSI Litigation [J]. Enforcing Australian Law in Antarctica, Vol. 8, 2007.

[50] Chris Carleton. Article 76 of the UN Convention on the Law of the Sea-Implementation Problems from the Technical Perspective [J]. The International Journal of Marine and Coastal Law, Vol. 21, 2006.

[51] Alex G. Oude Elferink. Article 76 of the LOSC on the Definition of the Continental Shelf: Questions concerning its Interpretation from a Legal Perspective [J]. The International Journal of Marine and Coastal Law, Vol. 21, 2006.

[52] Members of the Committee. Committee on Legal Issues of the Outer Continental Shelf[J]. International Law Association Reports, Vol. 72, 2006.

[53] Ron Macnab & Lindsay Parson. Continental Shelf Submissions: The Record to Date [J]. The International Journal of Marine and Coastal Law, Vol. 21, 2006.

[54] Tullio Treves. The International Tribunal for the Law of the Sea and other Law of the Sea Jurisdictions (2006) [J]. Italian Year Book of Inernational Law, Vol. 16, 2006.

[55] Anna Homan. Maritime Zones in Antarctica[J]. Australia and New Zealand Maritime Law of Journal, Vol. 20, 2006.

[56] Tullio Treves. Remarks on Submissions to the Commission on the Limits of the Continental Shelf in Response to Judge Marotta's Report[J]. The International Journal of Marine and Coastal Law, Vol. 21, 2006.

[57] Vicente Marotta Rangel. Settlement of Disputes Relating to the Delimitation of the Outer Continental Shelf: the Role of International Courts and Arbitral Tribunals[J]. The International Journal of Marine and Coastal Law, Vol. 21, 2006.

[58] Alex G. Oude Elferink, Constance Johnson. Outer Limits of the Continental Shelf and "Disputed Areas": State Practice Concerning Article 76 (10) of the Los Convention[J]. The International Journal of Marine and Coastal Law, Vol. 21, 2006.

[59] Edwin Egede. Submission of Brazil and Article 76 of the Law of the Sea Convention (LOSC) 1982[J]. The International Journal of Marine and Coastal Law, Vol. 21, 2006.

[60] TED L. McDorman. A Canadian Perspective on the Continued Non-Ratification of the Convention on the Law of the Sea by the United States[J]. Annuaire Canadien De Droit International, Vol. 43, 2005.

[61] Members of the Committee. Committee on Legal Issues of the Outer Continental Shelf[J]. International Law Association Reports, Vol. 71, 2004.

[62] Rob Huebert. The Law of the Sea and the Arctic: An Unfulfilled Legacy[J]. Ocean Governance, Vol. 18, 2004.

[63] Commonwealth Secretariat. The Implementation of Article 76 of the United Nations Convention on the Law of the Sea 1982 (UNCLOS)[J]. Commonwealth Law Bullein, Vol. 30, 2004.

[64] Aldo Chircop & Bruce A. Marchand. International Royalty and Continental Shelf Limits: Emerging Issues for the Canadian Offshore[J]. The Dalhousie Law Journal, Vol. 26, 2003.

[65] Members of the Committee. Committee on Legal Issues of the Outer

Continental Shelf [J]. International Law Association Reports, Vol. 70, 2002.

[66] Alex G. Oude Elferink. The Continental Shelf of Antarctica: Implications of the Requirement to Make a Submission to the CLCS under Article 76 of the LOS Convention [J]. The International Journal of Marine and Coastal Law, Vol. 17, 2002.

[67] Ted L. McDorman. The Role of the Commission on the Limits of the Continental Shelf: A Technical Body in a Political World [J]. The International Journal of Marine and Coastal Law, Vol. 17, 2002.

[68] John Warren Kindt. Claims to Jurisdiction over the Environment of the Continental Shelf [J]. California Western Law Review, Vol. 21, 1984-1985.

[69] Bernard H. Oxman. The Third United Nation's Conference on the Law of the Sea: the Ninth Session (1980) [J]. The American Journal of International Law, Vol. 75, 1981.

[70] Bernard H. Oxman. The Third United Nation's Conference on the Law of the Sea: the Eighth Session (1979) [J]. The American Journal of International Law, Vol. 74, 1980.

[71] Bernard H. Oxman. The Third United Nation's Conference on the Law of the Sea: the Seventh Session (1978) [J]. The American Journal of International Law, Vol. 73, 1979.

[72] Bernard H. Oxman. The Third United Nation's Conference on the Law of the Sea: the 1977 New York Session [J]. The American Journal of International Law, Vol. 72, 1978.

[73] Bernard H. Oxman. The Third United Nations Conference on the Law of the Sea: the 1976 New York Session [J]. The American Journal of International Law, Vol. 71, 1977.

[74] John R. Stevenson & Bernard H. Oxman. The Third United Nations Conference on the Law of the Sea: the 1975 Geneva Session [J]. The American Journal of International Law, Vol. 69, 1975.

[75] John R. Stevenson & Bernard H. Oxman. The Third United Nations

Conference on the Law of the Sea: the 1974 Caracas Session[J]. The American Journal of International Law, Vol. 69, 1975.

[76] Milenko Milic. The Third United Nations Conference on the Law of the Sea[J]. Case Western Reserve Journal of International Law, Vol. 8, 1976.